Jürgen Wolff

Stundenblätter "Der Untertan"

Interpretationsmethoden –
Arbeitstechniken –
Sozialformen

39 Seiten Beilage

Ernst Klett Stuttgart

Die Stundenblätter für das Fach Deutsch
werden herausgegeben von:
Wolfgang Salzmann

Modifizierte Konzeption: Jürgen Wolff

In der Klettreihe ‚Editionen' ist erschienen:
Materialien zu Heinrich Mann „Der Untertan",
ausgewählt und eingeleitet von Jürgen Wolff
Klettbuch-Nr. 3554

CIP-Kurztitelaufnahme der Deutschen Bibliothek

Wolff, Jürgen:
Stundenblätter „Der Untertan" :
Interpretationsmethoden, Arbeitstechniken, Sozialformen /
Jürgen Wolff. – 2. Aufl. – Stuttgart : Klett, 1980.
   (Stundenblätter für das Fach Deutsch)
   ISBN 3-12-928411-7

2. Auflage 1980
Alle Rechte vorbehalten
Fotomechanische Wiedergabe nur mit Genehmigung des Verlages
© Ernst Klett, Stuttgart 1979
Satz: G. Müller, Heilbronn
Druck: Wilhelm Röck, Weinsberg
Einbandgestaltung: Zembsch' Werkstatt, München

Inhaltsverzeichnis

1. Erläuterungen zur Konzeption

Die Stundenblätter zu Heinrich Manns ‚Der Untertan' richten sich in erster Linie an die jungen Kollegen, die am Beginn ihrer schulischen Laufbahn stehen, sowie an jene Kollegen, die sich in die hier angesprochene Materie neu einarbeiten möchten. Darüber hinaus bietet dieses Heft – unabhängig vom behandelten Gegenstand – all jenen Kollegen Hilfen an, die ihre Schüler entsprechend den neuen Lehrplänen zur Reformierten Oberstufe in die fachspezifischen Arbeitstechniken sowie in jene Sozialformen, die von den Schülern eine größere Selbständigkeit fordern, einführen möchten.

Die zweifache Zielsetzung dieser Unterrichtseinheit (UE) – Einführung in den Roman und in die Arbeitsformen der Reformierten Oberstufe – setzt der Konzeption von Stundenblättern gewisse Grenzen. Eine durchgehende Dokumentation der einzelnen Unterrichtsstunden in einer Form, die es dem Lehrer ermöglicht, ohne größeren Zeitaufwand für die Unterrichtsplanung und -vorbereitung Stunde um Stunde mit Hilfe eines Stundenblattes, das ihm den Gang der Stunde vorgibt, zu übernehmen, ist hier nicht durchzuhalten. So verständlich der Wunsch nach einer praktikablen, in sich geschlossenen und schrittweise nachzuvollziehenden Unterrichtskonzeption sein mag, sie muß der komplexen Thematik des Romans und unserem Verständnis von Unterricht an der Reformierten Oberstufe zuwiderlaufen:

1. Die Behandlung eines Romans an der Oberstufe, auf den die Schüler sehr unterschiedlich reagieren können und der auf eine vielfältige Weise angegangen werden kann, kann nicht in einem fixierten und detailliert ausgearbeiteten Unterrichtsverlauf festgehalten werden, wohl aber in einer flexibel gehaltenen Grobplanung, die Umstellungen von Stunde zu Stunde jederzeit ermöglicht.

2. Die Konzeption einer UE hängt von vielen Variablen ab, man denke nur an den unterschiedlichen Leistungsstand einzelner Klassen oder an gewisse aktuelle Bedingungen, die kaum angemessen in die Darstellung einer Unterrichtseinheit eingebracht werden können.

3. Unterrichtseinheiten, die die Selbständigkeit der Schüler zum Prinzip erheben, oder zumindest anstreben, diese zu fördern, entziehen sich notwendigerweise einer Detailplanung und einer genaueren Fixierung des Unterrichtsverlaufes.

4. Der Deutschunterricht ist stark von der Lehrerpersönlichkeit und deren individuellem Unterrichtsstil abhängig. Dies ist mit ein Grund, warum eine UE, die mehrfach mit Erfolg durchgeführt wurde und die detailliert dokumentiert vorliegt, bei einem anderen Lehrer noch lange nicht als Garant für eine erfolgversprechende UE angesehen werden kann.

5. Ziel einer Unterrichtsdokumentation mit dem Anspruch, Kollegen konkrete Hilfen anzubieten, kann es nicht sein, diese Kollegen von fremden Konzeptionen abhängig zu machen und zu gängeln; vielmehr sollte ihre Initiative und ihre Kreativität geweckt werden, selbst Wege zu finden, die ihrem Unterrichtsstil und der jeweils aktuellen Situation adäquat sind. Mithin dürfen, wenn wir den mündigen Lehrer zum Adressaten haben, die Unterrichtskonzeptionen nicht als Vorschriften präsentiert werden, sondern als Anregungen, die für eigene Überlegungen offenbleiben.

Steht auf der einen Seite die gerade für Anfänger berechtigte Forderung nach Hilfen für die Praxis, d.h. nach Dokumentation einer UE, die erfolgversprechend in die eigene Unterrichtspraxis umgesetzt werden kann, so steht auf der anderen Seite die Forderung nach offenen Konzeptionen, die es ermöglichen, den Lehrstoff den jeweiligen aktuellen Bedürfnissen anzupassen. Beiden Forderungen sucht diese UE gerecht zu werden. Dies geschieht in bezug auf die Grundkonzeption auf mehrfache Weise:

1. Die Stundenblätter, die diesem Band beiliegen, schlagen eine gewisse Abfolge der Stunden vor, die jedoch nicht durchweg als verbindlich anzusehen ist. Die Teileinheiten können in ihrer Abfolge meist modifiziert werden. Neben den Stunden, die in eine sinnvolle, wenn auch modifizierbare Abfolge gebracht wurden, stehen sogenannte Zusatzstunden (Z), die der Lehrer nach Belieben einsetzen kann. Innerhalb der Teileinheiten, die von der Gruppenarbeit bestimmt werden, werden nur einzelne Stunden angeboten, die in einem lockeren Zusammenhang stehen; sie können an die Stelle der Gruppenberichte treten, müßten dann aber ergänzt werden, sie können aber auch an die Gruppenberichte anknüpfen und diese weiterführen.

2. Im Textteil des Heftes wird eine Anzahl von Alternativen für die Unterrichtsplanung angeboten. Diese Alternativen werden methodisch-didaktisch ausführlich begründet und auf die unterschiedlichen aktuellen Situationen bezogen, um es dem Lehrer auf diese Weise zu ermöglichen, die hier angebotene Unterrichtseinheit für seine spezifische Unterrichtssituation zu modifizieren. Die Stundenblätter sind dann jeweils so konzipiert, daß sie modifiziert in die Einheit eingebracht werden können.

3. Bewußt wird darauf verzichtet, die fachwissenschaftlichen Voraussetzungen für diese Unterrichtseinheit breit darzustellen. Bedingung für die erfolgreiche Durchführung dieser Unterrichtseinheit ist das Verfügen über die fachwissenschaftlichen Voraussetzungen, und diese sollten nicht aus zweiter Hand übernommen werden. An die Stelle der Darstellung fachwissenschaftlicher Voraussetzungen tritt eine ausführlich kommentierte Literaturliste, die es dem Kollegen ermöglichen soll, sich gezielt in die Unterrichtsmaterie einzuarbeiten. Sie ist beschränkt auf jene Werke oder Werkausschnitte, deren Kenntnis wir für die Durchführung der UE für unabdingbar halten.

4. Über die engere Unterrichtskonzeption hinausgehend geben wir zusätzlich noch Anregungen, wie diese Einheit sinnvoll ergänzt werden kann, wobei es auch durchaus denkbar wäre, daß hier neue Akzente für die UE gesetzt werden. Ausführlicher dokumentiert werden die Teileinheiten, die sich mit dem Bibliotheksbesuch (als mögliche Einführung in die UE) und mit der Verfilmung des Romans (als einer Form der Rezeption) befassen.

2. Fachwissenschaftliche Grundlagen

Die Vorbereitung der Unterrichtseinheit konzentriert sich sinnvollerweise auf sechs zentrale Aspekte:

1. Auf das Leben und Werk Heinrich Manns, um damit einen Rahmen zu gewinnen, innerhalb dessen der ‚Untertan‘ gesehen und bewertet werden kann. Da in der Auseinandersetzung um das Werk Heinrich Manns, speziell um den ‚Untertan‘, die Einschätzung von Heinrich Manns parteipolitischem Engagement sowie seine Haltung genüber der DDR Bedeutung gewinnen, sollte hierauf besonders geachtet werden.

2. Auf die wenigen Interpretationen zum ‚Untertan‘, um sich darüber klar zu werden, welche Aspekte bei der didaktischen Aufbereitung von Wichtigkeit sein könnten.

3. Auf den Begriff der ‚Satire‘ als der spezifischen, wenn auch in der Fachwelt umstrittenen Form des Romans. Ein Teil der Auseinandersetzung um den ‚Untertan‘ konzentriert sich auf die Frage: realistischer oder satirischer Roman?

4. Auf die Rezeptionsgeschichte Heinrich Manns, wiederum speziell seines ‚Untertan‘, da Heinrich Mann nach wie vor zu den umstrittenen Schriftstellern gehört, die sehr unterschiedlich bewertet werden. Hier müßte versucht werden, zu den Prämissen vorzustoßen, die eine derartig kontroverse Beurteilung hervorgerufen haben.

Der ‚Untertan‘ wird heute meist unter zwei Gesichtspunkten betrachtet: einmal als kritische Darstellung des Wilhelminischen Zeitalters, zum anderen als eine poetische Studie zum ‚autoritären Charakter‘, die dann in den dreißiger Jahren durch die Sozialpsycholo-

gen und Soziologen Fromm und Horkheimer, später von Adorno, ihre wissenschaftliche Ausformung erhielt. Dies bedingt bei der Vorbereitung zwei weitere Schwerpunktbildungen:

5. Allgemeine Information über das Wilhelminische Zeitalter, wobei drei Akzente gesetzt werden können: Wilhelm II. als Repräsentant dieser Zeit, die Wilhelminische Gesellschaft in ihren verschiedenen Schichten sowie die allgemeine politische Geschichte des Kaiserreichs, die in vielfacher Weise in den Roman eingeht.

6. Die Studien zum autoritären Charakter, in denen die zeitenthobenen Aussagen des ‚Untertan‘ erst greifbar werden und die neue Dimensionen der Interpretation eröffnen.

Im folgenden sollen ausgewählte Werke zu diesen Bereichen kurz vorgestellt werden, Werke, die in besonderer Weise für die Vorbereitung auf die Unterrichtseinheit geeignet erscheinen.

2.1. Literatur zu Leben und Werk Heinrich Manns

Schröter, Klaus: Heinrich Mann in Selbstzeugnissen und Bilddokumenten, rowohlts bildmonographien 125, Reinbek bei Hamburg 1967
Dazu zwei Darstellungen aus repräsentativen Literaturgeschichten der Bundesrepublik Deutschland und der Deutschen Demokratischen Republik:
Soergel, Albert/Hohoff, Curt: Dichtung und Dichter der Zeit. Vom Naturalismus bis zur Gegenwart, Düsseldorf 1961, S. 834–850

Geerdts, Hans-Jürgen: Deutsche Literaturgeschichte in einem Band, Berlin/Ost
1967, S. 155–163, 472–477, 506–510 und
630–632
Dazu als Ergänzung:
**Bilke, Jörg Bernhard: Heinrich Mann in der
DDR. In: Klaus Matthias (Hrsg.), Heinrich Mann 1871–1971, München 1973,
S. 367–384**

Ausgangspunkt jeder Beschäftigung mit
Heinrich Mann kann die Biographie von
Schröter sein, die entsprechend der Konzeption von rowohlts bildmonographien reichhaltiges Anschauungsmaterial bietet und einen ersten Überblick über Leben und Werk
Heinrich Manns verschafft. Ausführlich wird
hier der zeithistorische Hintergrund mitein-
bezogen sowie Heinrich Manns gesellschaftliches Engagement und sein Selbstverständ-
nis als Dichter reflektiert.
Ergänzt werden sollte diese Lektüre durch
den Aufsatz von Bilke, der auf sehr ausgewogene Art und Weise Heinrich Manns Verhältnis zur DDR in seinen letzten Lebensjah-
ren abklärt, das nicht frei von Enttäuschung
ist, und die Bemühungen der DDR nach-
zeichnet, Heinrich Mann für ihre Zwecke zu
vereinnahmen. Aufgrund dieses Aufsatzes
kann die Rezeptionsgeschichte des Werkes
von Heinrich Mann angemessen beurteilt
werden.
Die Lektüre dieser Sekundärliteratur sollte
ergänzt werden durch einen kurzen Blick auf
das reichhaltige essayistische Werk Heinrich
Manns. Empfohlen wird hier v. a.:
**Mann, Heinrich: Ein Zeitalter wird besich-
tigt, rororo 1986, Reinbek bei Hamburg
1976, v. a. S. 123–130 (Die geistige Lage),
S. 131–138 (Skepsis) und S. 150–158
(Mein Bruder)**
**Mann, Heinrich: Kaiserreich und Republik
und Was ist eigentlich ein Schriftsteller?
Beides in: H. M., Essays, Hamburg 1960**
Hier wird Grundsätzliches zum Selbstver-
ständnis des Dichters und zu seinem Gesell-

schaftsbild ausgesagt. Will man auf die Lektüre von Thomas Manns ‚Betrachtungen eines Unpolitischen‘, einer polemischen Auseinandersetzung mit dem Werk des Bruders,
verzichten, so sollten wenigstens die bei Renate Werner angebotenen Ausschnitte nebst
ihrem Kommentar berücksichtigt werden.
Unerläßlich ist die Lektüre des Essays ‚Kaiserreich und Republik‘, der als theoretisches
Pendant zum ‚Untertan‘ anzusehen ist, und
der Heinrich Manns kritische Auseinandersetzung mit dem Kaiserreich enthält.

2.2. Interpretationen zum ‚Untertan‘

2.2.1. Zur Entstehungsgeschichte

**Kirsch, Edgar/Schmidt, Hildegard: Zur Ent-
stehung des Romans „Der Untertan". In:
Weimarer Beiträge 6 (1960), S. 112–131**

2.2.2. Allgemeine Interpretationen

**Henze, Hanne: Die Entlarvung des wilhel-
minischen Komödianten. Heinrich Mann:
Der Untertan. In: Praxis Deutsch 22
(1977), S. 55–59**
**Schröter, Klaus: Zu Heinrich Manns „Unter-
tan". In: Etudes Germaniques 26 (1971),
S. 320–343, und in K. S., Heinrich Mann
„Untertan" – „Zeitalter" – Wirkung. Drei
Aufsätze, Stuttgart 1971**
**Vogt, Jochen: Diederich Heßlings autoritä-
rer Charakter. Marginalien zum „Unter-
tan", Seite 5 bis 9. In: Text + Kritik, Son-
derband Heinrich Mann, München 1971,
S. 58–69**
Scheibe, Friedrich Carl: Rolle und Wahrheit
in Heinrich Manns Roman ‚Der Untertan‘.
In: Literaturwissenschaftliches Jahrbuch
der Görres-Gesellschaft, Bd. 7, 1966,
S. 209–227
Weisstein, Ulrich: Die Kaiserreich-Trilogie.
In: U. W., Heinrich Mann. Eine histo-
risch-kritische Einführung in sein dichteri-
sches Werk, Tübingen 1962, S. 111–141

2.2.3. Zu den poetischen Mitteln Heinrich Manns, speziell zur satirischen Sprachhaltung

Süßenbach, Petra: Formen der Satire in Heinrich Manns Roman „Der Untertan", Diss. Köln 1972

König, Hanno: Der Moralist als satirischer Dichter. In: H. K., Heinrich Mann. Dichter und Moralist, Tübingen 1972, S. 204–221

Weisstein, Ulrich: Satire und Parodie in Heinrich Manns ‚Der Untertan'. In: Klaus Matthias (Hrsg.), Heinrich Mann 1871–1971, München 1973, S. 125–146

Edgar Kirsch und Hildegard Schmidt zeichnen die äußerst interessante Entstehungsgeschichte des ‚Untertan' in allen Phasen genauestens nach, deren Kenntnis für die Interpretation unentbehrlich ist, während Ulrich Weisstein den ‚Untertan' in den Zusammenhang des gesamten Werkes von Heinrich Mann stellt und die historisch-sozialen Fakten benennt, die in den Roman Eingang gefunden haben. Hanne Henzes Aufsatz, von dem die Interpretation des ‚Untertan' zunächst ausgehen kann, betont v. a. die formalen Aspekte, insbesondere die satirische Sprachhaltung und die Darstellung der Charaktere in Widersprüchen. Ergänzt werden müßten diese Ausführungen, will man nicht gleich zu Süßenbachs Dissertation greifen, durch den Aufsatz von Schröter, der die Analyse von Scheibe weiterführt. Schröter sieht in Buck junior und Heßling in Anlehnung an Nietzsche die beiden Repräsentanten der Décadence, den weichen Dilettanten, den verzärtelten Geistigen und den harten, skrupellosen Erfolgsmenschen, den neuen Barbaren („Typologie der doppelten Dégenereszens"). Scheibe betont bei Heßling den Kampf zwischen dem Menschlichen und dem Drang zur Machtentfaltung mit Hilfe einer angenommenen, vom Kaiser entliehenen (schauspielerischen) Rolle, wobei in der persönlichen Beziehung zu Agnes der Kampf entschieden wird gegen das Menschliche, das sich in der Familie Göppel verkörpert; im Kaiser und in Heßling, beide unterschiedliche Ausprägungen desselben Grundtypus', triumphiert das „Komödiantische" der Macht als Verkörperung des Zeitgeistes über Menschlichkeit und Wahrheit. Vogt bietet unter Berufung auf Horkheimer, Adorno und Reich eine sozialpsychologische Deutung des autoritären Charakters: Heßling, dessen Sozialisationsprozeß Gegenstand von Vogts Analyse ist, erscheint als Vorwegnahme der faschistischen Mentalität. Insgesamt neben Süßenbach wohl die wichtigste und interessanteste Interpretation zum ‚Untertan'.

Weisstein versucht, die satirischen Elemente des ‚Untertan' von seiner Entstehungsgeschichte, von biographischen Daten – v. a. der Auseinandersetzung mit dem Bruder Thomas – und von den Erscheinungen des Wilhelminischen Zeitalters, die schon die Zeitgenossen zur satirischen Übertreibung reizten (v. a. Ludwig Thoma), her zu erfassen und zu deuten. Hanno König betont, Heinrich Manns Kant-Rezeption herausarbeitend, am Beispiel des Romans ‚Der Kopf' die ethisch-moralische Seite der satirischen Darstellungsweise.

Süßenbach legt mit ihrer Dissertation, die den Roman unter ästhetischen Gesichtspunkten als Ganzes zu erfassen versucht, eine umfassende Analyse der satirischen Elemente vor, die unter den folgenden Kategorien untersucht werden: ‚Die Montage von Daten und Fakten aus der außerdichterischen Wirklichkeit in ihrer Bedeutung für die Satire', ‚Satirische Möglichkeiten eines Handlungsablaufs', ‚Satirische Funktionen der Sprache', unterteilt in Einzelwort, Wortgruppe, Satz und Abschnitt sowie rhetorische Figuren, und ‚Satirische Zitatentechnik'. Dabei stützt sie sich auf die repräsentativen Untersuchungen zur Satire von Brummack und Arntzen. Sie zeigt auf, wie zahlreiche Fakten der historischen Realität über spezifische satirische Techniken in die Romanhandlung einbezogen werden, die ihrerseits wieder satirische Strukturelemente enthält wie ‚Satirische Konstruktion der Fabel‘, ‚Satirische Kommentare des Erzählers zur Fabel‘, ‚Satirische Parallelen bzw. Kontraste in der Situationsgestaltung‘. Süßenbach weist nach, wie Realitätspartikel im Roman zusammengefügt werden zu einer „neuen, autonomen Welt der Dichtung – nicht neben, sondern mit den Realitätspartikeln". Ziel ihrer Untersuchung ist dabei weniger das Gesellschaftsbild Heinrich Manns als vielmehr die Rehabilitierung des Werkes als Kunstwerk. Zur Charakterisierung ihres methodischen Ansatzes sei hier ein größerer Textausschnitt eingeschoben:

„Nicht die Frage nach den dargestellten Inhalten ist also für das Verständnis der dichterischen Eigentümlichkeiten eines Kunstwerkes ausschlaggebend; für das Verständnis des vorliegenden Romans ist daher auch nicht der Aufweis gewisser Eigenschaften eines bestimmten Zeittypus‘ an sich schon aufschlußreich. Dieser Trugschluß liegt bei einem derartig zeitkritischen Werk besonders nahe. Doch erst die künstlerische Art der Behandlung ebendieser Inhalte gibt Auskunft über die ästhetische Besonderheit eines künstlerischen Werkes. Durch die Weise, in der die Inhalte erzählerisch zur Geltung gebracht werden, verweist der Roman zurück auf die Fragen, die den Erzähler beunruhigen. Die Art, wie das Thema imaginativ durchgestaltet, wie der Stoff formal vermittelt wird, lenkt von den inhaltlichen Aussagen des Romans zurück auf das Bewußtsein des Erzählers. Dieser entläßt seine Romanwelt niemals aus dem Bezug zu seiner eigenen Wirklichkeitsauffassung. Der persönliche Formwille des Dichters spricht sich darin aus, daß die ihm wesentlichen Lebensinhalte auf die Einheit seines Lebensgefühls, seiner grundlegenden Gesamthaltung zurückbezogen sind und seiner Lebensvergewisserung dienen: *„Mit Hilfe der selbstgestalteten Welt hat man die wirkliche genügend geordnet und geklärt, um sich jetzt eine Ansicht von ihr zu bilden. Man weiß allmählich nicht nur, wie sie beschaffen ist, sondern* auch, *was mit ihr zu machen wäre" (Heinrich Mann, Der Schriftsteller und der Staat, In: Essays, Hamburg 1960, S.316).*

Unter der Prämisse, daß der Dichter sich in seinem Kunstwerk der eigenen Erkenntnisse über die Realität zu vergewissern und seine eigenen Beobachtungen auf ihre Stimmigkeit hin zu reflektieren sucht, ist jede im Roman formulierte oder gestaltete Aussage auf ihren Stellenwert, auf ihre Funktion innerhalb der Weltauslegung des Künstlers zu befragen. Die Erzählhaltung führt folglich auf die Verfahrensweise; wahre künstlerische Gestaltung findet ihren Ausdruck vor allem in der übergreifenden Gesamtstruktur, in der Kompositionsweise. Insofern die Verfahrensweise des Erzählers dessen eigentlich dichterische Leistung erst richtig zu entschlüsseln vermag, muß sie im Mittelpunkt aller Bemühungen um ein Verständnis des Romans stehen" (Süßenbach, S. 58 ff.).

Im Hinblick auf den Unterricht ist diese Dissertation eine große Hilfe, weil hier all die unterschiedlichen poetischen Elemente, in denen Satirisches faßbar wird, übersichtlich zusammengestellt, ausführlich kommentiert und umfassend mit Zitaten aus dem Roman belegt werden. Aus diesem Material lassen sich leicht Arbeitsblätter zusammenstellen, mit deren Hilfe die Schüler sich die wesentlichen Elemente der Satire erarbeiten können. Im ganzen ist die Arbeit wohl der wichtigste Beitrag zur Interpretation des ‚Untertan‘. Allerdings werden hier die ästhetischen Aspekte, deren Herausarbeitung die Forschung Heinrich Mann wohl schuldig war, stark überbetont. Diese Arbeit bedarf daher der Ergänzung durch die Untersuchung von Vogt, aber auch durch Untersuchungen zur Rezeptionsgeschichte. Wer sich mit dem ‚Untertan‘ beschäftigt, darf an dieser Untersuchung auf keinen Fall vorbeigehen.

Über die Satire informiert allgemein:
Gerth, Klaus: Satire. In: Praxis Deutsch 22 (1977), Basisartikel
Brummack, Jürgen: Zu Begriff und Theorie der Satire. In: DVjs 45 (1971), Sonderheft: Forschungsreferate

Unterrichtsvorschläge liegen vor bei:

Matthes, Ingrid: Formen der gesellschaftskritischen Satire. Ein Lehrgang in Klasse 11. In: DU 26 (1974), H. 4

Karthaus, Ulrich: Humor – Ironie – Satire. In: DU 23 (1971), H. 6

Trautmann, Werner: Das „Komische", „Satirische", „Ironische", „Humorige", „Heitere" – in Theorie und Unterricht. In: DU 23 (1971), H. 3

Textsammlungen für den Unterricht:

Feinäugle, Norbert (Hrsg.): Satirische Texte, Reclam UB 9525, Stuttgart 1976

Müller, Udo (Hrsg.): Satire. Textbücher Deutsch, Herder, Freiburg 1975 (mit Lehrerbegleitheft)

2.3. Zur Rezeptionsgeschichte

Geißner, Klaus: Der „Untertan" in Literaturgeschichtswerken der BRD. In: Klaus Matthias (Hrsg.), Heinrich Mann 1871–1971, München 1973, S. 54–57

Werner, Renate: Heinrich Mann. Texte zu seiner Wirkungsgeschichte in Deutschland, dtv Wissenschaftliche Reihe 4293, Tübingen 1977, v. a. S. 1–51 (allgemeiner Teil) und S. 90–116 (zum ‚Untertan')

Hitzer, Friedrich: Heinrich Mann und die Bundesrepublik '71. In: Heinrich Mann am Wendepunkt der deutschen Geschichte. Internationale wissenschaftliche Konferenz aus Anlaß des 100. Geburtstages von Heinrich Mann, März 1971. Hrsg. von der Akademie der Künste zu Berlin 1971, S. 193–195

Matthias, Klaus: Heinrich Mann 1971 – Kritische Abgrenzungen. In: K. M. (Hrsg.), Heinrich Mann 1871–1971, München 1973, S. 385–442

Améry, Jean: Niemand war er untertan. In: Die Zeit Nr. 13 vom 26. 03. 71

Matthias, Klaus: Rede zur Eröffnung der Heinrich-Mann-Tagung in Lübeck 1971, s. a. Klaus Matthias, S. 8–10

Ulbricht, Walter: Er hat mit uns seinen Traum in die Tat umgesetzt. Eröffnungsrede des Präsidenten des Heinrich-Mann-Komitees, Walter Ulbricht, auf der konstituierenden Sitzung des Heinrich-Mann-Komitees am 21. Januar 1971. In: Neues Deutschland vom 22. Januar 1971

Dittberner, Hugo: Heinrich Mann. Eine kritische Einführung in die Forschung, FAT 2053, Frankfurt/M. 1974, v. a. S. 9–14 (allgemeiner Teil) und S. 128–142 (zum ‚Untertan')

Matthias, Klaus (Hrsg.): Heinrich Mann 1871/1971. Bestandsaufnahme und Untersuchung. Ergebnisse der Heinrich-Mann-Tagung in Lübeck, München 1973

Die Rezeptionsgeschichte Heinrich Manns, insbesondere seines ‚Untertan', ist in der wissenschaftlichen Literatur gut dokumentiert. Ausgangspunkt müßte hier die Dokumentation von Renate Werner sein. Auf eine allgemeine Einleitung, die sachkundig und umfassend die Rezeptionsproblematik darstellt, folgen zu den einzelnen Werken Heinrich Manns zahlreiche Texte zur Rezeption, die jeweils am Beginn eines Kapitels kurz kommentiert werden. Leider beschränkt sich die Dokumentation zum ‚Untertan' auf Äußerungen von Zeitgenossen. Diese Lektüre sollte unbedingt ergänzt werden durch offizielle Äußerungen zum 100. Geburtstag Heinrich Manns. Hier bieten sich drei als repräsentativ anzusehende Vorträge an: Walter Ulbricht versucht, Heinrich Mann als Kronzeugen für die Staatsverfassung der DDR zu gewinnen („Er ist unser"); Jean Améry äußert sein Unbehagen über die unzureichende Rezeption H. Manns in der Bundesrepublik und versucht, dafür Gründe zu finden; Klaus Matthias' etwas bescheiden wirkende Rede zur Eröffnung der Hein-

13

rich-Mann-Tagung in Lübeck könnte als Beleg für die unzureichende Rezeption dienen. Die unterschiedliche Rezeption in Ost und West wird – bei unterschiedlichem Standort – ausführlich bei Matthias (West) sowie bei Hitzer und Geißner (Ost) dargestellt; Geißners Aufsatz zur Rezeption des ‚Untertan‘ in der Bundesrepublik sollte zur Lektüre gehören.

Wer sich ausführlich mit der Heinrich-Mann-Forschung beschäftigen möchte, wird von dem vorzüglichen Forschungsbericht von Hugo Dittberner ausgehen. Der derzeitige Forschungsstand wird in etwa durch die beiden Dokumentationen zum 100. Geburtstag repräsentiert, für den Westen die Veröffentlichung von Matthias mit den Beiträgen der Lübecker Tagung, für den Osten die Dokumentation der Deutschen Akademie der Künste zu Berlin. Ergänzt werden diese Werke durch den Sonderband über Heinrich Mann von ‚Text und Kritik‘.

2.4. Das Wilhelminische Zeitalter

2.4.1. Zu Wilhelm II.

Hartau, Friedrich: Wilhelm II., rowohlts bildmonographien 264, Reinbek bei Hamburg 1978

Mann, Golo: Der Kaiser Wilhelm II. und seine Zeit, Berlin

Wilhelm II. Archiv der Weltgeschichte, München / Bern / Wien 1964

Balfour, Michael: Der Kaiser Wilhelm II. und seine Zeit, Berlin 1964. Darin v. a. das Kapitel ‚Der neue Herr‘, S. 145–174

Kracke, Friedrich: Prinz und Kaiser. Wilhelm im Urteil seiner Zeit, München 1960. Darin v. a. das Kapitel ‚Die kaiserliche Persönlichkeit im Ablauf von 20 Regierungsjahren, S. 242–250

2.4.2. Die Reden Wilhelms II.

Matthes, Axel (Hrsg.): Reden Kaiser Wilhelms II., Rogner und Bernhard, München 1976

Johann, Ernst (Hrsg.): Reden des Kaisers. Ansprachen, Predigten und Trinksprüche Wilhelms II., dtv dokumente 2906, München 1977

2.4.3. Zum Wilhelminischen Zeitalter

Mann, Golo: Deutsche Geschichte des 19. und 20. Jahrhunderts, Frankfurt/M. 1958

Ritter, Gerhard A. (Hrsg.): Das deutsche Kaiserreich 1871–1914. Ein historisches Lesebuch, Kleine Vandenhoeck-Reihe 1414, Göttingen 1975

Wehler, Hans-Ulrich: Das deutsche Kaiserreich 1871–1918, Kleine Vandenhoeck-Reihe 1380, Göttingen 1973

2.4.4. Bildmaterial zum Kaiserreich

Dollinger, Hans (Hrsg.): Das Kaiserreich. Seine Geschichte in Texten, Bildern und Dokumenten, München 1966

Schüddekopf, Otto-Ernst: Herrliche Kaiserzeiten. Deutschland 1871–1914. Berlin/Frankfurt/M. 1973

Hochhuth, Rolf / Koch, H. H.: Kaisers Zeiten. Bilder einer Epoche, Prisma Verlag, ohne Jahresangabe und Erscheinungsort

Reinoß, Herbert (Hrsg.): Simplicissimus. Bilder aus dem ‚Simplicissimus“, Hannover 1970

Simplicissimus. Eine satirische Zeitschrift München 1896–1914. Katalog zur Ausstellung im Haus der Deutschen Kunst, München 1978

Schütze, Christian (Hrsg.): Das Beste aus dem Simplicissimus, Scherz, ohne Jahresangabe und Erscheinungsort

Wedel, Friedrich: Wilhelm II. in der Karikatur, Dresden 1928

14

2.4.5. Zur Kulturgeschichte
des Wilhelminischen Zeitalters

Schoeps, Hans Joachim: Das Wilhelminische Zeitalter in geistesgeschichtlicher Sicht. In: H.J.S. (Hrsg.). Das Wilhelminische Zeitalter. Zeitalter im Wandel, Bd. 1, Stuttgart 1967, S. 11–39

Der Nichthistoriker muß sich erst in den historisch-sozialen Hintergrund einarbeiten, der auf vielfache Weise in den ‚Untertan‘ eingegangen ist und ohne dessen Kenntnis der Roman kaum angemessen erfaßt werden kann. Ausgangspunkt sollte die Beschäftigung mit Kaiser Wilhelm II. sein, der auf zweifache Weise in den Roman übernommen wird. Als Romankaiser selbst, dann aber auch in Heßling, der in vielem nach dem Bild des Kaisers dargestellt ist. Umfassend und ausgewogen wird die Person Wilhelm II., die in der Geschichtswissenschaft so unterschiedlich beurteilt wird, bei Hartau dargestellt; ergänzt werden kann die Lektüre durch den kurzen Aufsatz Golo Manns. Beide Werke bieten zudem noch umfangreiches Bildmaterial an, das auch im Unterricht Verwendung finden kann.

Bestandteil einer Unterrichtseinheit zum ‚Untertan‘ sollte eine Analyse der Reden Wilhelms II. sein, da Heßling sich ausgiebig der Zitate aus diesen Reden bedient und da diese Reden auch heute noch ein anschauliches Bild von Wilhelm II. zu vermitteln vermögen. Dabei wird man zu dem kleinen Band der Reden bei Rogner und Bernhard greifen, der in vorzüglicher Weise einzelne Reden Wilhelms II. Karikaturen sowie Ausschnitten aus literarischen (darunter auch der ‚Untertan‘) und historischen Werken zuordnet – ein ebenso unterhaltsames wie informatives Büchlein, auf dessen Lektüre man nicht verzichten sollte. Zu empfehlen ist auch das Nachwort von Arntzen, der Aufsatz ‚Die Gewalt der Rede oder Der Leitartikel auf dem Thron‘, dessen Lektüre durch einen Aufsatz von Ludwig Thoma ergänzt werden könnte (Ludwig Thoma: Die Reden Kaiser Wilhelms II. Ein Beitrag zur Geschichte unserer Zeit. In: Richard Lemp [Hrsg.]: Das große Ludwig Thoma Buch, München 1974, S. 241–256).

Über das Wilhelminische Zeitalter informiert umfassend Hans-Ulrich Wehler, dessen Buch über das Kaiserreich für unsere Zwecke bestens verwertet werden kann, da hier die soziologischen Aspekte ausführlich berücksichtigt werden, die auch im Roman eine besondere Rolle spielen. Der Schwerpunkt der Lektüre sollte auf dem Kapitel III ‚Herrschaftssystem und Politik‘ liegen, v.a. auf seinen Unterkapiteln 2 ‚Zentrale Probleme: Status-Quo-Verteidigung gegen politische Mobilisierung‘ (Parteien und Interessenverbände), 3 ‚Integrationsklammern und strukturelle Demokratiefeindlichkeit‘ (u.a. Feindstereotypen und Sozialisationsinstanzen) sowie 6 ‚Der Imperialismus‘. Historisches Quellenmaterial zu den hier angeführten Aspekten findet sich bei Ritter. Über die eigentlich politische Geschichte informiert leicht lesbar Golo Mann.

Historisches Bildmaterial, mit dessen Hilfe der Schüler sich schnell einen Überblick über einzelne Aspekte des Kaiserreichs verschaffen kann, liegt vor bei Dollinger, der das reichhaltige, systematisch angeordnete Bildmaterial mit kurzen, äußerst informativen Quellentexten ergänzt – zu beachten wäre v.a. das Bildmaterial zur Person Wilhelms II., zum 100. Geburtstag Wilhelms I., zu Denkmalseinweihungen, zu militärischen Traditionsvereinen und zu Studentenkorporationen, zur ,,Nationalisierung" der Vereine, zum Wagner-Kult, zur Familie und zur Stellung der Frau. Weiteres Bildmaterial findet sich bei Schüddekopf und Hochhuth/Koch. In diesem Zusammenhang sollte auch die satirische Zeitschrift ‚Simplicissimus‘ berücksichtigt werden, in der Heinrich Mann Teile seines ‚Untertan‘ zunächst veröffentlicht hat; hier wird das Kaiserreich aus der Perspektive des Karikaturisten in seinen typischen Merkmalen leicht faßbar. Gut dokumentiert wird diese Zeitschrift im Katalog der Münchner Ausstellung von 1978, in dem die einzelnen Blätter nach den karikierten gesellschaftlichen Gruppen und nach den einzelnen Problemkreisen angeordnet sind. Daneben wird man zu den repräsentativen Auswahlbänden von Reinoß und Schütze greifen. Karikaturen zu Wilhelm II. faßt Wedel zusammen.

Will man sich darüber hinaus noch den geistesgeschichtlichen Hintergrund des Kaiserreichs erarbeiten, greift man zu dem Sammelband von Schoeps, darin v. a. nach dem Aufsatz von Schoeps ‚Das Wilhelminische Zeitalter aus geistesgeschichtlicher Sicht', mit dessen Hilfe man sich einen ersten Überblick verschaffen kann. Das wird v. a. dann von Wichtigkeit sein, wenn man den ‚Untertan' im Zusammenhang mit der Literatur des Kaiserreichs behandeln will.

2.5. Studien zum autoritären Charakter

Adorno, Theodor W.: Studien zum autoritären Charakter, suhrkamp taschenbuch 107, Frankfurt/M. 1976, S. 322–327

Fromm, Erich: Autorität und Familie. Sozialpsychologischer Teil (1936). In: Hans-Peter Gente (Hrsg.), Marxismus, Psychoanalyse, Sexpol, Bd. 1, Fischer Bücherei 6056, Frankfurt/M. 1977, S. 251–315

Horkheimer, Max: Autorität und Familie (1936). In: M. H., Traditionelle und kritische Theorie. Vier Aufsätze Fischer Bücherei 6015, Frankfurt/M. 1970, S. 162–230

Reich, Wilhelm: Massenpsychologie des Faschismus, Fischer Bücherei 6250, Frankfurt/M. 1974

Spätestens seit Vogt sieht die Forschung in Heinrich Manns ‚Untertan' auch eine frühe literarische Studie zum autoritären Charakter, der seine brutalste Ausprägung im Dritten Reich erhalten hat. So konnte das Schulbuch ‚politik im aufriß' (Bd. 1, Diesterweg, S. 10 ff.) Ausschnitte aus dem ‚Untertan' mit Ausschnitten aus den autobiographischen Aufzeichnungen des Lagerkommandanten von Auschwitz, Rudolf Höß, konfrontieren. Um unter diesem Gesichtspunkt den ‚Untertan' würdigen zu können – in Weiterführung der Vogtschen Interpretation –, müssen die wissenschaftlichen Grundlagen zur Erfassung des autoritären Charakters erarbeitet werden. Als Ausgangspunkt bietet sich der äußerst informative Aufsatz von Fromm an, der durch die Lektüre der beiden klassischen Studien von Horkheimer und Adorno zum autoritären Charakter ergänzt werden sollte. Da Adorno seine wissenschaftliche Methode sowie sein umfassendes Interview-Material sehr breit darstellt, kann man sich für unsere Zwecke auf die Darstellung des „autoritären Syndroms" (S. 322–327) beschränken. Wer mehr über die sozialpsychologischen Aspekte des Dritten Reiches erfahren will, wird zu Reichs Buch greifen.

Über den Themenbereich Sozialpsychologie/Tiefenpsychologie im allgemeinen informieren kurz und anschaulich:

Schraml, Walter J.: Einführung in die Tiefenpsychologie für Pädagogen und Sozialpädagogen, Stuttgart 1968

Fromm, Erich: Analytische Sozialpsychologie und Gesellschaftstheorie, edition suhrkamp 425, Frankfurt 1970

Drever, James / Fröhlich, Werner D.: dtv-Wörterbuch zur Psychologie, dtv 3031, München 1971

2.6. Unterrichtspraktische Literatur

Henze, Hanne: Die Entlarvung des wilhelminischen Komödianten. Heinrich Mann: Der Untertan. In: Praxis Deutsch 22 (1977), S. 55–59

Wolff, Jürgen: Materialien zu Heinrich Mann ‚Der Untertan‘. Editionen für den Literaturunterricht (Klett). Stuttgart 1979

Seidler-von Hippel, Elisabeth: Heinrich Mann ‚Der Untertan‘. Vorschläge zur Selbsterarbeitung durch die Schüler. In: DU 16 (1964), H. 2, S. 53–59

An Unterrichtsvorschlägen zum ‚Untertan‘ liegen die Arbeiten von Seidler-von Hippel und von Hanna Henze vor. Seidler-von Hippel beschränkt sich auf die Herausarbeitung von Fragestellungen, mit deren Hilfe die Schüler sich das Werk selbst erarbeiten können. Der Vorzug von Henzes Arbeit liegt in der didaktischen Aufbereitung des Romans, d. h. in der Herausarbeitung der für den Unterricht relevanten Aspekte; zudem bietet sie anschauliches Material, mit dessen Hilfe die Technik der Zitaten-Montage Heinrich Manns, v. a. bezüglich der Kaiserzitate Heßlings, den Schülern einsichtig gemacht werden kann. Die Vorschläge zum konkreten Ablauf des Unterrichts erweisen sich dagegen als formal und wenig abwechslungsreich. Eine erste Materialiensammlung für die Hand des Schülers liegt mittlerweile auch vor (zusammengestellt von Jürgen Wolff), in der viele Analyseaspekte berücksichtigt sind. Die Rezeption des Werkes wird ausführlich dokumentiert, leider kommen Texte zum historischen Hintergrund zu kurz.

3. Die didaktische Konzeption der Unterrichtseinheit und die allgemeinen Lernziele

3.1. Überlegungen zu den Schwerpunkten der Romananalyse

Die Behandlung eines Romans kann, so mag es zunächst erscheinen, mit sehr unterschiedlichen Lernzielen verbunden werden. Geht man bei der Festlegung der Lernziele von einer detaillierten Analyse des Romans aus, wobei man die einschlägigen fachwissenschaftlichen Interpretationen heranziehen wird, und bringt man dann diese in einer methodisch-didaktischen Analyse in Verbindung mit bestimmten Klassenstufen und ihren jeweils spezifischen Lernbedingungen, so werden diese allgemeinen Lernziele, die mit der Behandlung des ‚Untertan' zusammenzubringen sind, schnell eingeengt und eindeutiger. Es müssen also zunächst einmal die Schwerpunkte der Romananalyse bestimmt werden.

Bringt man nur den Romantitel ‚Der Untertan' mit dem Romanbeginn „Diederich Heßling war ein weiches Kind, das am liebsten träumte, sich vor allem fürchtete und viel an den Ohren litt…" in Verbindung, so wird schnell klar, daß hier mit dem Individuum Diederich Heßling zugleich auch das Allgemeine und Typische erfaßt werden soll. Auch bei den anderen Personen des Romans trifft diese Feststellung zu. Mithin ist ein zentraler Aspekt des Romans seine spezifische Personengestaltung, die es zu erfassen gilt, was auch, wie die Forschung zeigt, erfolgreich mit sozialpsychologischen Kategorien erfolgen kann.

Der geplante, von Heinrich Mann später fallengelassene Untertitel „Geschichte der öffentlichen Seele unter Wilhelm II." oder „Roman des bürgerlichen Deutschen unter der Regierung Wilhelms II." sowie die Verweise auf eine große Anzahl historischer Fakten und Phänomene des Wilhelminischen Zeitalters stellen den ‚Untertan' Heßling und die ihn umgebenden Figuren in einen konkreten historischen Rahmen. Historisches erscheint hier wie nur in wenigen Romanen umfassend poetisch vermittelt. Die Figuren erscheinen als Repräsentanten ihrer Zeit, aus ihrem Agieren und Reagieren in einem bestimmten gesellschaftlichen Rahmen ergibt sich ein umfassendes Bild des Wilhelminischen Zeitalters. Mithin zeichnet sich der Roman (als Zeitroman?) auch durch seine spezifisch ästhetisch-sprachliche Vermittlung historischer Faktizität aus. Die Frage nach der ästhetisch-sprachlichen Vermittlung historisch-sozialer Faktizität wird zu einer zentralen Fragestellung.

Ziel einer literarischen Analyse sollte „nicht der Nachweis gewisser Eigenschaften eines Zeittypus" sein, was beim ‚Untertan' zunächst durchaus seine Berechtigung haben kann, sondern die „Analyse der Umsetzung in eine neue, autonome Welt der Dichtung – nicht neben, sondern mit den Realitätspartikeln" (Süßenbach), denn erst mit ihr kommt das Kunstwerk und damit die Intention des Dichters ins Blickfeld. Gerade in der Erfassung der spezifischen poetischen Darstellung, in der satirischen Sprachhaltung mit all den sie im Roman bedingenden und charakterisierenden Elementen, erschließt sich dieser Roman, und erst auf der Grundlage einer derartigen Analyse kann er ästhetisch angemessen beurteilt werden und seine Intention erfaßt werden. Hier erschließt sich auch das Gesellschaftsbild Heinrich Manns und die sich daraus ergebende Zielsetzung des Romans. Die Frage nach der Erzählhaltung des Romans kann entfallen, sie erscheint nur als

Teil der den Roman bestimmenden satirischen Techniken. Lassen sich Romane wie Andersch' „Sansibar" oder Frisch' „Homo faber" in erster Linie von der Erzählhaltung her erfassen, so Heinrich Manns ‚Untertan' von der satirischen Sprachhaltung, der sich alle anderen Techniken zu- und unterordnen lassen.

Nicht zufällig hat sich die Forschung, ganz ähnlich wie bei Goethes „Werther", früh der Rezeptionsgeschichte des Werks von Heinrich Mann, speziell des ‚Untertan', angenommen. Dies mag auf die sehr kontroverse Rezeptionshaltung mit stark politisch gesetzten Akzenten zurückzuführen sein, die bei den Feiern zum 100. Geburtstag Heinrich Manns zu einer Art Ost-West-Konflikt in Sachen Heinrich Mann führte.

Darüber hinaus stellt sich, ausgehend von Thomas Manns Polemik gegen seinen Bruder Heinrich in den „Betrachtungen eines Unpolitischen", angesichts des Werkes von Heinrich Mann die grundsätzliche Frage nach der Funktion von Literatur und nach ihren Bewertungskriterien.

Heinrich Manns Werk begann erst in den letzten Jahren umfassender ins Bewußtsein der Fachwissenschaft zu rücken; die Forschungslage erscheint derzeit noch leicht überschaubar und auch gut dokumentiert. Damit sind ideale Bedingungen dafür vorhanden, daß sich die Schüler weitgehend selbständig in diese Materie einarbeiten können, weil sie dabei nicht in einer Flut von Sekundärliteratur untergehen werden. Folglich eignet sich der ‚Untertan' ideal dafür, Schüler in die Arbeits- und Sozialformen des Deutschunterrichts einzuführen, deren Beherrschung als unabdingbare Voraussetzung für den Übergang zur Universität angesehen werden kann.

Für unsere UE ergeben sich damit fünf Schwerpunkte, die noch in Form von Lernzielen ausgewiesen und näher erläutert werden müssen:

1. Das Problem der Personengestaltung, darin integriert die Frage nach den Möglichkeiten und der Leistungsfähigkeit einer an der Sozialpsychologie orientierten Literaturanalyse.

2. Eine literatursoziologische Fragestellung: Wie erscheinen im Roman historisch-soziale Realitätspartikel poetisch vermittelt, und wo liegt die Aussagekraft dieser „neuen, autonomen Welt der Dichtung"?

3. Die Frage nach der satirischen Sprachhaltung und der sie bedingenden und charakterisierenden Elemente in ihrer Funktion für den Roman.

4. Die Frage nach der Rezeption des Werks und nach den sie bedingenden Faktoren, darin integriert die Frage nach der Funktion von Dichtung sowie die Frage der literarischen Wertung.

5. Das Erlernen und Erproben von Arbeits- und Sozialformen des Deutschunterrichts.

Aufgrund dieser Ausführungen ist die Frage, auf welcher Klassenstufe der Roman sinnvollerweise behandelt werden soll, relativ einfach zu beantworten: Die Frage nach der satirischen Sprachhaltung und nach der Vermittlung historischer Faktizität in sprachlich-ästhetischer Form schließt zunächst eine Behandlung auf der Mittelstufe aus bzw. würde diese unnötigerweise stark erschweren, zumal auch dann, wenn wir an den Umfang des Werkes denken. Will man mit dem Roman eine Einführung in Arbeits- und Sozialformen verbinden, scheiden die höheren Klassen aus, da diese ja die Techniken schon beherrschen und selbständig anwenden sollten. Somit käme für diese UE v. a. die 11. Klasse in Frage mit ihrer Gelenkfunktion zwischen Mittel- und Oberstufe. Werden die hier angeführten Schwerpunkte noch stärker akzentuiert, d. h. etwa in bezug auf grundsätzliche Probleme der Literaturbetrachtung (z. B. Methodenprobleme der soziologischen und

19

der sozialpsychologischen Literaturbetrachtung oder das Problem des Verhältnisses von Politik und Dichtung und damit verbunden das Problem der literarischen Wertung), so kann man sich durchaus auch einen Leistungskurs vorstellen. Ein Blick in die Lehrpläne bestätigt unsere Entscheidung; hier wird der ‚Untertan‘ meist für die 11. Klasse vorgeschlagen.

3.2. Die Schwerpunkte der Romananalyse

3.2.1. Zum Problem der Personengestaltung

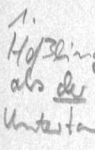

Der einfachste und zugleich einleuchtendste Zugang zum Roman, v.a. für Schüler, wird die Analyse der Titelfigur, d.h. die Analyse der Untertanenmentalität, sein. Bei einem derartigen Zugang muß darauf geachtet werden, daß die Untertanenmentalität nicht als Ausdruck von Heßlings Individualität (Individualcharakter) gesehen wird, sondern daß die gesellschaftlichen Implikationen dieses Charakters (Sozialcharakter) sofort mit ins Blickfeld rücken. Das kann geleistet werden, indem die typisierende Darstellungsweise Heinrich Manns herausgearbeitet wird.

Heßling wird zunächst einmal direkt von Buck junior, der im Roman als der eigentliche Analytiker seiner Zeit auftritt, als Untertanen-Typus gekennzeichnet – so etwa in seiner Rede vor Gericht:

„Ich werde also nicht vom Fürsten sprechen, sondern vom Untertan, den er sich formt; nicht von Wilhelm dem Zweiten, sondern vom Zeugen Heßling! Ein Durchschnittsmensch mit gewöhnlichem Verstand, abhängig von der Umgebung und Gelegenheit, mutlos, solange hier die Dinge schlecht für ihn standen, und von großem Selbstbewußtsein, sobald sie sich gewendet hatten… Wie er … waren zu jeder Zeit viele Tausende, die ihr Geschäft versahen und eine politische Meinung hatten. Was hinzukommt und ihn zu einem neuen Typus macht,

ist einzig die Geste: das Prahlerische des Auftretens, die Kampfstimmung einer vorgeblichen Persönlichkeit, das Wirkenwollen um jeden Preis, wäre er auch von anderen zu bezahlen. Die Andersdenkenden sollen Feinde der Nation heißen, und wären sie zwei Drittel der Nation… Eine romantische Prostation vor einem Herrn, der seinem Untertan von seiner Macht das Nötige leihen soll, um die noch Kleineren niederzuhalten. Und da es in Wirklichkeit und im Gesetz weder den Herrn noch den Untertan gibt, erhält das öffentliche Leben einen Anstrich schlechten Komödiantentums. Die Gesinnung trägt Kostüm, Reden fallen wie von Kreuzrittern, indes man Blech erzeugt oder Papier, und das Pappschwert wird gezogen für einen Begriff wie den der Majestät, den doch kein Mensch mehr, außer in Märchenbüchern, ernsthaft erlebt…“ (S. 180 f.).*

Schon hier werden die gesellschaftlichen Implikationen dieses Typus’ angedeutet. Das wird dann noch deutlicher, wenn Buck Heßling und den Kaiser mit dem Begriff „Komödiantentum“ verbindet, der seinerseits wiederum für die Charakterisierung des Zeitalters herhalten muß. Daß Heinrich Mann Heßling als Repräsentanten des Wilhelminischen Zeitalters zeichnen will, wird darin sichtbar, daß er Buck Formulierungen aus seinem Essay ‚Kaiserreich und Republik‘, in welchem er seine Zeit zu analysieren versucht, in den Mund legt.

Was hier in der Analyse Bucks direkt auf einen Nenner gebracht wird, erscheint auch poetisch auf vielfache Weise vermittelt in der Romanhandlung selbst, so schon im ersten Kapitel, in welchem der Sozialisationsprozeß Heßlings exemplarisch dargestellt wird. Hier wird keineswegs ein individuelles Schicksal entfaltet, wie dies der Romananfang zunächst glauben macht. Da es zu keiner „allmählichen Klärung der eigenen Stellung und Lebensform“ Heßlings kommt, kann auch nicht von einem Entwicklungsroman gespro-

---

* Die Seitenangaben beziehen sich hier und bei allen folgenden Zitaten auf die Taschenbuchausgabe des Romans, dtv 256/57, München 1964.

/chen werden (Süßenbach). Heßling wird vielmehr durch all die Sozialisationsabschnitte hindurch nur in ein und derselben Grundhaltung, faßbar als Grundstruktur der Untertanenmentalität, gezeigt. Entwicklung wird lediglich greifbar in der Ausdifferenzierung und zunehmenden Verhärtung einer einmal eingenommenen, durch gesellschaftliche Instanzen vermittelten Grundhaltung. Heßling wird gezeigt in einem ständigen Schwanken zwischen Sadismus und Masochismus; Weichheit schlägt um in Härte gegen sich und andere. Selbst wenn die Härte sich als Strafe des Vaters oder der ihm ebenbürtigen Instanzen gegen ihn selbst richtet, wird sie noch ersehnt und ausgekostet. Dieser Sachverhalt läßt sich mit Hilfe einer an Adorno und Horkheimer orientierten sozialpsychologischen Interpretation des ,Untertan' vertiefen und wiederum auf eine weiter reichende, gesellschaftliche Ebene hin interpretieren. Dabei kann die typisierende Darstellungsweise Heinrich Manns von einem weiteren Ansatz her ins Blickfeld gerückt werden.

Nach diesem Interpretationsansatz stellt Heinrich Manns ,Untertan' ,,eine erste Theorie und Analyse des Faschismus, genauer: der sozialpsychologischen Bedingungen für seine Entstehung und Ausbreitung" (Vogt) dar. Heinrich Mann hat diesen Zusammenhang in späteren Jahren selbst angedeutet:

,,Den Roman des bürgerlichen Deutschland unter der Regierung Wilhelms II. dokumentierte ich seit 1900. Beendet habe ich die Handschrift 1914, zwei Monate vor dem Ausbruch des Krieges – der in dem Buch nahe und unausweichlich erscheint. Auch die deutsche Niederlage. Der Faschismus gleichfalls schon: wenn man die Gestalt des ,Untertan' nachträglich betrachtet. Als ich sie aufstellte, fehlte mir von dem ungeborenen Faschismus der Begriff, und nur die Anschauung nicht." (Ein Zeitalter wird besichtigt.)

Dieser Zusammenhang soll im folgenden kurz dargestellt werden. Er ist zunächst schon in einer gewissen Terminologie Heßlings gegeben: Herrenvolk, Herrenkultur, Weltmacht, spartanische Zucht der Rasse, Erbfeind Frankreich, jüdische Frechheit, Macht geht vor Recht, zerschmettern, ausrotten u. a. Dieses Vokabular wird dann auch konsequenterweise gegen Schluß des Romans, v. a. in der Rede Heßlings zur Denkmalseinweihung, in konzentrierter Form verwendet, also zu einem Zeitpunkt, an welchem der Roman Krieg und sich verstärkenden Nationalismus als Zukunftsperspektive eröffnet. Den Zusammenhang mit dem Aufkommen des Faschismus hat Staudte in seiner Romanverfilmung durch die Schlußbildung besonders betont.

Darüber hinaus wird die Verbindung hergestellt zwischen der im Roman dargestellten Faktizität, die sich vordergründig(?) zunächst auf die historische Realität des Wilhelminischen Zeitalters bezieht, und gewissen Erscheinungen des Faschismus über die Darstellung Heßlings als Typus des ,,autoritären Charakters".

In der Vater-Mutter-Kind-Beziehung, über den vom Vater geforderten und auch erzwungenen absoluten Triebverzicht und die in der Konfrontation mit dem Vater sowie den ihm gesellschaftlich entsprechenden Sozialisationsinstanzen erworbene Autoritätsfixierung lernt Heßling, die Macht als naturgegeben anzuerkennen und zu lieben, ohne sie je in Frage zu stellen. Im Umgang mit ihr entwickelt er zur Bewältigung des Triebverzichts masochistische und sadistische Verhaltensweisen. Er muß sie lieben, weil er ja selbst in der Überwindung seiner weiblichen Anlagen – seine Weichheit erscheint in der Mutter wieder – einst die väterliche Position einnehmen und damit selbst Macht ausüben möchte. An die Stelle des Vaters als Repräsentanten der Macht und Autorität, der zudem noch Liebe erheischt, tritt für Heßling allmählich die abstrakte Institution der Macht. Die Unterwerfung wird zunehmend zu einem Automatismus, der von jeder beliebigen Verkörperung der Autorität und Macht, d.h. auch von falschen Autoritäten, ausgelöst werden kann. Die Autoritätsbeziehung wird dadurch abstrakt und erscheint formalisiert. Für Heßling stellt sich dies wie folgt dar:

„Die Macht, die über uns hinweggeht und deren Hufe wir küssen; gegen die wir nichts können, weil wir alle sie lieben! Die wir im Blut haben, wie wir die Unterwerfung darin haben" (S. 47).

Mit der Übernahme des väterlichen Erbes wird die Orientierung an der Macht weiter vorangetrieben – an die Stelle des Vaters trat schon früher zunehmend der Kaiser. Der während des Sozialisationsprozesses entstandene Wunsch, selbst Macht auszuüben, kann jedoch nicht sofort realisiert werden. Die Machtausübung Heßlings erscheint zunächst beschränkt auf den privaten Bereich. Im öffentlichen Bereich, wie ein Blick auf Heßlings Verhalten gegenüber den Honoratioren von Netzig, im Prozeß gegen Lauer, aber auch beim Tod des Arbeiters zeigt, geht er zunächst äußerst behutsam vor. Eine genaue Analyse der Steuerungsmechanismen von Heßlings Verhalten – am leichtesten durchzuführen an den erwähnten Beispielen – zeigt, wie sich Heßlings autoritäre Grundhaltung erst in einer Situation voll realisiert, die sich für die Entfaltung seiner Mentalität als günstig erweist. Bei der Analyse des autoritären Charakters bzw. der Untertanenmentalität (die beiden Seiten derselben charakterlichen Grundstruktur) müssen also zwei Komponenten des Problems gesehen werden: eine individuelle Prädisposition (die Untertanenmentalität als charakterliche Grundstruktur), die im Sozialisationsprozeß gesellschaftlich vermittelt erscheint, und die dieser Prädisposition günstige gesellschaftliche Situation, in welcher sich der autoritäre Charakter realisiert. Dieses Zusammenspiel individueller und gesellschaftlicher Komponenten schließt nicht aus, daß der autoritäre

Charakter mit zunehmendem Machtgewinn und in einem zunehmend für ihn sich günstiger gestaltenden Milieu jedes Maß verliert bis hin zu einer Art Übersteigerung, die, wie die Schlußbildung des Romans andeutet, zum Untergang dieses Charakters und der ihn bedingenden Gesellschaft führen kann. Ein kurzer Blick auf die von Adorno zusammengestellten Merkmale des autoritären Charakters wird nochmals verdeutlichen, wie groß die Ähnlichkeiten mit Diederich Heßling sind. Zum „autoritären Syndrom" führt Adorno aus:

„Es (dieses Syndrom) folgt dem ‚klassischen' psychoanalytischen Modell, das den Ödipuskomplex auf sadomasochistische Weise löst und das Erich Fromm den ‚sadomasochistischen' Charakter genannt hat. Nach Horkheimers Theorie in der gleichen Arbeit zu ‚Autorität und Familie' geht äußere gesellschaftliche Repression mit innerer Verdrängung von Triebregungen zusammen. Um die ‚Internalisierung' des gesellschaftlichen Zwanges zu erreichen, die dem Individuum stets mehr abverlangt als sie ihm gibt, nimmt dessen Haltung gegenüber der Autorität und ihrer psychologischen Instanz, dem Über-Ich, einen irrationalen Zug an. Das Individuum kann die eigene soziale Anpassung nur vollbringen, wenn es an Gehorsam und Unterordnung Gefallen findet; die sadomasochistische Triebstruktur ist daher beides, Bedingung und Resultat gesellschaftlicher Anpassung. In unserer Gesellschaftsform finden sadistische so gut wie masochistische Neigungen Befriedigung. Bei der spezifischen Lösung des Ödipuskomplexes, welche die Struktur des hier besprochenen Syndroms bestimmt, werden solche Befriedigungen in Charakterzüge umgesetzt. Die Liebe zur Mutter, in ihrer ursprünglichen Form, fällt unter ein strenges Tabu; der resultierende Haß gegen den Vater wird durch Reaktionsbildung in Liebe umgewandelt. Diese Transformation bringt eine besondere Art von Über-Ich hervor. Die schwierigste Aufgabe des Individuums in seiner frühen Entwicklung, Haß in Liebe umzuwandeln, gelingt niemals vollständig. In der Psychodynamik des ‚autoritären Charakters' wird die frühere Aggressivität zum Teil absorbiert und schlägt in Masochismus um, zum Teil bleibt sie als Sadismus zurück, der sich ein

Ventil sucht in denjenigen, mit denen das Individuum sich nicht identifiziert: in der Fremdgruppe also. Oft wird der Jude zum Ersatz für den verhaßten Vater und nimmt in der Phantasie eben die Eigenschaften an, die zur Auflehnung gegen den Vater herausforderten: Nüchternheit, Kälte, Herrschsucht, ja sogar die des sexuellen Rivalen. Die Ambivalenz ist umfassend; sie wird vor allem evident in der Gleichzeitigkeit von blindem Glauben an die Autorität und der Bereitschaft anzugreifen, was schwach erscheint und gesellschaftlich als ‚Opfer‘ akzeptabel ist. Stereotypie ist bei diesem Syndrom nicht nur Mittel zur sozialen Identifikation, sie hat auch eine echt ‚ökonomische‘ Funktion in der eigenen Psyche des Individuums: sie hilft seine libidinöse Energie den Forderungen des gestrengen Über-Ichs entsprechend zu kanalisieren. So wird schließlich die Stereotypie selbst stark libidinös besetzt und überwiegt im inneren Haushalt des Individuums. Es entfaltet … stark zwanghafte Züge …

Die Verneinung materieller Befriedigung, Zeichen eines restriktiven Über-Ichs, ist nicht weniger typisch als das doppelte Vergnügen, anderen zu befehlen und selbst dem Chef angenehm zu sein.

Seine Ambitionen nach gesellschaftlichem Aufstieg äußern sich in der unverhüllten Identifikation mit denen, die ihm an Autorität und Rang überlegen sind …

Seine religiösen Überzeugungen sind etwas zwanghaft und zeigen ein starkes Strafbedürfnis …
Die offenkundige Rigidität des Gewissens zeigt jedoch starke Spuren von Ambivalenz: was verboten ist, kann akzeptabel sein, wenn es nicht zum sozialen Konflikt führt. Das allzu starre Über-Ich ist nicht wirklich integriert worden, es bleibt äußerlich …

Praktisch identisch mit dem veräußerlichten Über-Ich, dem ‚Ich-Ideal‘, wie es ursprünglich bei Freud heißt, ist ein Gottesbegriff, der alle Züge eines starken, aber ‚hilfreichen‘ Vaters trägt …

Ein weiteres und letztes Charakteristikum des ‚autoritären‘ Syndroms ist das psychologische Äquivalent zu der Denkungsart ‚kein Mitleid mit den Armen‘ … Der ‚Autoritäre‘, der sich mit der Macht identifiziert, lehnt zur gleichen Zeit alles ab, was ‚unten‘ ist. Selbst wo die sozialen Bedingungen als Grund für die Notlage einer Gruppe zugegeben werden, greift er zu einem Trick und fälscht die Situation zu einer Art wohlverdienter Strafe um; die moralischen Schmähreden, die damit einhergehen, sind Zeichen strikter Unterdrückung der eigenen Triebe …

Die nachdrückliche Betonung von ‚Distanz‘, die Furcht vor ‚enger körperlicher Berührung‘ darf im Sinne unserer These interpretiert werden, daß bei diesem Syndrom die Trennung zwischen Eigen- und Fremdgruppe ungeheure Mengen seelischer Energie absorbiert. Für Individuen dieses Typus ist die Identifikation mit der Familie und letztlich mit der gesamten Eigengruppe ein unentbehrlicher Mechanismus, um sich selbst autoritäre Disziplin aufzuerlegen und nicht der Versuchung zum ‚Ausbrechen‘ zu erliegen, die durch die bei ihnen bestehende Ambivalenz stets neue Nahrung erhält“ (Adorno S. 322–327).

Die Gefahr eines derartigen Interpretationsansatzes ist, daß sich die sozialpsychologische Fragestellung leicht verselbständigt und die poetische Dimension des Romans aus dem Blickfeld gerät. Hier muß darauf geachtet werden, daß die sozialpsychologischen Kenntnisse nicht zum eigentlichen Unterrichtsziel werden, sondern sie lediglich als Mittel zur exakteren Erfassung des Romans benutzt werden.

Die Ausweitung von der individuellen zur gesellschaftlichen Problematik kann und sollte nicht ausschließlich durch eine an der Sozialpsychologie orientierten Interpretation geleistet werden. Sie ist leistbar von sehr unterschiedlichen Blickwinkeln her. Es sollte zu einem Unterrichtsprinzip werden, diese zentrale Problemstellung des Romans immer wieder von verschiedenen Blickwinkeln angehen.

Zunächst sei hier auf den Aufsatz von Scheibe verwiesen, der in bezug auf Heßling auf die Diskrepanz zwischen Rolle und Wahrheit hinweist: Heßling benutzt die Rolle, die ihm gesellschaftlich von Nutzen ist (den „Kaiserrummel“, wie sich der Sozialdemokrat Fischer ausdrückt), und verleugnet dabei das wahrhaft Menschliche, um Karriere zu machen. Die Rolle wird Mittel zum Zweck – unter Berufung auf den Kaiser und die gute Sache kann Heßling seine materielle Bereicherung im großen Stil betreiben, ungeachtet dessen, daß andere Menschen – die im Roman gerade das Menschliche repräsentieren – ihre Existenz verlieren.

Ein weiterer Weg hin zur Gesellschaftsproblematik des Romans führt über die Behandlung von Heinrich Manns Montagetechnik: Eigenschaften Wilhelms II. werden in die Darstellung Heßlings montiert, zudem tritt der Kaiser im Roman selbst auf, wo seine Darstellung allerdings sehr blaß wirkt. Auf diese Weise werden sowohl der Kaiser als auch Heßling zu Repräsentanten des Wilhelminischen Zeitalters. In diesem Zusammenhang sei auch darauf hingewiesen, daß die Erziehung Wilhelms II. in ähnlicher Weise erfolgte wie die Heßlings. War dort der körperliche Schaden, der verkrüppelte Arm, zu kompensieren, so hier ein allgemeines ‚Leiden‘, die Weichheit, was jeweils eine ungeheuerliche Selbstbeherrschung erforderlich machte. Auch die vielen Realitätspartikel aus der Zeit Wilhelms II., die Heinrich Mann in die fiktionale Romanhandlung montierte, weisen darauf hin, daß Heinrich Mann mit seinem Roman mehr im Sinne hatte als die Darstellung des ‚Individuums‘ Heßling. Ausgangspunkt der Romananalyse wird also der Versuch sein, den Typus ‚Untertan‘ in seiner Grundstruktur und seinen Verhaltensweisen zu erfassen. Das wird auf eine Beschreibung des ‚autoritären Charakters‘ hinauslaufen. Dies kann, wie unsere Ausführungen zeigten, auf sehr unterschiedliche Weise geschehen, in jedem Fall müssen dabei auch die diesen Typus bedingenden gesellschaftlichen Faktoren berücksichtigt werden; damit wäre dann ein Übergang geschaffen zur Analyse der Gesellschaftsdarstellung im Roman. Bei dieser Gelegenheit sollten dann auch die anderen Personen des Romans, die bisher unberücksichtigt blieben, genauer analysiert werden: Aus den vielfältigen Interaktionen der Personen, ihren Gruppierungen, aus ihren Äußerungen, die meist auf gesellschaftli-

che und politische Themen bezogen sind, aus ihrem Verhalten sowie aus ihrem parteipolitischen Engagement ergibt sich ein umfassendes Bild der Gesellschaft, aus dem sich, sofern man die spezifischen Mittel der Darstellung durch Heinrich Mann berücksichtigt, das Gesellschaftsbild Heinrich Manns erschließen läßt.

Auf eine umfassendere Analyse des ‚autoritären Charakters‘, wie er poetisch vermittelt in Heßling vorliegt, wurde hier verzichtet. Dieser ‚autoritäre Charakter‘ erschließt sich einmal aus den oben angeführten Zitaten, zum andern wird diese Problematik bei der methodisch-didaktischen Aufbereitung in der Form, in der diese in den Unterricht eingeht, nochmals dargestellt.

3.2.2. Die literatursoziologische Fragestellung

Wenn es darum geht, Gesellschaft in dem Roman ‚Der Untertan‘ zu erfassen und aus der Art und Weise, wie diese dargestellt wird, auf das Gesellschaftsbild Heinrich Manns zu schließen, so kann dies auf unterschiedliche Weise geschehen. Man kann zunächst all das, was der Roman an historischer Faktizität enthält, herauskristallisieren und auf diese Weise ein Bild von dem Wilhelminischen Zeitalter und seiner Gesellschaft erhalten, man hätte damit den Roman entschlüsselt und als Zeitroman interpretiert. Gelänge es darüber hinaus, die Kriterien, nach denen Heinrich Mann die historischen Faktizitäten ausgewählt hat, zu bestimmen, was nur aufgrund einer detaillierten Kenntnis des Wilhelminischen Zeitalters möglich wäre, könnten sich daraus Einblicke in Heinrich Manns parteiische Darstellungsweise eröffnen. Dieses Verfahren ist in der Unterrichtspraxis kaum leistbar. Einfacher ist es, an ausgewählten Beispielen nachzuweisen, was Heinrich Mann mit den von ihm ausgewählten historischen Fakten im Roman macht, d.h. in welchen Handlungszusammenhang und unter welchem Blickwinkel er die historische Faktizität in die Fiktionalität des Romans montiert. Damit können grundsätzliche Einsichten in die „manipulativen" poetischen Techniken gewonnen werden, aus denen sich die subjektive Sicht Heinrich Manns ergibt.

d) Heinrich Manns Gesellschaftsbild kann allerdings auch direkt aus der Romanhandlung

aa) erschlossen werden, zum einen aus den Äußerungen der Personen zu gesellschaftlichen Problemen (wobei dabei zu beachten wäre, von welchen Personen die Äußerungen

bb) kommen), zum andern aus der Personenkonstellation. Werden die Personen als Vertreter gesellschaftlicher Gruppierungen interpretiert und gelingt es, ihre Interaktionsmuster zu bestimmen, im Roman v.a. faßbar im Wahlkampf und im Kampf um gesellschaftliche Macht, so ergibt sich daraus ein ganz bestimmtes Bild von der Wilhelminischen Gesellschaft.

Bei beiden Zugängen müssen die poetischen Techniken Heinrich Manns berücksichtigt werden. Im ersten Fall werden es die Techniken sein, die Heinrich Mann benutzt, um hi-

a) storische Faktizität in die fiktive Romanhandlung zu überführen und zu montieren, im zweiten Fall werden es Techniken sein, mit deren Hilfe aus gesellschaftlichen Einzeldaten ein strukturiertes Ganzes und damit

b) eine neue, ästhetisch vermittelte Realität entsteht. Beide Zugänge, die sich letztendlich ergänzen, sollen im folgenden kurz dargestellt werden. Darüber hinaus werden noch einige Hinweise auf das umfangreiche essayistische Werk Heinrich Manns gegeben, in welchem er seine Auffassung von Gesellschaft darlegt und über die Funktion der Kunst in der Gesellschaft reflektiert. Erst auf der Grundlage dieser Aussagen kann die Frage nach der literarischen Qualität des Romans gestellt werden.

Im Roman vermengen sich Reales und Fiktionales auf vielfältige Weise. Zunächst kann die Romanhandlung durch eine Anzahl von Verweisen auf zeitlich genau fixierbare historische Daten auf die Zeit zwischen 1890 und 1897 festgelegt werden. Ulrich Weisstein führt hierzu aus:

„Wie schon erwähnt, erstreckt sich die Handlung des ‚Untertan' auf das letzte Jahrzehnt des vorigen Jahrhunderts, genauer gesagt vom Zeitpunkt der Entlassung Bismarcks bis zum Jubeljahr Wilhelms I. Heinrich Mann entschloß sich zu einer strukturellen Zweiteilung und fügte dem Hauptteil, der die Jahre 1890–1894 umfaßt, einen auf drei Jahre berechneten Epilog an.
Auf S. 14 des Romans wird Bismarck noch als Kanzler erwähnt. Die frühen Abschnitte der Handlung sind also vor März 1890 anzusetzen. Auf S. 53 ff. findet sich eine Schilderung der im Februar 1892 in Berlin ausgebrochenen Unruhen. Der Anfang des fünften Kapitels bezieht sich auf die Romreise des Kaisers, die dieser auf Einladung des italienischen Königspaares im April des folgenden Jahres unternahm...
Die Rückkehr des Kaisers nach Deutschland, die den Abschluß des Kapitels bildet, wurde durch die Weigerung des Reichstags, die ihm zugeleitete Heeresvorlage zu verabschieden, die am 6. Mai 1893 zu dessen Auflösung durch den obersten Landesherren führte, beschleunigt. Neuwahlen fanden schon am 15. Juni statt; und das Geschehen des Romans steht mit dem Wahlkampf der Parteien im engsten Zusammenhang. Historisch gesehen bedeutete der Ausgang der Wahl einen nicht unerheblichen Machtgewinn für die Sozialdemokraten, die 300 000 Stimmen und neun Sitze im Reichstag hinzueroberten. Die Konservativen dagegen erlitten eine geringe Einbuße, während die radikale Fraktion von 66 auf 37 Sitze zusammenschrumpfte. Heßlings Reaktion auf diese Machtverschiebung wird von Heinrich Mann in die Worte gekleidet: ‚Fünftausend und mehr Stimmen für Fischer! Heuteufel mit kaum dreitausend war fortgefegt von der nationalen Woge, und in den Reichstag zog der Sozialdemokrat' " (Weisstein, S. 117 f.).

Weiterhin treten im Roman historische Personen auf, wie Kaiser Wilhelm II., oder es wird auf sie verwiesen, so auf Eugen Richter, Haupt der Radikalen im Reichstag und Bismarcks Erzfeind, und auf Adolf Stöcker, den

25

Gründer der antisemitischen Christlich-Sozialen Arbeiterpartei. Heßling ähnelt in vielem Wilhelm II., sowohl was sein Äußeres als auch was sein Verhalten anbelangt. Seine Reden und Aussprüche erweisen sich als Anhäufungen von Kaiserzitaten, die dann auch bei seinen politischen Freunden auftauchen. Berlin wird in genauen Ortsangaben faßbar: Friedrichstraße, Tieckstraße, Bleicherstraße, das Hallesche Tor, der Zoologische Garten, der Gesundbrunnen, Halensee und Unter den Linden.

Dazu kommen bestimmte historische Ereignisse, die im Roman verarbeitet werden: So der Fall Lück (nach Schröter: „In der Nacht zum 2. April 1892 hänselte und bedrohte der Arbeiter Brandt im angetrunkenen Zustande an der Kaserne in der Wrangelstraße zu Berlin den Grenadier Lück, der dort auf Posten stand. Als der Arbeiter auf Anruf des Postens floh, gab dieser Feuer. Brandt wurde getötet, ein anderer Straßenpassant, der Arbeiter Treben, verwundet.") und der Fall Kotze. (Der Zermonienmeister Kotze wurde beschuldigt, am kaiserlichen Hof anonyme verleumderische, teilweise pornographische Briefe in Umlauf gebracht zu haben.) Dazuhin werden private Erfahrungen Heinrich Manns einbezogen, so Diederichs Machenschaften, um dem Militärdienst zu entkommen. Hier werden Informationen des Bruders Thomas aus einem Brief vom 27. 4. 1912 eingebracht (Thomas Mann/Heinrich Mann. Briefwechsel 1900–1949, Oldenburg 1968, S. 8).

Abgesehen von diesen direkten Bezügen verweisen viele Sachverhalte auf das Wilhelminische Zeitalter, so etwa die Stellung der Frau innerhalb der Familie, die immer wieder greifbaren nationalistischen und imperialistischen Haltungen der Personen, die Schilderung von Heßlings Betrieb, die Parteiintrigen und vieles mehr.

Für eine umfassende Analyse dieser Anspielungen und Parallelitäten sei auf Weisstein und Süßenbach verwiesen. Schon aus diesen kurzen Ausführungen wird jedoch deutlich geworden sein, daß der Roman ein Konglomerat aus Zitaten darstellt und dadurch zum Zeitroman wird, zu einem Spiegel des Wilhelminischen Zeitalters.

Was bedeutet das für die Unterrichtsgestaltung? Um die Zitaten- bzw. Montagetechnik Heinrich Manns in ihrer Stellung und Funktion innerhalb des Romanganzen erfassen zu können, muß der Schüler über eine Kenntnis der historischen Fakten verfügen. Eine solche Kenntnis kann in den wenigsten Fällen vorausgesetzt werden. Da es Ziel der Romananalyse nicht sein kann, lediglich die im Roman enthaltene historische Faktizität zu erkennen und aufzulisten, genügt es zunächst, ausgewählte Beispiele herauszugreifen und zu zeigen, wie und mit welcher Funktion im konkreten Fall Realitätspartikel in das Ganze der Romanhandlung eingefügt werden. Als Beispiele eignen sich v. a. die folgenden Sachverhalte:

1. Die erfolgreichen Bemühungen Heßlings, vom Militärdienst wieder loszukommen. In diese Romanszene gehen briefliche Informationen über persönliche Erfahrungen Thomas Manns ein, die Thomas Mann selbst, allerdings mit völlig anderer Intention, in den „Bekenntnissen des Hochstaplers Felix Krull" benutzt hat: Ein Vergleich dieser Texte wird exemplarisch die Technik und die mit ihr verfolgte Intention erhellen können, zumal dann, wenn erkannt wird, daß gerade der kaisertreue Heßling hier als Simulant auftritt – dies im Gegensatz zu Krull.

2. Die Charakterisierung Heßlings, in welche das historische Bild des Kaisers eingeht, sowie seine Reden, in welche er Kaiserzitate in konzentrierter Form in einen völlig unangemessenen Zusammenhang bringt. Dieses Verfahren wird in seiner Funktion ausführlich im Zusammenhang mit der Stundengestaltung besprochen.

Die Musterung

München, den 27. IV. 1912
Mauerkircherstraße 13

Lieber Heinrich!

(…)

Das Militärische: Meine Erinnerungen daran sind recht traum- und nebelhaft, es sind eigentlich Unwägbarkeiten, Atmosphärisches, was sich als Material nicht recht überliefern läßt, was ich aber ohne Weiteres in die Zuchthaus-Episode des Hochstaplers werde transponieren können. Die Haupterinnerung ist das Gefühl rettungsloser Abgeschnittenheit von der civilisierten Welt, eines furchtbaren äußeren Machtdruckes und, im Zusammenhang damit, eines außerordentlich erhöhten Genusses der inneren Freiheit, so, wenn ich in der Kaserne, beim Gewehrputzen etwa (das ich nie gelernt habe), etwas aus Tristan pfiff. Aber so wird der Untertan die Sache wohl nicht auffassen. Er muß, auch wenn er bürgerlich abgeneigt ist, dem Geist dieser abgeschlossenen Welt, wie ich das bei meinen Miteinjährigen beobachtete, sofort auch innerlich vollkommen unterliegen. Will er frei kommen? Dann laß es ihn machen, wie ich, und von vornherein eine Verbindung mit der bürgerlichen Welt suchen, mit deren Hilfe er sich befreien kann. Ich steckte mich hinter Mamas damaligen Arzt, Hofrat May, den ich im Hochstapler als Sanitätsrat Düsing benutzt habe, einen streberischen Esel, der mit einem Ober-Stabsarzt befreundet war. Mit dem Ober-Stabsarzt kommt man beim Regiment kaum in Berührung; abhängig ist man von seinem Untergebenen, dem Stabsarzt, der untersucht, ins „Revier" (Kasernenkrankenzimmer für leichte Fälle) oder Lazarett schickt, „Dienst machen" läßt u.s.w. Dieser Stabsarzt war äußerst grob gegen mich. „Wer sind Sie, was wollen Sie" war sein Ton. Bei Untersuchungen, zu denen ich ihn gehorsam nötigte, führte er unverschämte Reden und erklärte z.B., daß er sich eine Cigarre anzünden müsse, da er sonst ohnmächtig würde (vor Ekel). Das Resultat war „Macht Dienst. Schluß. Abtreten". Nun hatte aber May mit dem Ober-Stabsarzt gesprochen, und dieser ließ mich vom Exerzieren weg auf sein Zimmer zur Untersuchung rufen. Er schien zwar nichts Rechtes zu finden, erklärte aber, ich solle nur „vorläufig" weiter Dienst machen, das Weitere werde sich schon finden. „Bei dem Fuß …" Nach einigen Tagen wurde von einem Revier-Gehülfen ein Abdruck meines Fußes auf geschwärztem Papier gemacht. Ich war im Lazarett auf „entzündlichen Plattfuß" behandelt worden, aber der Abdruck zeigte, daß von Plattfuß gar nicht die Rede sein konnte. Aber nun kam der Ober-Stabsarzt, das Papier in der Hand, in das Revierzimmer, wo ich wartete, und wo auch der Stabsarzt anwesend war. Die Szene war ausgezeichnet und ist für Deinen Roman sehr geeignet. Der Ober-Stabsarzt kommt, die Mütze auf dem Kopf, mit einem gewissen Aplomb herein, stellt sich vor dem Stabsarzt auf und blickt mit finsterer, strenger Miene auf dessen Mütze. Der Stabsarzt, der sonst sehr kollegial mit ihm zu verkehren gewohnt ist, nimmt verblüfft die Mütze herunter und steht stramm. Darauf zeigt ihm der Ober-Stabsarzt das Papier, spricht leise zu ihm und befiehlt ihm, irgend etwas zu sehen, was nicht da ist. Der Stabsarzt blinzelt abwechselnd den Vorgesetzten, mich und das Papier (an) und stimmt zu, indem er die Hacken zusammenzieht. Von Stund an war er sehr höflich gegen mich und behandelte mich als

Herrn. Er wußte nun, daß ich höhere Verbindungen hatte. Nur amtlicher Formalitäten halber vergingen noch einige Wochen, dann war ich „draußen". Die amüsanteste Korruption. Gemeinhin gilt es für außerordentlich schwer, loszukommen, nachdem man einmal drin ist.

Als Gegenstück ein Fall blödsinniger Strenge, der mir gleich zu Anfang großen Eindruck machte. Bei den anderen Compagnien durften Revier- (also nicht Lazarett-) Kranke Einjährige nach den ersten 14 Tagen (die man ganz in der Kaserne verbringt) zu Hause liegen. Unser Hauptmann verpönte dies. Ein Einjähriger erkrankt abends, und hat am nächsten Morgen 40°, ist also ganz unfähig, sich in die Kaserne zu begeben. Er macht die Krankheit zu Hause durch und bringt, genesen, ein Attest seines Arztes. Zur „Strafe" mußte er sehr lange, ich glaube Monate lang, in der Kaserne wohnen, was sehr hart für Einjährige ist: im Mannschaftszimmer schlafen etc. Verrückt. Aber der Hauptmann machte ein sehr stolzes Gesicht bei solchen Gelegenheiten. „Meine Kompanie", pflegte er zu sagen, „soll eine Kompanie von Soldaten sein." Und thatsächlich hieß die Kompanie „Die stramme Elfte." Auch etwas für Dich. – Bei „Mannschaftszimmer" fiel mir noch ein: Jemand ist tatsächlich als untauglich freigesprochen, weil er vor der Ober-Ersatz-Commission laut erklärt hat, er sei homosexuell. Könntest Du das nicht einflechten?

Nun kann ich aber beim besten Willen nicht mehr schreiben. Ich gehe Mitte Mai nach Davos.

Herzlich   T.

(Aus: Thomas Mann/Heinrich Mann: Briefwechsel 1900–1949, Frankfurt 1975, Fischer Taschenbuch 1610, S. 97 f.)

3. Der Fall Lück, die Erschießung eines Arbeiters durch einen kaiserlichen Wachposten, die Heinrich Mann im Roman dazu dient, Heßlings brutales und gewissenloses ‚kaisertreues' Verhalten zu decouvrieren – auch hier wird das historische Faktum in einen völlig neuen Zusammenhang gestellt.

Um diese Art der Interpretation zu demonstrieren, führen wir hier die Analyse des Falles Lück durch Süßenbach an:

„Auch die Analogie eines fiktionalen Geschehens zu einem historischen tendiert in diese Richtung: Ähnlich wie im Fall Lück wird im Roman ein Arbeiter von einem Wachposten ohne ersichtlichen Grund erschossen. Dieser Vorgang wird nicht in seinem Ablauf geschildert; vielmehr dient die Erschießung dem Erzähler erneut als Testfall, an dem die typischen Reaktionen der Figuren abgelesen werden können:

„‚Es hat geknallt!' Jadassohn sprang zuerst auf, alle sahen erbleicht einander an. Vor Diederichs innerem Auge erschien blitzschnell das knochige Gesicht Napoleon Fischers, seines Maschinenmeisters…, und er stammelte: ‚Der Umsturz! Es geht los! Draußen war Getrappel von Laufenden: auf einmal griffen alle nach ihren Hüten und rannten hinaus.'"

Nicht das Ereignis selbst – der Schuß –, sondern dessen Deutung – als ‚Umsturz' – löst die Reaktionen aus, so daß ohne Rücksicht auf das Faktum der Vorgang vom Untertanen sofort seiner Wahnvorstellung eines vorbereiteten Umsturzes angepaßt werden kann; denn für die Zentralfigur setzt der äußere Vorfall eine automatisch assoziierende Kette ineinandergreifender Vorstellungen frei, deren letztes Glied zwar dem tatsächlichen Geschehen genau entgegensteht, der Logik der Assoziationsreihe dennoch entspricht. Das auslösende Ereignis – der Schuß – wird im Figurenbewußtsein zu einem den Tatsachen widersprechenden Vorgang umgedeutet. Die damit verkehrte Situation kann nur von der Zentralfigur in ihrem Sinne mißbraucht werden, insofern das Opfer beschuldigt und der Todesschütze ausgezeichnet wird. Heßlings geistige Perversion, die hierin veranschaulicht wird, gipfelt darin, die Erschießung – von seinen Antipoden im Roman als Indiz für die Unmenschlichkeit des politischen Systems betrachtet – zu feiern in ‚jener sieghaften Nacht, als draußen das *Blut* des inneren Feindes, hier aber *Sekt* geflossen war'. Diese Antithetik arbeitet die sprachliche Formulierung genauestens heraus: Insofern zwei unvereinbare Wörter durch den ihnen gemeinsamen Bezug auf das gleiche Beziehungswort – zwei Subjekte auf ein Prädikat – miteinander verbunden werden, drängt sich der Eindruck eines grausigen Zusammenhanges zwischen der Erschießung des Arbeiters und dem Sektgelage der Monarchisten auf. Ihm kann sich der Leser zumal deshalb nicht entziehen, weil er über die vorausliegenden Vorfälle informiert ist. Auch beim Fall Lück entzündet sich die satirische Phantasie zwar an einem realen Geschehen, um dann aber ihren eigenen Gesetzen zu folgen.

Die zeitgenössischen Ereignisse lassen also durch die Art ihrer Einbettung in den Romankontext, durch ihre Integration in den erzählten Zusammenhang auf ein künstlerisches Verfahren schließen, das diese Bruchstücke aus der außerdichterischen Wirklichkeit nicht einfach als objektive Tatsachen der Geschichte unverändert stehenläßt oder analysiert, sondern sie nach übergreifenden romanimmanenten Gesichtspunkten in das Werk verwebt" (Süßenbach, S. 65–67).

Heinrich Mann begnügt sich nicht damit, gesellschaftliche Realität zu zitieren und in den Roman zu integrieren. Darüber hinaus stellt er gesellschaftliche Realität auch in der Fiktion dar. Was durch das Zitat an gesellschaftlicher Realität in die Romanhandlung eingebracht wird und was an den Verhaltensweisen Heßlings poetisch vermittelt als typische Verhaltensweisen des Wilhelminischen Zeitalters dargestellt wird (Heßlings Opportunismus, sein Bramarbasieren, die lautstarke Pose der Macht, das Schauspielerische seines

Verhaltens, der Widerspruch zwischen verbaler Versicherung und tatsächlichem Handeln, sein Denken in gesellschaftlichen Hierarchien, sein stereotypes Feindbild u. a.), wird von Wolfgang Buck, dem klarsichtigen Analytiker seiner Zeit, interpretierend auf einen Nenner gebracht: Er sieht nicht wie Heßling im Kaiser den Repräsentanten des Zeitalters, sondern im Schauspieler, für den der Kaiser und sein Untertan Heßling stehen; sie geben ihrer Zeit einen ,,Anstrich von schlechtem Komödiantentum" (S. 18). Diese Aussagen Bucks werden dadurch unterstützt, daß Heinrich Mann zur Charakterisierung der Gesellschaft immer wieder das Theater heranzieht – Wagners Lohengrin und Frau von Wulckows Trivialstück ‚Die heimliche Gräfin'. Im Theaterspiel wird gesellschaftliche Realität greifbar, so wenn Lohengrin, der Kaiser und Heßling in eins gesetzt werden und Wagners Werk als Inbegriff deutscher Kunst erscheint:

,,,Das ist deutsche Kunst!' Denn hier erscheinen ihm (Heßling), in Text und Musik, alle nationalen Forderungen erfüllt. Empörung war hier dasselbe wie Verbrechen, das Bestehende, Legitime ward glanzvoll gefeiert, auf Adel und Gottesgnadentum der höchste Wert gelegt, und das Volk, ein von den Ereignissen ewig überraschter Chor, schlug sich willig gegen die Feinde seiner Herren. Der kriegerische Unterbau und die mystischen Spitzen, beides war gewahr. Auch wirkte es bekannt und sympathisch, daß in dieser Schöpfung der schönere und geliebtere Teil der Mann war" (S. 270).

So auch, wenn Heßling bei der Beurteilung des Trivialstückes die Rollen auf der Bühne stets mit den Schauspielerpersönlichkeiten der Netziger Gesellschaft verwechselt.
Das Zitat in seinen verschiedenen Varianten wird so zu einem dominanten Stilmittel des Romans, durch das sich dem Leser nicht nur der historische Bezug der Romanhandlung erschließt, sondern das selbst Teil der in der Romanhandlung erschlossenen gesellschaftlichen Realität wird. Das Wilhelminische

Zeitalter erscheint als Zeitalter des Zitats und der theatralischen Pose, was Heinrich Mann durch Wolfgang Buck, der darin von seinem Zeitgenossen nicht verstanden wird, immer wieder ins Bewußtsein rückt: Der Kaiser zitiert sich laufend selbst (im Munde Heßlings), aber auch in der historischen Realität, indem immer wieder dieselben Zitate angeführt und variiert werden; Heßling und seine Freunde leben mit und vom Kaiserzitat, indem sie unter Berufung auf den Kaiser und die gute Sache ihre persönlichen Gegner mundtot machen, ihre Geschäftsinteressen verfolgen und dabei Karriere machen; auf der Bühne spielt sich die Gesellschaft selbst oder entlehnt sich dort ihre Rollen für das Leben. Das Sein wird zum Schein; die Personen verstecken sich, wie das ganze Zeitalter (man denke an den Rummel um die Denkmalseinweihung) hinter dem Zitat, hinter der Rolle, hinter der theatralischen Pose.

Gesellschaftliche Realität erschließt sich im Roman aber auch in der Darstellung der Personen, insbesondere in der Zuordnung der Personen zu politisch-sozialen Gruppen. Auf der einen Seite stehen die eigentlichen Repräsentanten der Zeit, Heßling und seine politischen Gesinnungsgenossen, auf der anderen Seite die Liberalen der 48iger Revolution, die angesichts der großen Erfolge der nationalen Bewegung zunehmend resignieren; dazwischen die Sozialdemokraten, die mit Hilfe fragwürdiger politischer Absprachen mit den Kaisertreuen ihre Macht auszubauen wissen. Wie dies in die Romananalyse eingebracht werden kann, wird im Zusammenhang mit der Darstellung von Heinrich Manns poetischen Mitteln und dann ausführlicher bei der Darstellung der einzelnen Stunden aufgezeigt werden.

In all diesen Fällen, wo es darum geht, die Vermittlung historischer Fakten zu verdeutlichen, hilft der Lehrer durch das Einbringen ausgewählter historischer Quellen den Schülern zu einer neuen Sehweise. Dabei ist der Blick stets auf den poetischen Vermittlungsprozeß gerichtet, die historische Faktizität vermag sich nicht zu verselbständigen.

Mit dieser punktuellen Betrachtungsweise wird der Schüler jedoch nicht in die Lage versetzt, den Roman selbständig als eine Darstellung und zugleich eine Kritik des Wilhelminischen Zeitalters zu lesen. Soll das geleistet werden, so müssen die Schüler auf ein breites Wissen über das Wilhelminische Zeitalter zurückgreifen können. An diesem Punkt setzt unsere methodische Konzeption der Gruppenarbeit und der Vorbereitung der UE in der Bibliothek an. Mit Hilfe von Arbeitsblättern zu den einzelnen Vermittlungsebenen, in denen historische Faktizität in den Roman eingeht, verschaffen die Schüler sich in einer Bibliothek (Beratung durch Bibliothekarin und Lehrer) ein grobes, keineswegs auf Vollständigkeit bedachtes Bild vom Wilhelminischen Zeitalter, wobei schwerpunktmäßig auf Bildmaterial zurückgegriffen werden kann.

Dabei ist von Wichtigkeit, daß das Wilhelminische Zeitalter als Ganzes ins Blickfeld rückt und die Erarbeitung dieses Zeitalters nicht auf die Daten beschränkt bleibt, welche der Roman verarbeitet, damit der Roman nicht degradiert wird zum historischen Quellentext. Die Romanlektüre erfolgt deshalb erst nach der Arbeit in der Bibliothek. Auf diese Weise vermag der Schüler das über die Bibliotheksarbeit gewonnene Bild vom Wilhelminischen Zeitalter mit dem im Roman dargestellten zu vergleichen, und damit wird er für die spezifische Sehweise Heinrich Manns, für dessen poetische Auseinandersetzung mit dem Wilhelminischen Zeitalter sensibilisiert. Er kann nun selbst, unterstützt durch die vom Lehrer eingebrachten Unterrichtsinhalte, Entdeckungen machen, d.h. er kann eventuell selbst Übereinstimmungen und Unterschiede zwischen Roman und historischer Realität entdecken. So kann man auch dem meist sehr fragwürdigen Verfahren ausweichen, den historischen Hintergrund sozusagen als Ganzes über ausgewählte

Quellentexte einzubringen, deren Auswahl immer problematisch sein muß. Zudem verselbständigt sich bei diesem Verfahren die historische Betrachtungsweise allzu schnell, und das eigentliche Ziel, die Analyse des poetischen Textes, gerät ins Hintertreffen. Wo natürlich eine Zusammenarbeit mit dem Historiker möglich wird, sollte diese genutzt werden; allerdings wird dies in den wenigsten Fällen möglich sein, da die neuen Lehrpläne und die Organisationsformen der Reformierten Oberstufe derartige Zusammenarbeit weitgehend unmöglich machen. Bei unserem Verfahren nehmen wir eine verkürzte, vielleicht auch teilweise unzureichende Analyse des Wilhelminischen Zeitalters in Kauf.

Die Ausführungen sollten hier deutlich gemacht haben, daß die historische Betrachtungsweise in unserem Fall nicht von der literarischen zu trennen ist, mithin das Historische über die besondere poetische Form erschlossen werden muß. Dieses Problem soll nun von unserem dritten Schwerpunkt her, der Erarbeitung der poetischen Techniken, nochmals aufgenommen werden.

3.2.3. Zum Problem Satire

Es kann hier nicht der Ort sein, den Begriff Satire, der sich, wie Brummack nachweisen konnte, einer Fixierung entzieht, abzuklären. Es wird vielmehr darum gehen, aufzuzeigen, wie dieser Begriff zur Erschließung des Romans genutzt werden kann, wobei wir in Anlehnung an Süßenbach und unter Berufung auf Brummack uns eines offenen Satire-Begriffs bedienen, d. h. wir gehen nicht von einer festen Definition des Begriffes Satire aus, sondern versuchen, ihn in den im Roman realisierten satirischen Elementen zu erfassen. Von diesem Ansatz her gelingt es Süßenbach, den Roman als poetisches Kunstwerk zu erfassen – diese Qualität wurde dem Roman bisher in der Forschung abgesprochen –, indem sie Satirisches sowohl in der Sprache als auch in der Art und Weise nachweist, wie

Realitätspartikel in die Romanhandlung eingebracht werden und wie die einzelnen Handlungsteile zu einem ästhetischen Ganzen zusammengefügt erscheinen. In Anlehnung an Süßenbach kristallisieren wir die Elemente der Satire heraus, die für die Analyse des Romans, speziell aber auch für unsere UE, von Bedeutung sind.

a) Montage und Satire (Zitatentechnik)

Wenn man erfaßt, wie Heinrich Mann Realitätspartikel in den Roman überführt, wird deutlich, daß es hier nicht um die Darstellung des Wilhelminischen Zeitalters im Sinne eines bloßen Abbildes geht, sondern um eine kritische Auseinandersetzung und Abrechnung mit diesem Zeitalter. Indem Heinrich Mann übertreibt – hierin steht er den Gestaltungsprinzipien des Simplicissimus nahe –, verdeutlicht er seinen Zeitgenossen das Fragwürdige des Zeitalters. Diesen Sachverhalt formuliert Tucholsky so: „Die Satire muß übertreiben und ist ihrem tiefsten Wesen nach ungerecht. Sie bläst die Wahrheit auf, damit sie deutlicher wird" (Was darf die Satire?). Dieses Prinzip wird besonders deutlich in der Montage von Kaiserzitaten in die Reden Heßlings. Die Reden des Kaisers werden nicht als Ganzes oder in Teilen übernommen, es werden vielmehr markante Kaiserzitate, die jedem Zeitgenossen Heinrich Manns geläufig sein mußten, in konzentrierter Form in die Reden Heßlings eingebaut, wodurch sowohl Heßling als auch der Kaiser in ihrer Phrasenhaftigkeit entlarvt werden. Dazu kommt noch, daß die Kaiserzitate durch Heßling oft verkürzt und entstellt in einen völlig unangemessenen Zusammenhang gestellt werden: So redet Heßling bei der Übernahme des väterlichen Betriebs vor seinen Arbeitern wie Wilhelm II. vor streikenden Arbeitern; oder noch anschaulicher, als Heßling in seiner ersten Rede als Stadtverordneter unter Verwendung von Kaiserzitaten sich für eine moderne Kanalisation einsetzt, wobei er noch in Gefahr gerät, selbst

31

der Majestätsbeleidigung bezichtigt zu werden:

„Deutschtum heißt Kultur!" rief Diederich aus. „Meine Herren! Das hat kein Geringerer gesagt als Seine Majestät der Kaiser. Und bei anderer Gelegenheit hat Seine Majestät das Wort gesprochen: Die Schweinerei muß ein Ende nehmen. Wo nur immer großzügig vorgegangen wird, da leuchtet uns das erhabene Beispiel Seiner Majestät voran, und darum, meine Herren –" (S. 249).

b) Satirische Möglichkeiten der Handlungsführung

Betrachtet man die Romanhandlung als Ganzes, so erschließt sich Satirisches im Widerspruch und Kontrast zwischen bestimmten Handlungsteilen. Diesen Sachverhalt hat Henze wie folgt dargestellt:

„Das Hauptmittel der Satire in diesem Roman ist das des Kontrastes, der heterogenen Fügung, des paradoxen Vergleichs. Der Leser soll gegenüberstellen, was eine Gestalt hier und dann gesagt und getan hat, er soll prüfen, wie sich das wohl zusammenreimt, und damit auf Widersprüche stoßen. So lobt D. dem künftigen Schwager gegenüber den häuslichen Familienfrieden (151), vorangegangen ist aber ein völlig entgleistes und zerstrittenes Weihnachtsfest (104 f.); D. entläßt einen Arbeiter, der sich hinter Säcken in der Fabrik mit seiner Braut abgegeben hat, bezeichnet beide als ‚Schweine' – etwas später versucht er sich an der gleichen Stelle mit Guste (85). Der sittenstrenge Pastor Zillich ist unglaubwürdig durch seine Tochter, die Edel-Prostituierte in Netzig ist, und sogar D. selbst wird vorübergehend nachdenklich, als Leutnant von Brietzen die Hochzeit mit Schwester Emmi mit denselben Worten ablehnt, mit denen er einst Herrn Göppel abgefertigt hat (72 f., 303 f.). D. spricht und denkt genau das Gegenteil. Man kann z. B. im 2. Kapitel verfolgen, wie sich wörtliche Rede und Gedanken (‚D. dachte …') regelmäßig mit entgegengesetztem Inhalt abwechseln. Leitmotive haben die Funktion, diese Widersprüchlichkeit immer wieder schlaglichtartig zu beleuchten, so Heßlings Lieblingsspruch zum Militär, er wäre am liebsten ‚dabeigeblieben', oder seine Phrase, mit der er sich in Netzig einführt: ‚Ich bin selbstverständlich durchaus liberal'. Am krassesten werden die Diskrepanzen im 6. Kapitel, wo D. Buck finanziell ruiniert, Schwester und Schwager übers Ohr haut und den Freund Hornung ins Gefängnis bringt, alles unter dem Deckmantel nationaler Pflichterfüllung und mit der Absicht, selbst ein Riesenvermögen zu erlangen" (Henze, S. 57).

c) Satirische Funktion der Sprache

Es ist wiederum das Verdienst von Süßenbach, aufgezeigt zu haben, auf welche Weise sich Satirisches im Sprachlichen fassen läßt; danach erscheint der Roman als eine regelrechte Fundgrube satirischer Spracheelemente. Das wird schon dadurch deutlich, wenn man sich die Untersuchungskategorien Süßenbachs vergegenwärtigt, zu denen sie auf 50 Seiten ein reichhaltiges Zitatenmaterial zusammenstellt. Das Inhaltsverzeichnis führt auf:

1. *Einzelwort*
Eigennamen, Adjektive, Adverb und Füllwort, Sprachprimitivität, Wortspiel, satirische Wörtlichkeit, Zweideutigkeit, Wortpointe, Paradoxon, Kalauer

2. *Wortgruppe*
Alliteration, Wortreihung, Wortkoppelung

3. *Satz und Abschnitt*
Satirische Entsprechung, Distanz und Aufhebung, satirischer Nexus, satirische Logik und Präzision, satirischer Kommentar, satirisches Résumé

4. *Rhetorische Figuren*
Vergleich, Gleichnis, Metapher, satirisches Wortbild, satirischer Bildbruch

Es ist sicher nicht sinnvoll, all diese Elemente im Roman nachweisen und bestimmen zu lassen, zumal das Erfassen einzelner Elemente des Satirischen kaum zu einer weiter reichenden Analyse des Romans führen kann. Mithin kann es nur darum gehen, an ausgewählten Beispielen das Prinzip dieser Gestaltungsweise zu erkennen. Ziel müßte hier sein, ausgehend von einer Funktionsanalyse dieser Darstellungsweise zur Einsicht in das Welt- und Gesellschaftsbild Heinrich Manns vorzudringen, das sich eben von der satirischen Darstellungsweise her erschließt.

d) Angriff – Norm – Indirektheit als die allgemeinen Merkmale der Satire

Mit Hilfe der Begriffe ‚Angriff – Norm – Indirektheit‘, mit denen nach Brummack die Satire sehr allgemein bestimmt werden kann, können die oben erwähnten Detailuntersuchungen auf eine Abstraktionsebene gebracht werden, die wieder die eigentlichen Intentionen des Romans ins Blickfeld geraten lassen.

Die Satire ist insofern Angriff, als sie abzielt auf „gesellschaftliche Mißstände, auf Scheinwerte, Widersprüche, Anmaßungen und Anachronismen"; sie greift „politische Institutionen oder Traditionen an" und will „die Wirklichkeit ändern oder einen Erkenntnisprozeß auslösen" (Gerth). Seine Angriffe richtet der Satiriker gegen Normen, wobei er die eigenen Werte immer wieder gegen die angegriffenen setzt. Dieses Faktum blieb bei der Analyse des ‚Untertan‘ lange Zeit unbeachtet. Beim ‚Untertan‘ handelt es sich keineswegs um ein bloßes Pamphlet, um einen „kleinen Mikrokosmos aus Schlamm und Dreck", gestaltet aus „bitterm Haß und ohnmächtiger Wut", keineswegs um ein Werk, das keinen (positiven) Standpunkt kennt, von dem aus die Welt betrachtet wird (so die Kritik Mahrenholz‘ u. a.). Der Standpunkt des Autors erschließt sich allerdings erst durch eine genaue Analyse der Personenkonstellation des Romans, welche die Personen von ihren weltanschaulichen und politischen Auffassungen her erfaßt sowie die hierbei angewandte Darstellungsweise berücksichtigt. Göppel, aber auch Lauer und v. a. die beiden Bucks, die eigentlichen Gegenspieler Heßlings, erscheinen im Roman als die Vertreter des wahren Bürgertums und des Humanen; politisch gesehen stehen sie, was v. a. für die Bucks gilt, auf der Seite der Liberalen, sehen sie sich in der Tradition der 48er Revolution.

Auf der einen Seite sind diese Personen vom Niedergang bedroht. Politisch schwindet ihr Einfluß zunehmend, sie sind zu schwach, sich gegen den aufkommenden Chauvinismus und die Machenschaften ihrer Gegner durchzusetzen, sie resignieren zu früh und geben sich, verstrickt in Liebesaffären, zu große Blößen, die der Gegner schamlos politisch ausnutzt – eine Darstellungsweise, die durchaus appellativen Charakter haben kann. Auf der anderen Seite liegt auf ihnen die politische Hoffnung der Zukunft, wie aus der Darstellung des Gesprächs zwischen den Bucks im Schatten des Kaiserdenkmals hervorgeht, aber auch aus dem Votum eines großen Teils der Jugend für die Bucks und aus Wolfgang Bucks Entscheidung, vom Schauspielerberuf wieder in die politische Sphäre seines Anwaltsberufes zurückzukehren. Wenn dieses Ideal auch als rückwärtsgewandt und im derzeitigen Zustand als schwach erscheint, so gewinnt es doch angesichts des „Untergangs" von Heßling im Gewitter bei der Denkmalseinweihung an Gewicht. Diese Personen werden durchgehend von der satirischen Darstellungsweise ausgespart und können so als die Gegennorm zur sonst satirisch dargestellten und damit „angegriffenen" Welt des Romans angesehen werden; hier erschließt sich der Standpunkt Heinrich Manns. Beide Sphären, sowohl die mit Hilfe satirischer Elemente dargestellte Norm, vertreten v. a. durch Heßling und seine politischen Freunde, aber auch durch den Sozialdemokraten Fischer, als auch die von satirischen Elementen freie Sphäre der Gegennorm machen das Wilhelminische Zeitalter aus, wie es Heinrich Mann sieht. Will man diesen Zusammenhang erarbeiten, wird man von der Darstellung Heßlings über die Darstellung der Personenkonstellation im Roman zum hier vorgestellten Satirebegriff fortschreiten.

„Indirektheit" als drittes allgemeines Merkmal der Satire bezieht sich nach Gerth auf die Form, in welcher die Satire ihren Angriff vorträgt, auf die „verkehrte Welt". Der Angriff wird nicht direkt vorgetragen, sondern erscheint über die verwendeten satirischen Elemente ästhetisch gebrochen; die eigentliche Intention muß vom Leser erst erschlossen werden, womit wir wieder zurückverwiesen werden auf das Erfassen der einzelnen satirischen Elemente.

e) Die moralische Dimension der Satire

Mit dem Begriff ‚Norm' kommt bei der Satire ein weiteres Charakteristikum des Romans ins Blickfeld, das bei der Interpretation bisher kaum berücksichtigt worden ist, seine moralische Dimension. Auf diesen Zusammenhang hat Hanno König, allerdings ohne den ‚Untertan' zu berücksichtigen, unter der Überschrift „Der Moralist als satirischer Dichter" hingewiesen. Erwähnt seien hier auch die als klassisch geltenden Aussagen Schillers und Tucholskys zur Satire. Tucholsky betont: „Der Satiriker ist ein gekränkter Idealist: er will die Welt gut haben, sie ist schlecht, und nun rennt er gegen das Schlechte an"; und Schiller formuliert: „In der Satire wird die Wirklichkeit als Mangel dem Ideal als höchste Realität gegenübergestellt. Es ist übrigens nicht nötig, daß das letztere angesprochen werde, wenn es der Dichter nur im Gemüt zu erwecken weiß". Süßenbach spricht denselben Sachverhalt an: „Gerade in Werken normativ gebundener Epochen läßt sich von den Zielen des satirischen Angriffs als dem Negativum auf das vermißte Positivum schließen" (S. 9). Wie schon Schiller verweist dann auch Süßenbach auf das dialektische Prinzip der Satire, wonach ein Teil der Aussage der Satire erst noch vom Leser erschlossen werden muß:

„Im allgemeinen besteht das Verfahren der Satire darin, eine der Erwartung des Dichters widersprechende Welt zu konstruieren – und zwar so, daß die Enttäuschung dieser Erwartung als Übel, Mangel, Mißstand und Bedrohung angeprangert, vielleicht sogar destruiert wird, um auf diesem dialektischen Wege die künftige Erfüllung anzubahnen" (S. 14). „Das satirische Verfahren beruht in der Einheit von Kritik und Utopie; die Kritik entzündet sich an den Objekten, die Anlaß zur Enttäuschung der Erwartung gaben; rückwirkend verweist die Stoßrichtung des satirischen Angriffs auf die schmerzlich enttäuschte Erwartung, um deren Wiederherstellung – im- oder explizit – es dem Satiriker zu tun ist. Satire verdient daher die Kennzeichnung einer „Utopie ex negativo" (Arntzen)…
…Unabhängig vom Inhalt läßt Satire die Erkenntnis von Schlecht und Gut, Falsch und Richtig aus der Darstellung selbst hervorgehen; insofern die für die Verkehrtheit der Welt erkannten Gründe als Ausgangspunkt für eine Korrektur wirken, zieht die satirische Kritik immer die Utopie als Postulat nach sich" (S. 16).

Diese Ausführungen gelten in besonderer Weise für den ‚Untertan', in dem künstlerische Aussage und Gestaltung in einem engen Zusammenhang stehen. Dort, wo die einzelnen Elemente der Satire auf ein Ganzes bezogen werden, das auch nichtsatirische Elemente enthält, erschließt sich das Weltbild Heinrich Manns, und die „Entlarvung des wilhelminischen Komödianten" (Henze) wird zum Appell ans Humane, wird zum moralischen Aufruf. Diese Sichtweise erschließt sich nicht nur aus der Analyse der Gegenpositionen zu Heßling (inhaltlicher Aspekt) und aus der spezifischen Darstellungsweise (formaler Aspekt), sondern auch aus der Kunstauffassung Heinrich Manns, die um die zentralen Begriffe ‚Geist' und ‚Tat', Vernunft und Wirklichkeit kreist. Geist und Tat stehen nach Heinrich Mann im Widerspruch, wobei der Geist berufen erscheint, die Einbrüche dieses Widerspruchs in das Leben aufzudecken und Wege zu einer vom Geist gelenkten humanen Welt zu weisen; der Geist klärt auf über Mißstände in der Wirklichkeit. Gerade das Auseinanderfallen von Geist und Leben kann durch die Satire poetisch vermittelt dargestellt werden: Die Gegenwelt der Satire appelliert an den Geist (im Roman teilweise, wenn auch nicht in idealer Weise, repräsentiert durch die Bucks), diese in der Satire dargestellte negative Welt (Leben) wieder mit dem Geist, mit dem Humanen, zu versöhnen. Mithin tritt Heinrich Mann für eine Durchdringung der Gesellschaft und der Politik mit Geist und Vernunft ein.

Hanno König, der diesen Sachverhalt von Heinrich Manns Kant-Rezeption her erschloß, formuliert:

„Satire ist für Heinrich Mann die Beschreibung des unvernünftigen Lebens aus dem höheren Standpunkt der Vernunft, den dieses Leben selbst nicht einnimmt, obwohl es ihn nach der Meinung des Satirikers einnehmen *könnte* und *sollte*. Daß der Moralist unverzüglich satirisch wird, zeigt, daß er hier nicht ohne Willen, die Menschen in aggressiver Form zu bessern, gedacht werden kann" (Hanno König, S. 204).

Denselben Sachverhalt formuliert Süßenbach aus der Perspektive von Heinrich Manns Kunstauffassung:

„Für Heinrich Mann ist die Kunst „eine Form des schöpferischen Geistes". Ihr obliegt es, innerhalb ihres Mediums in der Wirklichkeit bestehende Mißstände und herrschende Unvernunft kritisch zu beleuchten, auf diese Weise zur Kenntnis möglicher Folgen beizutragen und damit die rationale Einsicht in die Notwendigkeit einer Änderung zu wecken bzw. zu stärken:
„... niemand lehrt das Wissen um das gesellschaftliche Leben und um das Leben schlechthin wie unsere Kunst, die Dichtkunst. Denn sie lehrt es auf dem Weg der Erfahrung, da Dichtung das Leben selbst, vermehrt durch Erkennbarkeit ist" (Heinrich Mann: Dichtkunst und Politik).
Künstlerisches Gestalten ist für H. Mann eine vernunftbestimmte, sinnlich sich manifestierende Form des Denkens, ist geistige Macht. Als Schriftsteller benutzt er die Literatur als ihm adäquates Medium, um seine Kritik an der wahrgenommenen Wirklichkeit imaginativ zu artikulieren. Die Kunst als Manifestation des Geistes muß sich die Kontrolle der Realität zur Aufgabe machen:
„Die Kunst hat dem Leben zu dienen" (H. Mann: Gustave Flaubert und George Sand).

In dieser Funktion hat die Kunst eine über das Ästhetische hinausreichende Verantwortung zu tragen: für H. Mann kann es grundsätzlich keine sich von der Wirklichkeit zurückziehende, abschließende Kunst geben; diese muß stattdessen der Gesellschaft die Mängel ihres Bewußtseins unentwegt vor Augen halten:
„Literatur ist niemals nur Kunst... sie ist das Gewissen – das aus der Welt herausgehobene und vor sie hingestellte Gewissen" (Heinrich Mann: Sieben Jahre. Chronik der Gedanken und Vorgänge).
Daraus läßt sich die dem Künstler zufallende Aufgabe ableiten:
„Der Schriftsteller hat, ohne daß er handelte, Gewissen für die Handelnden... Bücher von heute sind morgen Taten, und eine Vorgestalt des Geschlechtes, das kommen soll, lebt im Schriftsteller schon" (H. Mann: Was ist eigentlich ein Schriftsteller?).
Der optimistische Glaube an eine bessere Zukunft beruht auf unnachsichtiger Schärfe gegenüber der Gegenwart:
„... die Erkenntnis der menschlichen Schwäche und des sinnlosen Leidens, das Menschen einander zufügen, müsse im Denkenden Mitleid erwecken und ihn zum hilfreichen Handelnden machen. Dies ist der Weg unnachgiebigen Denkens. Wer dagegen immer nur beschönigt, abschwächt, vergemütlicht, kommt nie zu der Ehre, bessern zu wollen. Je hübscher die Welt in den Büchern ist, um so häßlicher pflegt sie sich wirklich aufzuführen" (H. Mann: Anatole France).

„Nun ist die Sendung der Literatur im Weltgetriebe, zu lehren, das zu durchschauen, was herrscht, und darüber wegzukommen. Jede Macht will beharren, der Geist will trotz ihr weiter – dem besseren Leben entgegen oder wenigstens neuem Leben. Wäre die Gesellschaft vollkommen und endgültig, so weiß ich nicht, was Literatur sollte. Unter Ausgeglichenen, Dauernden und völlig Glücklichen gäbe es keine. Denn Dichtung ist Gericht sowohl wie Trost. Darum droht auch keine Gefahr, daß sie jemals unnütz wird" (H. Mann: Theater der Zeit).

Es „beschreibt niemand... einen Zustand seines Lebens, der ihm völlig genehm ist... Die Welt, unter der er nicht leidet, reizt ihn nicht zur Gegenwehr. Worte und Sätze sind unter anderem auch Gegenwehr, ein ganz und gar glückliches Zeitalter hätte keine Literatur" (H. Mann: Stendhal).
Weil der Künstler von der Position des Geistes aus die Wirklichkeit richtet und er mit seinem ästheti-

schen Werk auf eine im geistigen Bereich zu vollziehende Wirkung abzielt, spricht H. Mann von dem ‚Geisteskampf, den jedes hohe literarische Werk darstellt'" (Süßenbach, S. 24 f.).

Die Analyse der satirischen Mittel kann also einmal vordringen zur Analyse des Romans als ästhetisches Kunstwerk, indem die einzelnen Elemente in ihrem Zusammenspiel als die spezifische Struktur des ‚Untertan' erfaßt werden (Position Süßenbach). Sie kann darüber hinaus die weltanschauliche Position Heinrich Manns abklären, soweit sich diese in der spezifischen poetischen Form des Romans manifestiert, sie kann aber auch zur Kunsttheorie Heinrich Manns hinführen – in jedem Fall wird aber durch das Erfassen des Satirischen auf der oben angedeuteten Ebene eine weitere Dimension des Romans erschlossen.

3.2.4. Zur Rezeption

Bis auf den heutigen Tag sind die Meinungen geteilt über Person und Werk Heinrich Manns. Die unterschiedlichen Reaktionen auf den ‚Untertan' dürften sich heute kaum wesentlich von denen bei seinem Erscheinen unterscheiden. Argumente und Gegenargumente scheinen dieselben geblieben zu sein, allenfalls haben sich heute die Fronten dadurch noch verschärft, daß die DDR ihren Alleinanspruch auf Heinrich Mann geltend macht.

Renate Werner faßt die Rezeptionsgeschichte kurz wie folgt zusammen:

„Stärker als an jedem anderen Autor hatten sich schon vor 1933 an Heinrich Mann die Geister geschieden: War es anfänglich der Künstler des l'art pour l'art und Satiriker Heinrich Mann, der seine Kritiker provozierte, so brachte ihm dann sein politisches Engagement bereits vor 1914 Polemiken ein, die in den Vorwurf puren Ressentiments mündeten und sich nach der Veröffentlichung des ‚Untertan' zu haßvollen Anwürfen steigerten. ‚Schlamm und Dreck', ‚ohnmächtige, menschlich

leere Häme', ‚Ausdünstung von Wut und Haß' waren noch vergleichsweise ‚harmlose' Qualifizierungen. Den ‚Untertan' hat das wilhelminische und das nachwilhelminische Bürgertum Heinrich Mann nie verziehen. Und noch weniger hat ihm das deutsche Bürgertum einen Weg verziehen, der ihn von der Proklamation einer ‚Ratio militans' (Geist und Tat, 1910) bis zur Bejahung eines ‚sozialistischen Humanismus' (Rettung der Zivilisation, 1936) führte, der es ihm geraten sein ließ, das Bündnis mit all jenen zu suchen, die geschworene Feinde nicht nur des Faschismus waren, sondern auch einer Sozialordnung, die diesem zur politischen Geltung verholfen hatte. Noch 1972 und 1973 erklärten zwei Germanisten den Heinrich Mann der Exilzeit für moralisch diskreditiert, da er ‚für den Kommunismus optiert' und an die ‚Brust des Osseten' Stalin gesunken sei (Klaus Matthias und Ekkehardt Blattmann). Und nicht nur dies: auch die in der BRD erst jüngst zu bescheidener Aktivität erwachte Heinrich-Mann-Forschung wurde alsbald in ‚gut' und ‚bös' geschieden..." (Werner, S. 3 f.).

Diese so kontrovers verlaufende Rezeptionsgeschichte hat ihre Gründe, die es kurz zu präzisieren gilt.

Strittiger Punkt war und ist das politische Engagement Heinrich Manns für die „Linke", das v. a. in der Weimarer Republik ins öffentliche Bewußtsein drang. Den ‚Untertan' als „haßerfüllte" Abrechnung mit dem Deutschland der Kaiserzeit nahm das deutsche Bürgertum Heinrich Mann übel; dieser Roman wurde schlichtweg als „Nestbeschmutzung" empfunden. Verstärkt wurde die ablehnende Haltung gegenüber Heinrich Mann durch sein Bekenntnis zu Frankreich, in dessen Kultur er sich geistig eher verwurzelt fühlte als in der deutschen, und durch sein Bekenntnis zu einem vereinigten Europa. Und dies zu einer Zeit, da Frankreich als Erbfeind betrachtet wurde und ein Bekenntnis zur französischen Kultur als Verrat an der eigenen Sache angesehen werden mußte; ein Konflikt, der dann im Dritten Reich voll zum Ausbruch kam und Heinrich Mann ins Exil trieb. Verschärfend wirkte noch Heinrich

Manns leidenschaftliches Engagement für den Pazifismus.

Nach dem Krieg kam Heinrich Manns Votum für die DDR hinzu, die er aus eigener Anschauung nicht kannte – eine Übersiedlung in die DDR vereitelte der Tod –, v. a. sein Eintreten für die Vereinigung von SPD und KPD zur SED; dem allem war Heinrich Manns Engagement für die Volksfront vorangegangen, das ihm 1937 in Paris erste Konflikte mit Ulbricht einbrachte (Ulbricht wollte seine eigene Volksfront). Die DDR nutzte H. Manns Ruhm reichlich aus und setzte ihn in politische Münze um, indem sie ihn zum „Verbündeten der revolutionären Arbeiterklasse" und zum „Wegbereiter des sozialistischen Humanismus" und damit zu einem der geistigen Väter der DDR machte, was v. a. in Ulbrichts Rede zum 100. Geburtstag deutlich wird. Man ging dabei sogar so weit, daß man der Tochter Heinrich Manns, Leonie Mann-Askenazy, die ihren Vater dreißig Jahre nicht gesehen hatte, ein Bekenntnis des Vaters zur DDR entlockte: „Ihre Republik, die Deutsche Demokratische Republik, war für meinen Vater das neue Deutschland der Gerechtigkeit, das er hochschätzte und in dem er leben wollte" – und dies trotz kritischer Äußerungen Heinrich Manns zur DDR und speziell zur Person Ulbrichts.

Dieses Votum Heinrich Manns, dessen Problematik nicht ins öffentliche Bewußtsein drang, und seine Vereinnahmung durch die DDR stempelten ihn im Westen in weiten Kreisen zum Kommunisten und Ideologen ab. Der Blick auf das parteipolitische Engagement, das als solches kaum einer objektiven Analyse unterzogen wurde, verstellte lange Zeit den Blick auf die literarische Qualität des Werkes. Eine angemessene Rezeption wurde außerdem erschwert, weil Heinrich Manns hektischer Drang zum Produzieren eine poetische Durchformung vieler Werke nicht zuließ und so, ganz im Gegensatz zu Thomas Mann, viele seiner Werke den Ansprüchen an ein literarisches Kunst-

werk nicht gerecht werden – im Werk Heinrich Manns steht Geglücktes und Mißratenes unmittelbar nebeneinander.

Einer objektiven Auseinandersetzung mit dem Werk Heinrich Manns steht auch entgegen, daß der Nachlaß in Ostberlin verwaltet wird, vorzüglich betreut durch Alfred Kantorowicz (der später in den Westen emigrierte), und daß die Archive für westliche Forscher bisher nicht zugänglich waren.

Erschwerend kommt hinzu die spezifische Kunstauffassung Heinrich Manns, die schon früh von seinem Bruder Thomas in den „Betrachtungen eines Unpolitischen" zum Gegenstand einer bissigen Polemik gemacht wurde. Die Littérature engagée, der Versuch, Politik und Dichtung zu vereinen, genoß wohl in Frankreich aufgrund einer langen Tradition großes Ansehen, konnte in Deutschland jedoch nicht Wurzeln schlagen. Thomas Mann wandte sich als Anwalt der „reinen Dichtung" energisch gegen den „Zivilisationsliteraten", wie er seinen Bruder abqualifizierte, gegen die Politisierung und gegen die Demokratisierung der Literatur, wie sie von Heinrich Mann nicht nur gefordert, sondern auch realisiert wurde. (Heinrich Manns Auftreten in einem großen Berliner Kaufhaus, wo er aus seinen Werken las, mußte dem Bruder als Greuel erscheinen.) Heinrich Manns Dichtung geriet allzuschnell in den Verdacht, der Tagespolitik verhaftet zu sein, d. h., nicht künstlerischen Zielen zu dienen, sondern ausschließlich politischen Interessen. Die politischen Inhalte und die vielen Anspielungen auf tagespolitische Ereignisse, was v. a. für den ‚Untertan' gilt, ließen lange die ästhetischen Qualitäten seines Werkes übersehen. Nicht nur, daß Heinrich Mann Politik und Dichtung verquickte, machte man ihm zum Vorwurf, sondern auch, daß ihm dadurch jede Ethik verloren ginge. Da für Heinrich Mann Wirklichkeitserfassung immer auch Wirklichkeitskritik bedeutet, wobei sich, was bei seiner Rezeption weitgehend unberücksichtigt blieb, aus der Kritik der Wunsch nach einer besseren Wirklichkeit erst ergeben konnte, sprach man ihm jedes Pathos, jede Ethik, schlichtweg einen positiven Standpunkt ab. Besonders deutlich wird das in Mahrenholz' Äußerung zum ‚Untertan‘:

„… ja, wenn Heinrich Mann etwas von dem Ethos Swifts hätte. Aber das fehlt eben: kein menschlicher Urlaut wird wach, es folgt nur Ressentimententladung auf Ressentimententladung. Nicht aus Freiheit des Gemüts von Leiden und Affekten heraus ist der ‚Untertan‘ konzipiert und gestaltet, sondern aus bitterm Haß und ohnmächtiger Wut. So wird man des Buches nicht froh, so sucht man immer von neuem den Standpunkt, von dem aus dieser kleine Mikrokosmos aus Schlamm und Dreck gestaltet ist – und findet keinen Standpunkt, sondern nur eine ärgerliche und gehässige Beziehung des Autors zur Welt. So fehlt denn dem Buch jedes Pathos, und damit fällt es aus der Sphäre der Satire in die Untersphäre des Pamphlets" (Das literarische Echo 21, 1918/19).

All diese Probleme, die sich bei der Rezeption von Heinrich Manns Werk zeigten, werden dann auch bei der Verfilmung des ‚Untertan‘ durch Wolfgang Staudte und in der Auseinandersetzung um diesen Film wieder deutlich. Zweifelsohne werden hier die karikaturhaften Züge des Romans überzogen, was aber das Medium Film nahelegt und nicht ausschließlich Staudte angelastet werden kann, wenn dadurch auch alte Vorurteile gegen das Werk wieder hochkommen. Störender erscheinen die Bemühungen, all das, was den Grundpositionen der DDR zuwiderlaufen könnte, aus dem Film zu verbannen: Die Darstellung des ‚Untertan‘ Heßling als typischen Vertreter des deutschen Bürgertums rückt ins Zentrum. Was der Roman sonst an Gesellschaftskritik enthält, wird heruntergespielt, erinnert sei nur an die intriganten Wahlabsprachen, bei denen die Linke schlecht wegkommt, und an die Darstellung des Arbeiterfunktionärs Fischer, der im Film in einem positiveren Licht als im Roman erscheint. Daß ein Regisseur, der der DDR nahesteht, sich solcher politischen Kosmetik bedient, ist noch verständlich – der künstlerische Wert des Films steht außer Frage –, daß aber ein Teil der westdeutschen Kritik, all die Vorurteile gegen Heinrich Mann wieder aufwärmend, diesen Film in die Sphäre des Kalten Krieges zwischen Ost und West hineinzieht, muß unverständlich bleiben. Hier liegt ein weiteres Beispiel vor für die unzureichende Heinrich-Mann-Rezeption in der Bundesrepublik. Zur Verdeutlichung führen wir zwei gegensätzliche Filmkritiken an. (Vgl. folgende Texte)

Der „Untertan" im Westen / Oder: Die Verfolgungsjagd auf uns selbst

„Der Untertan" von Heinrich Mann wandert auf die Leinwand, und unsere Filmhäuser füllen sich mit Gelächter. Der „Untertan" ist der Deutsche der wilhelminischen Zeit – vielleicht der Deutsche schlechthin. Seine Erziehung mit dem Rohrstock und mit bösen Märchen, die eine bornierte Mutter erzählt, seine Lehrer, die infernalische Gesichter tragen und den Patriotismus und die Religion als Schulfach einpauken; seine studentische Bildung, die in Fluten von Bier ertränkt wird, aber doch zum Doktortitel führt; der Kasernenhof, vor dessen Härten er sich drückt, seine Liebesabenteuer, die sentimental und vulgär sind, und endlich die Kleinstadt seiner Heimat, in die er zurückkehrt, um als Fabrikant Karriere zu machen – dieses Romanbild hat Heinrich Mann, der sich in Deutschland nie wohlfühlte, und dem Frankreich das Land der Sehnsucht war, 1914 geschrieben. Die mehr als vierzig Jahre haben dem Buch nichts von dem Haß genommen, mit dem es einst niedergeschrieben worden war. Es liest sich heute trocken, aber in der Wiedererweckung durch die östlichen Filmateliers der Defa in Babelsberg bei Berlin wird ein Tollhaus daraus, das von Kretins, Denunzianten, idiotischen Offizieren, lispelnden Pastoren, kriecherischen Beamten und feigen Bürgern belebt ist. So sind die Deutschen – das soll man fühlen.

Nun ist der Aufstand gegen das Bürgertum ein internationales Stilelement in der Kunst des ganzen 19. Jahrhunderts gewesen, und er hat sich von Frankreich über Deutschland bis auf die skandinavischen Völker ausgedehnt. Manche Werke Gerhart Hauptmanns sind sozial aggressiver, und manche von Ibsen sind menschlich brutaler geschrieben. Diese Darstellung Heinrich Manns aber…, der in so merkwürdiger Weise der Gabe der Ironie und der Versöhnung entbehrt, bildet einen Sonderfall. Er leidet an allem, was deutsch ist. Am deutschen Staat, an der deutschen Geschichte, natürlich an der Polizei und Heer und Justiz und an den schrecklichen Wesen, die dieses Land bevölkern. Die Kinder brüllen in der Schule einstimmig die hohenzollernschen Siege herunter. Die betrunkenen Erwachsenen begeistern sich auf einer Hochzeitsfeier an einem neuartigen Toilettenpapier, auf dessen Rollen Sinnsprüche gedruckt sind – ans Vaterland, ans teure schließ' dich an… am deutschen Wesen soll… Und einen solchen patriotischen Denkspruch stößt jener „Untertan" auch aus, als er daran geht, seine Frau zu umarmen.

Nun gibt es Werke, die in der Pornographie deutlicher, als Karikatur platzender und in ihrer höhnischen Melodie noch schärfer geschrieben sind. Aber es gibt wenige, die sich so durch schlechten Geschmack selbst widerlegen. Natürlich hat der Wilhelminismus, der unter seinen Bürgern den Eifer der Gründerzeit und ein beginnendes Großmachtdelirium erzeugte, auf der anderen Seite auch Unbehagen erweckt… Der Unmut über dieses Zeitalter hat weit über seine eigentlichen Grenzen hinaus nachgewirkt. Heute nach fast einem halben Jahrhundert wird jene alte satirische Vorlage in den ostzonalen Ateliers, die unter der höheren russischen Regie stehen, dazu benutzt, weitere Substanzkritik an unserem Volke zu treiben, – an dem was Obrigkeit war, die man mit Halunken oder Schwachsinnigen gleichsetzt, an der Kirche, der Schule und dem bürgerlichen Stand, der uns als Pack und Gesindel vorgeführt wird. Es ist eine andere Sache, wenn ein Schriftsteller wie Heinrich Mann innerhalb seiner Zeit mit offenem Visier in welcher Art auch immer Kritik an Umwelt und Zeitgenossen übt, als wenn seine Kritik zur Funktion einer politischen Absicht von Leuten gemacht wird, die in einer ganz anderen Konstellation ganz anderes im Schilde führen. Und nun wird die Gleichung gezogen, die von der früheren friderizianischen Zeit über Bismarck, über die wilhelminische Ära bis in das Verfallsjahr 1945 reicht. Es ist die Gleichung, die man uns damals – nicht nur die Russen allein waren es – gern vorgerechnet hat und die deutsche Ursünde bloßlegen und mit solchen Filmbildern unmißverständlich belegen soll: servil und kriegswütig, und nichts anderes zu sein.

Es ist schwer zu entscheiden, worüber wir uns mehr wundern sollen: über den Masochismus der Westdeutschen, die derartige Szenen betrachten und darüber lachen, oder über die Gefälligkeit, mit der andere Deutsche im Osten einen Auftrag ausführen, den die englische Sprache „Charaktermord" nennt. Dieser Film ist nur ein anderes Denkmal der systematischen Zerstörung an territorialer, kultureller und sozialer Vernichtung unserer Substanz, die man wohl gern von unserer östlichen Hälfte auf die westliche übertragen möchte. Wie bußfertig der Deutsche nach Zeiten falscher Überschwenglichkeit sein kann, hat er hinlänglich bewiesen. Hier scheint uns ein Beispiel dafür vorzuliegen, wie dumm er auch sein kann. Es gibt keinen Austritt aus der Geschichte – so sehr auch manche intellektuellen Versuche des jüngsten Jahrzehnts dahinzielten. Es lassen sich aber auch die Väter aus jener wilhelminischen Zeit nicht verleugnen, so sehr wir hier dazu aufgefordert werden. Sie sind unser Teil. Sie sind unsere Geschichte, unser nun kleiner gewordener Besitz, der nicht immer so jämmerlich gewesen ist. Den Untertanenkomplex und die liebedienerische Sorgfalt vor den Autoritäten, die Heinrich Mann in den Wilhelminismus verlegt, entdecken wir eher dort, wo man sich so eilfertig vor den stalinistischen Direktiven verbeugt und uns zur Verfolgungsjagd aus- und selbst – in „rein künstlerischem Sinn" natürlich – einlädt. Wir meinen nicht, daß es sich lohnt, sich noch nachträglich zu einer solchen Sinnesart zu bekehren.

(Aus: Deutsche Zeitung und Wirtschaftszeitung vom 30. März 1957)

Preußisches Panoptikum: Der Untertan

I
Den ewigen Untertan, der sich bückt vor der Macht und nach unten tritt – ihn tritt nun seinerseits der „Untertan" mit Macht und Schwung und Erbitterung in eben jene Kehrseite, die er aufs kunstvolle schildert.

II
Er schildert grundsätzlich nur Kehrseiten. Wie mit Salzsäure ätzt dieser Film seine Typen und Thesen auf die Leinwand. Es ist die schärfste Satire, die wohl je in Deutschland gedreht wurde, die bitterste und böseste und kälteste..., und es ist außerdem die filmisch perfekteste. Sie ist, soweit Pamphlete genial sein können, genial.

III
Genial als Pamphlet und genial als filmische Graphik: man muß schon weit zurückgehen, sucht man in der Filmgeschichte nach einem ähnlich kühnen und krassen Kamerastil – bis zur Dynamik des jungen und noch wilden Eisenstein, bis zu gewissen frühen Chaplin-Kapriolen und bis zu Dreyers besessenen Großaufnahmen. Wolfgang Staudte im „Untertan" hat von ihnen allen gelernt und keinen imitiert. Seine Pointen sitzen und blitzen, jede Kamera-Einstellung wird zum optischen Aphorismus und jede Milieu-Betrachtung zum boshaften Epigramm. Bewundernd und bisweilen wie betäubt von so viel Kraft und Können durchwandert man sein höchst gespenstisches Lach-Kabinett.

IV
Was immer im Zerrspiegel dieses Films erscheint, wird zur lächerlich-schaurigen Karikatur. Mitunter tritt auf diese Weise überdeutlich erschreckend und komisch zugleich – das Wesentliche zutage. Mitunter wirken auch die grellen Effekte aufgeputscht und gebläht. Dann wird es pure Abnormalitätenschau. Auch sie ist noch kunstvoll. Aber sie trifft nicht mehr.
. . .

VII
Zu dem, was nicht verpuffen wird an diesem Film, gehört, unter anderem, die Leistung der Darsteller. Zwar zwingt sie der Werkstil zum Typisieren und manchmal zum mas-

ken- und marionettenhaften Agieren, doch es gelingt ihnen immer wieder, von Werner Peters und Paul Esser bis zu den winzigsten Nebenrollen, ein Ensemble-Kabarett von exaktester Präzision. Es ist nicht ihre Schuld, daß dieser Film zwar Komik in vielen Gangarten durchexerziert, aber nicht lächeln kann. Und auch nicht will.

VIII

„Der Untertan" umfaßt exemplarisch Glanz und Jammer, Verdienst und Irrweg der pamphletischen Satire. Aber wie immer man auch dazu steht: er ist einer der wenigen großen deutschen Versuche zur rückhaltlosen politischen Selbstkritik. Er übertreibt. Aber man übertreibt es ja gern bei uns: so oder so. Und meist nach der anderen Richtung.

IX

Es hat sechs Jahre gedauert, bis dieser Film, den Staudte bei der Ost-Berliner Defa drehte (nachdem sich im Westen kein Mensch dafür interessiert hatte), der in Cannes und Venedig, in der Schweiz und in England gezeigt wurde und in Schweden den Kritikerpreis erhielt, nun endlich in die Bundesrepublik gelangte. Staudte ist ja schon länger hier. Wir können ihn brauchen: er ist unzweifelhaft einer der größten deutschen Regisseure. Und Staudtes Defa-Film, das steht ebenso außer Zweifel, ist weniger Defa- als Staudte-Film, das steht ebenso außer Zweifel. Er zeigt, mit seinen Stärken und Schwächen, die Handschrift eines Mannes, nicht einer Ideologie.

X

Als Film und Form bleibt dieser „Untertan"… ein Meisterwerk. Wär' es nun außerdem auch noch ein Film von Menschen, nicht von meisterhaften Masken, er hätte, soweit ein Film das vermag, den ewigen Untertan mitten ins Herz treffen können – und nicht nur, um darauf zurückzukommen, in dessen weniger wichtigen hintersten Teil.

Gunter Groll

(Aus: Süddeutsche Zeitung vom 11. März 1957)

Was die Literaturwissenschaft anbelangt, so lagen die Dinge nach dem Krieg nicht wesentlich anders, wenn sich auch heute in Sachen Heinrich Mann eine gewisse Tendenzwende abzeichnet. In der DDR ist die Forschung nach wie vor an den Äußerungen Ulbrichts zum 100. Geburtstag Heinrich Manns orientiert, die den Dichter zum Vorkämpfer der revolutionären Arbeiterklasse und der Deutschen Demokratischen Republik hochstilisieren. In der Bundesrepublik finden sich nach wie vor in repräsentativen Literaturgeschichten wie die von Soergel/Hohoff und Fechter – natürlich bestehen hier Ausnahmen, und die Neuauflage von Soergel/Hohoff dämpft die Kritik ab – sehr abfällige Äußerungen zu Heinrich Mann. Erst dank der Werke von Weisstein, Schröter und Süßenbach bahnte sich eine Neubesinnung an, die ähnlich wie im Falle Heinrich Heine zu einer positiveren Beurteilung der Littérature engagée unter Beachtung ihrer spezifischen literarischen Qualität führte. Als Beispiel für die Rezeption Heinrich Manns in der Literaturgeschichtsschreibung seien hier zwei Beispiele aus der Bundesrepublik Deutschland und der Deutschen Demokratischen Republik angeführt.

Lexikon deutschsprachiger Schriftsteller (DDR):

„(…) Manns umfangreiches Werk – 19 Romane, etwa 55 Novellen, zahlreiche Essays und publizistische Arbeiten sowie mehrere Dramen – zeigt die komplizierte, nicht widerspruchslose Entwicklung des Künstlers von ersten (noch unfertigen) Anfängen in der Zeit des Naturalismus für das frühe Schaffen im Geiste eines (neu) romantischen Antikapitalismus (Einfluß von Nietzsches „Kulturkritik", D'Annunzio) zum engagierten (um 1907 Wende zur Demokratie) humanistischen Schriftsteller von Weltrang, der, geschult an den großen Erzählern des 19.Jh. (vor allem Stendhal, Flaubert, France, Zola), zu den großen Aufklärern, Wahrheitssuchern und -gestaltern seines Jh. gehört. Ideologisch spiegelt die Entwicklung M.s „von ersten Rebellionen zu einem konservativen Engagement, von erneuter Ausgliederung aus der kapitalistischen Gesellschaft zu einer aktivistischen, auch noch in ihren Widersprüchen und Schwankungen repräsentativen bürgerlich-demokratischen Weltanschauung, dann die aus ihr organisch hervorwachsende politisch-moralische Zuwendung zum Sozialismus … entscheidende Prozesse deutscher Geschichte" (M.Hahn)…
Die Hauptleistung M.s besteht jedoch darin, durch seine großen epischen Werke den dt. Roman auf eine höhere Stufe gehoben zu haben; damit hat er nicht nur seine selbstgestellte Aufgabe, ein Kritiker, Warner und Wegweiser seiner Nation zu sein, erfüllt, sondern er hat durch die analytische Erschließung seiner Epochenproblematik und durch seine schöpferische Sprachkraft und Formkunst auch dazu beigetragen, dem dt. Roman wieder Weltgeltung zu verschaffen…"

(Aus: Günter Albrecht u.a., Lexikon deutschsprachiger Schriftsteller. Von den Anfängen bis zur Gegenwart, Kronberg/Ts. 1974 (Scriptor); Lizenzausgabe des VEB Bibliographisches Institut Leipzig, DDR 1968/1974)

Hans Jürgen Geerdts: Deutsche Literatur in einem Band

„Heinrich Mann (1871–1950) gab die ersten Beispiele für den gesellschaftskritischen Roman in der imperialistischen Epoche. Er führte ihn im Laufe seiner Entwicklung – aus der ‚Welt der Träume' in das ‚Reich der Weisheit' strebend – bis in die Nähe der ideologischen und künstlerischen Position der Arbeiterklasse. Dabei wies er besonders der bürgerlichen Intelligenz einen Weg zur Vereinigung von ‚Geist' und ‚Tat'. Seine kämpferische Gesinnung, die ‚Überzeugung eines großen Herzens und eines scharfen Verstandes' (wie es ihm Feuchtwanger mit freundlicher Hochachtung bezeugte) sowie seine satirische Meisterschaft, die er zur Entlarvung der alten Gesellschaftsordnung einsetzte, stellen ihn in der modernen Weltliteratur in eine Reihe mit Anatole France und George Bernard Shaw. (…)
Des Dichters rückblickend festgestellter ‚Wunsch, die Welt nicht nur wiederzugeben, sondern sie zu überzeugen, sie an seinem Teil sogar mitzuverändern', hat … publizisti-

sche Gestalt gewonnen. ,Wer war', so durfte Thomas Mann nicht ohne Selbstkritik in einem 1946 veröffentlichten ,Bericht über meinen Bruder' fragen, ,der gesellschaftliche Seher und Bildner? Wer hat den ,Untertan' geschrieben und wer in Deutschland die Demokratie verkündet, zu einer Zeit, als andere sich in der melancholischen Verteidigung protestantisch-romantisch-antipolitischer deutscher Geistesbürgerlichkeit gefielen?"

(Aus: Hans Jürgen Geerdts, Deutsche Literaturgeschichte in einem Band. Volk und Wissen Volkseigener Verlag, Berlin 1967, S. 506 und 510)

Paul Fechter: Geschichte der Deutschen Literatur

"Gottfried Benn hat…über die Rede, die er zum sechzigsten Geburtstag Heinrich Manns im Jahre 1931…hielt, das Nietzschewort gesetzt „Nihilismus ist ein Glücksfall": er zeigt dabei die Brücke zwischen den ehemals feindlichen Brüdern Heinrich und Thomas Mann, zeigt die bei aller Artistik brüchige Substanz, aus der am Ende bei beiden, trotz allen heißen Bemühens, Literatur wächst, die sich nicht damit begnügt, Literatur zu sein, was legitim wäre, sondern den Ehrgeiz hat, der Welt Höheres zu bieten, ohne aber dazu reich zu sein.

Thomas Mann lebt zuletzt aus dem Überlegenheitsgefühl seiner Ironie gegenüber dem Wirklichen; sein Bruder Heinrich, der Zivilisationsliterat der ersten „Unpolitischen Betrachtungen", baut sich selbst eine Scheinwirklichkeit und beweist, um zu seinem Glücksgefühl zu kommen, ihre Nichtigkeit und Irrealität. Thomas Mann weiß noch um das Schicksal seiner unentrinnbaren Zugehörigkeit zum geistigen Bürgertum des 19. Jahrhunderts; Heinrich Mann klammert sich an die Illusion, mit Kritik von dem gleichen Erbe seiner Familie freikommen zu können. Er sieht nicht, daß negierte Bürgerlichkeit ebenso fest ist wie bejahte, ja fester…

…Die Trilogie „Das Kaiserreich", die Romane aus der letzten Kaiserzeit, „Der Untertan", der 1914 geschrieben wurde, „Die Armen" von 1917 und schließlich „Der Kopf" von 1925, wie die Erzählungen Spielhagens nachträgliche Romane einer gerade versunkenen Aktualität, sind in der Ostzone nach 1945 in großen Auflagen, allerdings mit verkürztem Text, neu gedruckt worden. Man sah in ihnen die Vorläufer des heute geforderten „sozialistischen Realismus", den Beginn der antibürgerlichen Propaganda-Literatur, die für die unter dem Druck der östlichen Totalität arbeitenden Autoren inzwischen obligatorisch geworden ist… Mit (dem Roman „Die Armen") beginnt die inzwischen immer deutlicher sichtbar gewordene Selbstzerstörung der Kunst auf dem Umweg über eben diesen im Osten überall geforderten Realismus des Sozialistischen… Der soziale Realismus, der bei Heinrich Mann beginnt, geht von der Tendenz oder, wie man heute sagt, von der Propaganda aus und verneint die eigentlich zeitgemäße Kunst ebenso, wie die totalen Staaten sie verneinen…

Heinrich Mann ist vielleicht selbst an den Aufgaben irre geworden, weil ihm die Voraussetzungen, das Wissen um die Wirklichkeit der Lebensgeschichte fehlte, die er gestalten wollte. Er kannte seltsamerweise trotz seiner Herkunft die Reichen nicht, den wirklichen Bürger, sondern nur die Zerrbilder, mit denen Blätter wie der „Simplizissimus" geholfen haben, das Reich zu untergraben und zu zerstören; er kannte aber die Armen, die Welt der Arbeiter noch viel weniger. Er arbeitete mit Vorstellungen voll bloßer Wortwirklichkeit an Bildern der realen Wirklichkeit, baute eine Literatur-Realität, die mit der wirklich gegebenen nichts zu tun hatte. Die reichte allenfalls noch aus für den „Untertan", diese von keinem Bezug auf die Realität getrübte Karikatur auf das Zeitalter des letzten Kaisers mit Verbindungsstudententum, Militär, Offizieren um seinen Helden Diederich Heßling... Die völlig negative Haltung gegenüber der deutschen Welt läßt verstehen, daß selbst ein so zum Relativismus bereiter Autor wie Thomas Mann gegenüber dem Verfasser das scharfe Wort vom Zivilisationsliteraten gebrauchen konnte."

(Aus: Paul Fechter, Geschichte der Deutschen Literatur, Gütersloh 1956, Bertelsmann, S. 518 f.)

3.3. Die Groblernziele der Unterrichtseinheit

Ausgehend von der oben ausgeführten, notwendigerweise verkürzten Analyse der zentralen Problembereiche des Romans, ergeben sich für unsere Unterrichtseinheit die folgenden Groblernziele:

1. Die Schüler erkennen, ausgehend von einer Analyse der Personengestaltung, daß Heinrich Mann in Heßling den Typus des autoritäten Charakters bzw. die Untertanenmentalität gestaltet, und bestimmen, ausgehend von einer Analyse des ersten Kapitels, diesen Typus in seiner Grundstruktur.

2. Die Schüler beurteilen, nachdem sie sich die Grundlagen der Individual- und Sozialpsychologie erarbeitet haben, was eine an der Sozialpsychologic orientierte Literaturbetrachtung für die Romananalyse leisten kann, und erkennen in Heßling einen Typus, der, losgelöst vom Wilhelminischen Zeitalter, auch zeitenthobene Züge trägt.

3. Die Schüler erkennen, daß im Roman Gesellschaftliches im Individuellen gespiegelt wird, indem sie Bedingungen, unter denen der Untertanen-Typus entsteht und sich entfalten kann, bestimmen, wobei sie zu einer präziseren Erfassung des autoritären Charakters vorstoßen.

4. Die Schüler erkennen im Zusammenspiel von Individuellem und Gesellschaftlichem ein tragendes Strukturprinzip des Romans.

5. Die Schüler erkennen an ausgewählten Beispielen, wie Heinrich Mann Realitätspartikel aus dem Wilhelminischen Zeitalter interpretierend auswählt und wie er diese zu einer neuen, ästhetischen Realität des Kunstwerks zusammenfügt, von der auf das Welt- und Gesellschaftsbild Heinrich Manns geschlossen werden kann.

6. Die Schüler lernen Verfahren kennen, mit deren Hilfe das Gesellschaftsbild des Romans erfaßt werden kann.

7. Die Schüler erkennen, daß die gesellschaftliche Dimension des Romans sich in den im Roman verarbeiteten Realitätspartikeln fassen läßt, v. a. aber in ihrer poetischen Aufbereitung zur Satire, aber auch in der Personengestaltung und in den Äußerungen der Personen zu gesellschaftlichen Problemen, und gewinnen dabei erste Einsichten in die literatursoziologische Interpretationsmethode. Darüber hinaus nutzen sie theoretische Äußerungen Heinrich Manns zur Interpretation der gesellschaftlichen Aspekte des Romans.

8. Die Schüler benennen die spezifischen satirischen Elemente und Strukturprinzipien des Romans und bestimmen ihre Funktion

(der Satiriker als Moralist), wobei sie über die Leistungsfähigkeit dieser Techniken reflektieren und den Roman bezüglich seiner ästhetischen Qualität einschätzen lernen.

9. An ausgewählten Beispielen gewinnen die Schüler einen Einblick in die Rezeptionsgeschichte Heinrich Manns und lernen die jeweils spezifischen Bedingungen kennen, aufgrund derer es zu so unterschiedlichen Bewertungen von Literatur kommen kann. Dabei gewinnen sie Einsicht in die Art und Weise, wie in der DDR Literatur rezipiert wird.

4. Die Voraussetzungen für eine Unterrichtseinheit zum ‚Untertan‘

4.1. Inhaltliche Voraussetzungen

Durchführung und Erfolg dieser UE zum ‚Untertan‘ hängen wesentlich davon ab, inwieweit sie mit den Schülern konsequent vorbereitet wird, d.h., inwieweit diese Einheit in die Jahres- bzw. Halbjahresplanung einbezogen wird und wie innerhalb dieser Planung auf die UE ‚Untertan‘ hingearbeitet wird. Eine derartige Jahresplanung kann hier nicht vorgelegt werden, da die Lehrpläne der einzelnen Bundesländer von sehr unterschiedlichen Konzeptionen ausgehen. Diese Situation kann uns jedoch nicht davon befreien, wenigstens die Voraussetzungen abzuklären, die bei den Schülern gelegt sein müssen, damit die UE zum ‚Untertan‘ sinnvolle Ergebnisse bringt.

Die Frage, was vor Beginn dieser UE geleistet sein muß, hängt zunächst einmal davon ab, welche Fragestellungen mit der Romananalyse verbunden werden sollen – mithin verweist sie uns zurück auf die Lernzielbestimmungen. Darüber hinaus muß bei der Beantwortung dieser Frage berücksichtigt werden, welche Schwierigkeiten die Schüler voraussichtlich mit der Romanlektüre haben werden – das kann von Klasse zu Klasse sehr unterschiedlich gelagert sein. Diese Schwierigkeiten können wenigstens teilweise methodisch aufgefangen werden – darüber mehr im Methodenkapitel. Hier geht es zunächst darum, wie wir diese Schwierigkeiten mit Hilfe von Unterrichtseinheiten, die wir unserer UE voranstellen, von vornherein beschränken können. So werde ich im folgenden die Schwierigkeiten auflisten, die Schüler mit dem Roman haben könnten, und werde dann Überlegungen anstellen, welche der angesprochenen Schwierigkeiten sinnvoller-

weise in den dieser UE vorausgehenden Stunden oder Einheiten abgebaut werden sollten und welche in der UE zum ‚Untertan‘ selbst angegangen werden sollen.

1. Aus Schülersicht handelt es sich beim ‚Untertan‘ zunächst um einen recht *umfangreichen Roman mit einer relativ komplexen Handlungsstruktur.* Probleme liegen weniger im Erfassen der Haupthandlung (Darstellung des Untertanen-Typus) als im Erfassen der Struktur und Funktion der Nebenhandlungen, in denen wesentliche Aussagen zum Wilhelminischen Zeitalter gemacht werden.

2. Weiterhin handelt es sich um einen Roman, der sich über weite Strecken einer *satirischen Sprachhaltung* bedient, die ihrerseits wiederum weitgehend mit einer bestimmten *Montagetechnik* verbunden ist. Beides wird für Schüler nicht unmittelbar einsichtig sein.

3. Mit Hilfe der *Montagetechnik* montiert Heinrich Mann in die fiktionale Romanhandlung Realitätspartikel und gelangt damit zu einem analytischen Roman der „Geschichte der öffentlichen Seele unter Wilhelm II“. Der Roman ist mithin in seiner Intention kaum ohne eine genaue *Kenntnis des Wilhelminischen Zeitalters,* über die Schüler nur in den seltensten Fällen verfügen, angemessen zu erfassen. Die Erarbeitung des historischen Hintergrunds und die Nutzung dieser Kenntnisse für die Interpretation des Romans erfordert sowohl Arbeitstechniken der Informationsbeschaffung und -aufbereitung als auch textanalytische Techniken im Rahmen eines einfachen literatursoziologischen Ansatzes.

Können diese Schwierigkeiten nicht bewältigt werden, besteht die Gefahr, daß die

Textanalyse an der Oberfläche stehen bleibt bzw. daß eine weiterreichende Analyse vom Lehrer geliefert wird. Die hier angesprochenen Schwierigkeiten sollten nicht ausschließlich in der UE zum ‚Untertan' angegangen werden, sondern wenigstens teilweise in den vorangegangenen Unterrichtseinheiten abgeklärt worden sein. Dabei sollten – unserer didaktischen Analyse folgend – die Montagetechnik sowie das Problem ‚Wilhelminisches Zeitalter und seine Darstellung im Roman' zentrales Anliegen dieser UE bleiben. Das schließt allerdings nicht aus, daß Teilaspekte dieser Problemstellungen in vorangehenden Unterrichtseinheiten angesprochen werden. Auf einen Nenner gebracht, sollten die Schüler zur Entlastung dieser UE bei Beginn der UE über die folgenden Fertigkeiten verfügen:

1. Eine relativ hohe Lesefertigkeit; die Schüler müssen insbesondere in der Lage sein, komplexe Handlungsstrukturen erfassen zu können.

2. Die Schüler müssen in der Lage sein, eine satirische Sprachhaltung zu erkennen und diese in ihrer Funktion beurteilen zu können.

3. Die Schüler sollten sensibilisiert sein für eine einfache literatursoziologische Betrachtung, d.h., sie sollten in der Lage sein, modellhaft literarische Sachverhalte auf ihren historisch-sozialen Hintergrund zu beziehen (literarisches Kommunikationsmodell).

4. Die Schüler sollten weiterhin befähigt sein, selbständig Informationen zu einem bestimmten Thema zu sammeln und diese zu einem bestimmten Zweck aufzubereiten; dies setzt eine gewisse Fertigkeit im Umgang mit pragmatischen Texten voraus.

Diese Voraussetzungen können auf unterschiedliche Weise geschaffen werden:

zu 1:
Die Lesefertigkeit kann an der Unter- und Mittelstufe durch Lektüre eines einfach strukturierten Romans gefördert werden; komplexere Textstrukturen wären zunächst einmal an kürzeren Texten exemplarisch zu erfassen.

zu 2:
Die satirische Spachhaltung kann am einfachsten durch eine UE Satire – Parodie erarbeitet werden oder durch eine UE im Bereich ‚Reflexion über Sprache', innerhalb derer die Relation von Sprachhaltung und Intention untersucht wird.

zu 3:
In einfache literatursoziologische Betrachtungsweisen, einschließlich der Modellbildung, kann in exemplarischer Weise über eine UE ‚Politische Lyrik' eingeführt werden (etwa in Anlehnung an Karl-Heinz Fingerhut und Norbert Hopster, Politische Lyrik. Arbeitsbuch, Frankfurt 1972).

zu 4:
Informationsbeschaffung und -aufbereitung ist nach den neuen Lehrplänen ein zentrales Anliegen der Unter- und Mittelstufe. Hier könnte angeknüpft werden; darüber hinaus sollte aber eine UE die Analyse pragmatischer Texte zu ihrem zentralen Inhalt machen.

Will man derartige Kenntnisse und Fertigkeiten, welche die Schüler irgendeinmal im Unterricht sich erworben haben, für die UE optimal reaktivieren, so empfiehlt es sich, diese Aspekte nochmals gebündelt in kurzen Unterrichtseinheiten unmittelbar vor der UE zum ‚Untertan' anzusprechen. Dabei bieten sich für den Beginn der 11. Klasse die folgenden Unterrichtseinheiten an:

UE 1:
Einführung in die Analyse pragmatischer Texte unter Berücksichtigung von Texten aus der Individual- und Sozialpsychologie. Hier könnte man sich an die UE ‚Mensch und Gesellschaft – Texte zur literarischen Menschenzeichnung, zur Charakterologie und

Soziologie' aus Ulshöfers Arbeitsbuch Deutsch, Sekundarstufe II, Bd. 1, Sprache und Gesellschaft, anlehnen.

UE 2:
Einführung in die Analyse fiktionaler Texte am Beispiel ‚Epischer Kleinformen‘ unter besonderer Berücksichtigung von Fabel, Parabel und Satire. Für den Bereich ‚Satire‘ könnte man sich an den Unterrichtsvorschlag von Ingrid Matthes anlehnen, der noch durch Satiren aus dem Wilhelminischen Zeitalter ergänzt werden müßte (Ingrid Matthes: Formen der gesellschaftskritischen Satire. Ein Lehrgang in Klasse 11. In: DU 26 (1974), Heft 4).

Damit wäre zu Beginn der Oberstufe ein Einblick in die beiden großen Komplexe der Textanalyse gegeben, und die Schüler hätten sich das allgemeine Handwerkszeug der Textanalyse erarbeitet. Die UE 1 spricht nochmals das Problem der Informationsbeschaffung und -aufbereitung an; darüber hinaus werden die Schüler für eine sozialpsychologische Interpretation des ‚Untertan‘ sensibilisiert. Innerhalb der UE 2 kann am Beispiel Fabel und Satire aufgezeigt werden, wie gesellschaftliche Realität in Dichtung eingeht, und durch ein literarisches Kommunikationsmodell verdeutlicht werden, das sich dann auf den ‚Untertan‘ übertragen läßt. Will man auf eine größere Vorbereitung verzichten, so sollte man wenigstens eine kleinere UE ‚Satire‘ dieser Einheit voranstellen.
Die UE kann sinnvoll durch weitere Einheiten ergänzt werden, zumal in der UE zum ‚Untertan‘ der historische Hintergrund erarbeitet wird, der auch für andere Bereiche der Literaturbetrachtung fruchtbar gemacht werden kann. Hier bieten sich zwei Alternativen an:

Alternative 1:
Behandlung einer literaturhistorischen Epoche, wobei sich die Literatur des Wilhelmini-

schen Zeitalters anbietet – z.B. Formen des Realismus (Fontane, Effi Briest oder Stechlin), des Naturalismus (etwa die ‚Weber‘ als ein Beispiel der von Wilhelm II. abgelehnten Kunst) und der Trivialliteratur (etwa Ganghofer als Beispiel für die von Wilhelm II. bevorzugte Literatur). Denkbar wäre auch der Transfer zu einer gänzlich andersgearteten Literaturepoche (z.B. Aufklärung).

Alternative 2:
Ein Romanvergleich im Kontrastverfahren. Zu denken wäre dabei an Thomas Manns ‚Königliche Hoheit‘, Joseph Roths ‚Radetzkymarsch‘ oder in ‚Fortsetzung‘ des ‚Untertan‘ an Remarques ‚Im Westen nichts Neues‘. Ausgehend von der Sprachhaltung bieten sich auch Teile aus Karl Kraus' ‚Die letzten Tage der Menschheit‘ an.

Die in diesem Kapitel angesprochene Einbettung des ‚Untertan‘ in andere Unterrichtseinheiten ist in dem Schema auf S. 49 zusammengefaßt, aus dem sich eine Art Halbjahresplanung ergeben kann.

4.2. Voraussetzungen bezüglich der Arbeitstechniken und Sozialformen

Neben den inhaltlichen Voraussetzungen müssen auch jene Voraussetzungen abgeklärt werden, die sich auf die Arbeitshaltung und die Arbeitsgewohnheiten der Schüler beziehen. Gerade bei der Bearbeitung eines umfangreichen Romans ist das von besonderer Wichtigkeit. So müßte geklärt werden:

– wie hoch die Lesemotivation und Leseleistung der Schüler einzuschätzen ist;

– über welche Arbeitstechniken die Schüler verfügen, um sich einen Roman wie den ‚Untertan‘ selbständig erschließen zu können;

– welchen Unterrichtsstil und welche Sozialformen die Schüler gewohnt sind.

Die UE Heinrich Mann „Der Untertan" innerhalb einer Halbjahresplanung

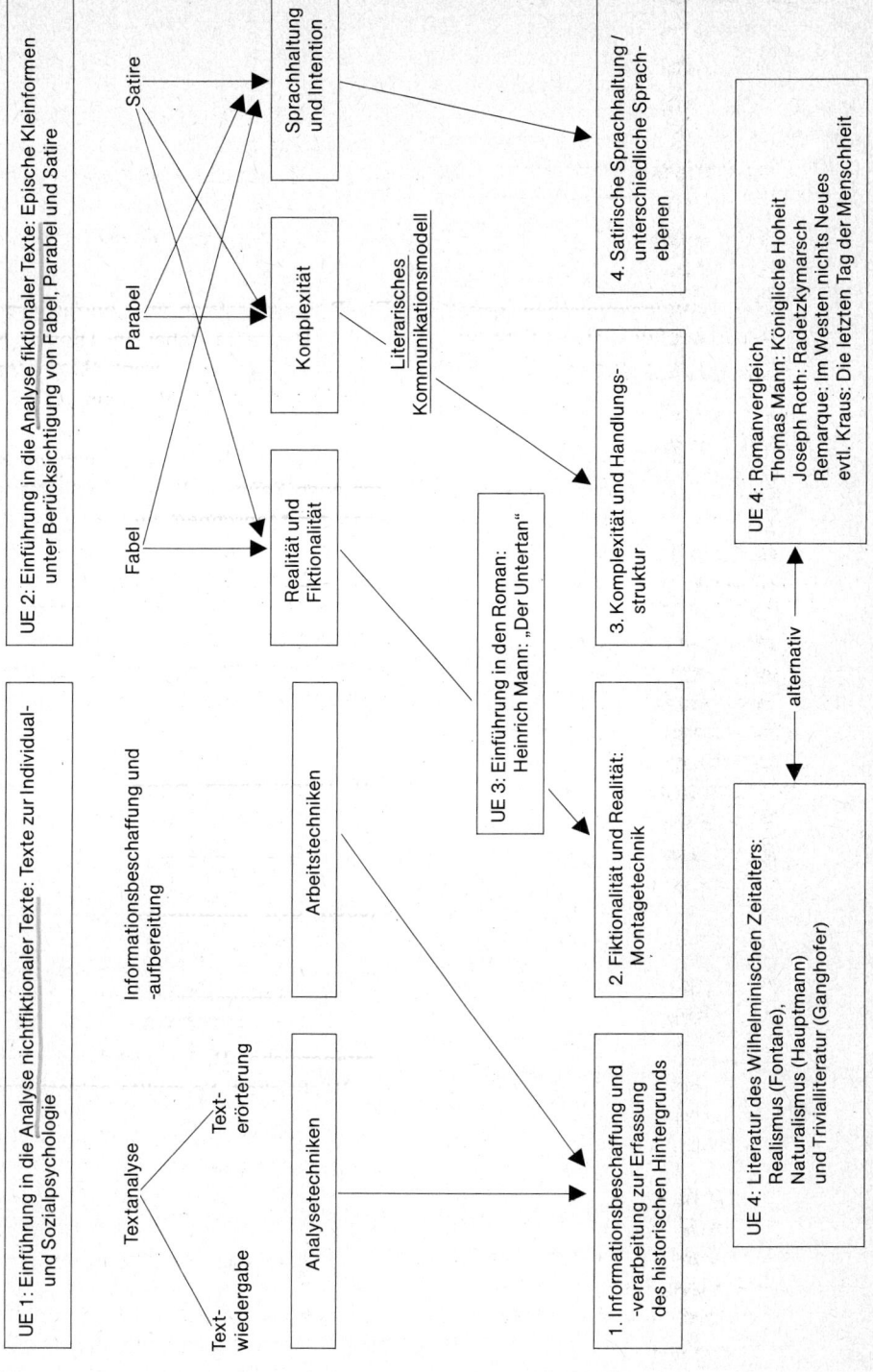

UE 1: Einführung in die Analyse nichtfiktionaler Texte: Texte zur Individual- und Sozialpsychologie

Informationsbeschaffung und -aufbereitung

Textanalyse
Text-erörterung
Text-wiedergabe

Arbeitstechniken

Analysetechniken

1. Informationsbeschaffung und -verarbeitung zur Erfassung des historischen Hintergrunds

UE 2: Einführung in die Analyse fiktionaler Texte: Epische Kleinformen unter Berücksichtigung von Fabel, Parabel und Satire

Satire
Parabel
Fabel

Sprachhaltung und Intention

Komplexität

Realität und Fiktionalität

Literarisches Kommunikationsmodell

3. Komplexität und Handlungs-struktur

4. Satirische Sprachhaltung / unterschiedliche Sprach-ebenen

UE 3: Einführung in den Roman: Heinrich Mann: „Der Untertan"

2. Fiktionalität und Realität: Montagetechnik

UE 4: Literatur des Wilhelminischen Zeitalters:
Realismus (Fontane),
Naturalismus (Hauptmann)
und Trivialliteratur (Ganghofer)

alternativ

UE 4: Romanvergleich
Thomas Mann: Königliche Hoheit
Joseph Roth: Radetzkymarsch
Remarque: Im Westen nichts Neues
evtl. Kraus: Die letzten Tag der Menschheit

Derartige Faktoren können bei der Darstellung einer Unterrichtseinheit mit Hilfe von Stundenblättern nur sehr unzureichend berücksichtigt werden. Im folgenden geben wir einige Hinweise, wie sich die nötigen Voraussetzungen in bezug auf Lesemotivation und Arbeitstechniken bei den Schülern schaffen lassen.

Wo in bestimmten Klassen keine Lesemotivation vorhanden ist, müssen über eine ausgedehntere, methodisch-didaktisch gut durchdachte und zielstrebig angelegte Motivationsphase zusätzliche Anreize geschaffen werden, sich überhaupt mit dem Werk zu befassen. Dies kann über eine UE ‚Satire‘ erreicht werden, die auch Satiren zum Wilhelminischen Zeitalter berücksichtigen sollte; weiterhin durch eine Einheit zu der satirischen Zeitschrift ‚Simplicissimus‘, die, was die Darstellung des Wilhelminischen Zeitalters anbelangt, dem ‚Untertan‘ sehr nahe steht; aber auch über eine Einführung in die Welt des Kabaretts unter Berücksichtigung der spezifischen Sprachhaltung und der poetischen Techniken von Kabarettexten. Hier kann ein besonderer Akzent gesetzt werden durch eine Tonbildschau zum ‚Simplicissimus‘ oder durch einen Kabarettbesuch mit anschließender Diskussion.

Was die methodische Konzeption der UE anbelangt, so werden wir hier zwei grundsätzliche Alternativen anbieten. Mit Hilfe der Stundenblätter kann der Unterricht sowohl an der Gruppenarbeit orientiert werden – Voraussetzung hierfür ist, daß die Schüler einfachere Formen der Gruppenarbeit beherrschen –, als auch im lehrerzentrierten Verfahren durchgeführt werden, sofern die Stundenblätter gewissen Modifikationen unterzogen werden. Darüber mehr im Methodenkapitel.

Darüber hinaus stellen wir hier eine idealtypische Konstruktion vor, die versucht, die Arbeitstechniken und Sozialformen auch zum Gegenstand einer Jahres- bzw. Halbjahresplanung zu machen und diesen Komplex der inhaltlichen Konstruktion der Halbjahresplanung zuzuordnen (siehe Übersicht auf S. 53). Nach diesem Modell würden in den beiden oben genannten vorbereitenden Unterrichtseinheiten die Grundlagen für bestimmte Arbeitstechniken und Sozialformen gelegt werden, welche dann im Zusammenhang mit einem Bibliotheksbesuch, der unserer UE vorangestellt wird, reaktiviert werden. Was in diesen Vorphasen geleistet wird, kann dann in unserer UE zum ‚Untertan‘ weitergeführt und vertieft werden.

Der Schwerpunkt der Erarbeitung von Arbeitstechniken liegt hier innerhalb der UE ‚Analyse pragmatischer Texte‘; gelernt bzw. reaktiviert werden hier die einfachen Techniken wie Unterstreichen der wichtigsten Textaussagen, Exzerpieren und Zitieren bezüglich einer bestimmten Fragestellung sowie die weiterführenden Techniken der Textwiedergabe und Textreduktion in ihren verschiedenen Formen (wie Stichworte, Roter Faden, Thesenpapier, Précis u. a.) und der Texterörterung. In diesem Zusammenhang sollten auch die beiden grundsätzlichen Formen des Protokolls, Verlaufs- und Ergebnisprotokoll, eingeführt werden.

In der UE ‚Analyse fiktionaler Texte: Epische Kleinformen‘ werden die Arbeitstechniken weiter erprobt und auf andersartige Texte angewandt; der Schwerpunkt dieser UE liegt bei der Erprobung bestimmter Sozialformen, speziell bestimmter Formen der Gruppenarbeit. Einzel- und Partnerarbeit müssen hier den Schülern schon selbstverständlich sein. Die arbeitsteilige Gruppenarbeit, zeitlich begrenzt, wird als das die UE tragende Prinzip angesehen: so erarbeiten sich die Schüler hier aufgrund unterschiedlichen Textmaterials innerhalb von Arbeitsgruppen einen Gattungsbegriff oder unterschiedliche Fassungen einer Fabel, wobei dann der Vergleich im Plenum geleistet wird. Die Selbständigkeit der Schüler wird nur in begrenztem Maße gefordert, da die Planung der Gruppenarbeit sowie die Sicherung der

Ergebnisse im Plenum über den Lehrer läuft. Auf dieser Grundlage können dann Formen der Gruppenarbeit entwickelt werden, die eine höhere Selbständigkeit der Schüler fordern (selbständige Planung und Organisation der Gruppenarbeit), ohne daß dies unabdingbare Voraussetzung ist.

Einen besonderen Stellenwert nimmt in dieser Konzeption der Besuch in der Bibliothek ein, da hier einerseits die UE zum ‚Untertan‘ unmittelbar vorbereitet wird und dabei auch zusätzliche Motivationen geschaffen werden, andererseits da hier die Arbeitstechniken reaktiviert und weitergeführt werden. Wurde dem Schüler bisher die eigentliche Informationsbeschaffung abgenommen und beschränkte er sich weitgehend auf die Aufbereitung vorgegebener Informationen zu einem bestimmten Zweck, so lernt er jetzt in der Bibliothek vor Ort gewisse Techniken der Informationsbeschaffung, indem er sich zu einem bestimmten Komplex Material zusammenstellt; in bezug auf unsere Einheit etwa zur Person Wilhelms II.

Den Bibliotheksbesuch gerade mit der Vorbereitung der UE zum ‚Untertan‘ zu verbinden, bietet sich aus unterschiedlichen Gründen an:

☐ Zeitlich gesehen eignet sich gerade die 11. Klasse am Beginn der Oberstufe in besonderer Weise zu einer Einführung in die Benutzung einer Bibliothek, da ja der Oberstufenschüler in der Lage sein muß, für bestimmte Fachreferate sich Literatur zusammenzustellen. Die Einführung könnte hier an einem konkreten Beispiel unter der Fragestellung stehen: Wie bereite ich ein Referat zu einem bestimmten Thema in der Bibliothek vor?

☐ Da im Zusammenhang mit der Analyse des ‚Untertan‘ Kenntnisse des Wilhelminischen Zeitalters eingebracht werden müssen, besteht ein weiterer konkreter Anlaß für einen Bibliotheksbesuch. Das vielseitige Bildmaterial zum Wilhelminischen Zeitalter, das die Bibliotheken anbieten, kann zudem noch zusätzliche Motivationen schaffen.

☐ Die Sekundärliteratur zu Heinrich Mann ist, etwa im Vergleich zu seinem Bruder Thomas, noch sehr begrenzt, damit dürfte es den Schülern leicht fallen, zum ‚Untertan‘ eine Bibliographie zusammenzustellen und das Material zu sichten, das zur Analyse des Romans herangezogen werden kann.

☐ Eine Einstimmung in die UE mit dem Ziel einer erhöhten Lesemotivation ist in der Bibliothek auch dadurch leistbar, weil die Schüler ohne größeren Zeitaufwand sich einen ersten Einblick in die unterschiedliche Bewertung von Heinrich Manns Leben und Werk verschaffen können, indem sie mit verschiedenen Lexika und Literaturgeschichten arbeiten.

Wird also der UE ein Besuch in der Bibliothek vorangestellt und dieser exakt in eine Jahresplanung einbezogen – dies v. a. bezüglich der Arbeitstechniken und Sozialformen –, so läßt sich folgendes leisten:

☐ eine zusätzliche Lesemotivation;

☐ unmittelbare Vorbereitung der Lektüre durch Erarbeitung des historischen Hintergrunds und der biographischen Daten;

☐ das Lernen bestimmter Arbeitstechniken in bezug auf die Benutzung einer Bibliothek und die Überwindung einer natürlichen Scheu vor öffentlichen Bibliotheken;

☐ Initiieren der Selbständigkeit von Schülern: die Schüler werden in die Lage versetzt, sich selbständig Zusatzinformationen zum ‚Untertan‘ zu beschaffen.

Ist dies geleistet, so können innerhalb der UE höhere Anforderungen an die Schüler gestellt werden in bezug auf die Bewältigung bestimmter Arbeitstechniken und Sozialformen. Innerhalb unserer UE können dann Leistungen auf sehr unterschiedlicher Ebene von den Schülern erbracht werden:

1. Individualleistungen wie das Führen eines Arbeitsheftes, das Erstellen von Kurzreferaten, Literaturberichten, Referaten u. a.

2. Gruppenleistungen wie die Aufarbeitung von Informationen im arbeitsteiligen Prinzip oder das gemeinsame Darbieten von Gruppenergebnissen unter Berücksichtigung unterschiedlicher Präsentationsformen.

3. Individualleistungen innerhalb der Gruppen: Ausführen von Spezialaufträgen der Gruppe und Einbringen von Individualleistungen in die Gruppe.

4. Klassenleistung: Gruppenergebnisse zusammenfügen, gruppenübergreifende Themen zu bearbeiten oder Gruppenergebnisse kritisch zu überprüfen.

**Arbeitsformen und Sozialformen innerhalb einer Halbjahresplanung:
Hinführung zur UE „Der Untertan"**

Vorbereitung:

Analyse pragmatischer Texte (UE 1)	**Analyse fiktionaler Texte (UE 2)**
— Unterstreichen	— Arbeitstechniken entsprechend der Analyse
— Exzerpieren	pragmatischer Texte
— Zitieren	— Einzelarbeit
— Zusammenfassen (Textwiedergabe)	— Partnerarbeit
— Thesen herausarbeiten und formulieren	— Gruppenarbeit
— Beurteilen (Texterörterung)	• zeitlich begrenzt innerhalb einer Unterrichts-
— Texte gegenüberstellen und vergleichen	stunde
— Ergebnis- und Verlaufsprotokoll	• keine gruppeninterne Planungsarbeit
	• Problematisierung der Gruppenarbeit

Kommunikationsmodell

Hinführung:
Freiwillige Sonderleistungen
1. Tonbildschau: Simplicissimus   2. Referat zur Vorbereitung eines
   (Gruppenleistung)   Kabarettbesuchs: Das Kabarett

Bibliotheksbesuch

1. Einführung in die Benutzung einer Bibliothek
2. Übungen zum Auffinden bestimmter Literatur
3. Vorbereitung der UE mit Hilfe von Arbeitsblättern
   – Zurechtfinden in einer Bibliothek
   – Benutzen eines Katalogs
   – Bibliographieren
   – Zitieren
   – Auswählen von Büchern unter einer
     bestimmten Fragestellung
   – Exzerpieren

Lektüre und Werkanalyse:

Leistungen innerhalb der UE

1. Individualleistungen
   — Führen eines Arbeitsheftes
   — Kurzprotokoll
   — Kurzreferat

2. Gruppenleistungen
   — Aufarbeiten von Information im arbeitsteiligen
     Prinzip
   — Bereitstellen von Materialien
   — Veranschaulichen von Ergebnissen in
     Übersichten, Strukturbilder u. ä.

3. Individualleistungen innerhalb der Gruppen
   (Liefern von Teilarbeitsergebnissen)
   — Kurzreferat als Literaturbericht
   — Thesenpapier
   — Stichwortkatalog
   — Erläuterung von Gruppenergebnissen

4. Klassenleistungen
   — Überprüfen der Gruppenergebnisse
   — Zusammenfügen von Teilergebnissen
   — Bearbeitung gruppenübergreifender
     Thematiken

Selbständiges Planen einer UE/Teileinheit

5. Übersicht über die Unterrichtseinheit

Die Unterrichtseinheit gliedert sich in vier Teileinheiten, die ihrerseits wiederum in weitere Sequenzen mit jeweils in sich geschlossener Thematik untergliedert sind.

Die Teileinheiten I und II, mit deren Hilfe unsere UE zum ‚Untertan' von bestimmten Lernzielen entlastet werden kann, sind als fakultativ anzusehen.

Die Teileinheit I schafft mit den Untereinheiten ‚Einführung in die Analyse pragmatischer und fiktionaler Texte' sowohl was die Inhalte als auch was die Arbeits- und Sozialformen anbelangt, die Voraussetzungen für eine erfolgversprechende UE zum ‚Untertan'.

Die Teileinheit II bereitet die Romanlektüre unmittelbar vor: Ein Bibliotheksbesuch dient den Schülern dazu, sich in Leben und Werk Heinrich Manns sowie in den historischen Hintergrund des Romans einzuarbeiten, wobei Techniken zur Benutzung einer Bibliothek miterworben werden. Die Verfilmung von ‚Professor Unrat' („Der blaue Engel") vermag dann den Schülern einen ersten Eindruck von einem Werk Heinrich Manns zu vermitteln. Auch diese Teileinheit kann als fakultativ angesehen werden; wo sie nicht zustande kommt, müßte der Teileinheit III eine Stunde vorangestellt werden, die in das Leben und Werk Heinrich Manns einführt.

Die Teileinheit III bildet das Zentrum unserer UE. Die erste Sequenz (in der durchlaufenden Numerierung die Sequenz 4) führt zur Zentralproblematik des Werkes hin: Ausgehend von einer Analyse des ersten Kapitels wird der Sozialisationsprozeß Heßlings erfaßt, dabei wird die Grundstruktur der Untertanenmentalität herausgearbeitet und der Untertanen-Typus mit Hilfe sozialpsychologischer Kategorien genauer bestimmt. Die Sequenz 5 legt die Grundlagen für den weite-

ren Verlauf der UE: Hier wird, ausgehend von Heßlings Verhältnis zum Kaiser, zunächst eine Übersicht über die Romanhandlung erarbeitet, die zentralen Probleme des Romans werden benannt und daraus die Aufgabenstellungen für die Gruppen abgeleitet. Die Sequenz 6 führt in die poetischen Techniken Heinrich Manns ein und greift dabei zunächst, ausgehend von einer Analyse der Reden Heßlings, die Montagetechnik heraus, wobei exemplarisch gezeigt werden kann, wie Heinrich Mann historische Faktizität (hier die Reden Wilhelms II.) in die Romanhandlung überführt. Dabei wird auch berücksichtigt, wie Wilhelm II. im Roman dargestellt wird. Sequenz 7 versucht, Heßlings Verhältnis zum Kaiser und zu den Frauen abzuklären, wobei sich die grundsätzliche Frage stellen wird, wie Heßlings Verhalten konkret gesteuert wird. Hier wird ein Punkt erreicht, an dem die Individualproblematik Heßlings in die Gesellschaftsproblematik des Romans übergeführt wird; wurde bisher nach der Personengestaltung gefragt, so jetzt nach der Darstellung der Gesellschaft im Roman, und damit auch nach dem Gesellschaftsbild Heinrich Manns. So geht es in der Sequenz 8 um die Darstellung der Wilhelminischen Gesellschaft im Roman: dies geschieht einmal von der Personenkonstellation im Roman her — die Personen lassen sich leicht bestimmten gesellschaftlichen Gruppen zuordnen —, zum andern aus der Sicht des parteipolitischen Engagements bestimmter Personen. Aus beiden Ansätzen wird sich die Frage nach Heinrich Manns parteipolitischem Standpunkt und allgemein nach seinem Welt- und Gesellschaftsbild ergeben. Ausgehend von dieser Gesellschaftsanalyse und anknüpfend an Sequenz 6 hat die Sequenz 9 die satirische Sprachhaltung Heinrich Manns zum Inhalt,

Zugänge zu Heinrich Manns „Der Untertan"

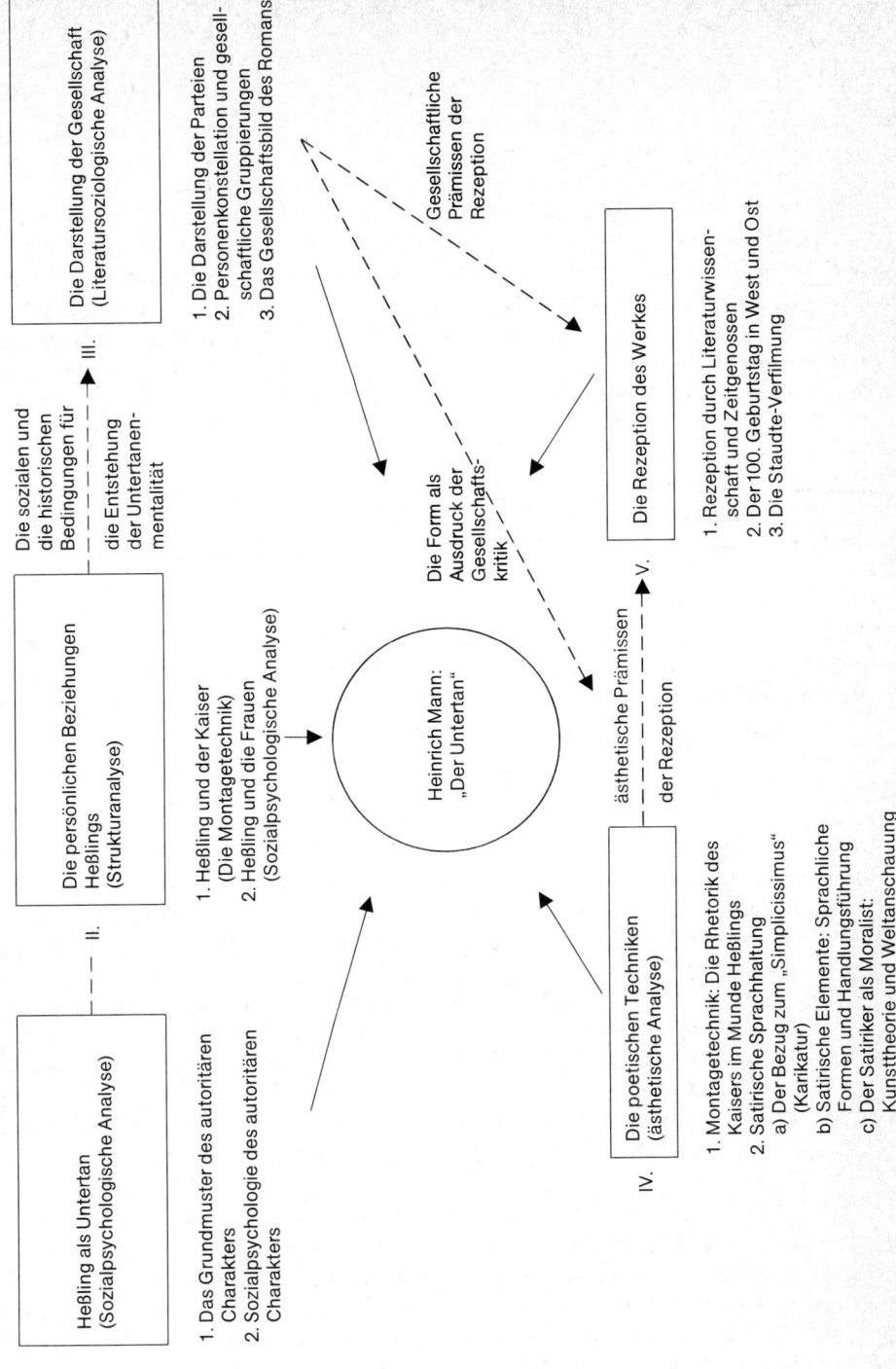

I.

Heßling als Untertan
(Sozialpsychologische Analyse)

1. Das Grundmuster des autoritären
   Charakters
2. Sozialpsychologie des autoritären
   Charakters

II.

Die persönlichen Beziehungen
Heßlings
(Strukturanalyse)

1. Heßling und der Kaiser
   (Die Montagetechnik)
2. Heßling und die Frauen
   (Sozialpsychologische Analyse)

Die sozialen und
die historischen
Bedingungen für

die Entstehung
der Untertanen-
mentalität

III.

Die Darstellung der Gesellschaft
(Literatursoziologische Analyse)

1. Die Darstellung der Parteien
2. Personenkonstellation und gesellschaftliche Gruppierungen
3. Das Gesellschaftsbild des Romans

Heinrich Mann:
„Der Untertan"

Die Form als
Ausdruck der
Gesellschafts-
kritik

Gesellschaftliche
Prämissen der
Rezeption

Die Rezeption des Werkes

1. Rezeption durch Literaturwissenschaft und Zeitgenossen
2. Der 100. Geburtstag in West und Ost
3. Die Staudte-Verfilmung

ästhetische Prämissen

der Rezeption

V.

IV.

Die poetischen Techniken
(ästhetische Analyse)

1. Montagetechnik: Die Rhetorik des
   Kaisers im Munde Heßlings
2. Satirische Sprachhaltung
   a) Der Bezug zum „Simplicissimus"
      (Karikatur)
   b) Satirische Elemente: Sprachliche
      Formen und Handlungsführung
   c) Der Satiriker als Moralist:
      Kunsttheorie und Weltanschauung

wobei aus der Analyse der satirischen Techniken des Romans auf das Weltbild Heinrich Manns sowie auf dessen Kunstanschauung geschlossen werden soll; es geht um die Frage, wie Gesellschaftliches sich in der poetischen Form spiegelt, womit dann auch die Frage nach der eigentlichen Intention des Romans gestellt ist. Daran können sich allgemeine Reflexionen über die Funktion von Dichtung anschließen, sofern der Konflikt zwischen den Brüdern Heinrich und Thomas Mann angesprochen wird, wie er v.a. in Thomas Manns ‚Betrachtungen eines Unpolitischen‘ zum Ausdruck kommt. Die UE wird abgeschlossen durch eine Sequenz, die die Rezeption von Heinrich Manns Werk ins Blickfeld rückt: Einmal geht es um die sehr kontroverse Debatte um den ‚Untertan‘, wie sie seit dem Erscheinen des Romans geführt wurde und dann auf breiterer Basis bei den Feiern zum 100. Geburtstag Heinrich Manns in Ost und West wieder aufgenommen wurde, zum zweiten geht es um die filmische Rezeption des Werkes durch Wolfgang Staudte.

An beide Unterthemen lassen sich grundsätzliche Fragen zur Rezeption anknüpfen. In den folgenden Übersichten stellen wir drei alternative Grobplanungen der UE zum ‚Untertan‘ vor. Einmal ein Minimalprogramm von 14 Stunden, das sich auf wenige zentrale Problemstellungen des Romans konzentrieren wird. Will man diese reduzierte Form der UE durchführen, müßte man einzelne Stundenblätter herausgreifen und diese in modifizierter Form für den Unterricht aufbereiten. Die zweite Übersicht kombiniert zwei Alternativen: In Fettdruck ist die UE hervorgehoben, die hier im Darstellungsteil näher erläutert und auf den Stundenblättern detailliert dargestellt wird. Ihr werden dann weitere Stunden zugeordnet (zum Teil als Stundenblatt ausgeführt), die als Exkurse angesehen werden könnten; sie setzen zusätzliche Akzente, wobei wir uns mit Anregungen begnügen, denen der Lehrer von Fall zu Fall selbst nachgehen kann, was v.a. von der Zeitplanung, aber auch von den Schülerinteressen abhängen wird.

Minimalprogramm zu Heinrich Manns ‚Der Untertan‘

1. Stunde: Einführungsstunde:
   1. Einführung in das Leben und Werk Heinrich Manns anhand unterschiedlicher Darstellungen aus Literaturgeschichten
   2. Evtl. Bildung von Arbeitsgruppen zur Romananalyse unter bestimmten Fragestellungen

2. Stunde: Das Grundmuster der Untertanenmentalität: Analyse des Titelbildes von Piatti (Stundenblatt Nr. 3)

3. Stunde: Die Entstehung der Untertanenmentalität: Die Sozialisation Heßlings (Stundenblatt Nr. 4)

4. Stunde: Die sozialpsychologische Deutung des ‚autoritären Charakters‘ nach Vogts Interpretation des ersten Romankapitels (Reduziertes Stundenblatt Nr. 5) und Heßlings Verhältnis zu den Frauen

5. Stunde: Die Handlungsstruktur des Romans: Die Kaiser-Thematik als Strukturierungsprinzip (Stundenblatt Nr. 7)

6. Stunde: Kaiser Wilhelm II. und seine Darstellung im Roman (evtl. Gruppenbericht oder reduziertes Stundenblatt Nr. 9)

7. Stunde: Die Montagetechnik Heinrich Manns: Die Rhetorik des Kaisers im Munde Heßlings (Stundenblatt Nr. 9 R)

8. Stunde: Das Verhältnis Heßlings zum Kaiser und die Steuerung von Heßlings Verhaltensweisen (evtl. Gruppenbericht oder reduzierte Stundenblätter 10 R und 11)

9. Stunde: Die Personenkonstellation und die Darstellung der Gesellschaft im ‚Untertan‘ (evtl. Gruppenbericht oder reduziertes Stundenblatt Nr. 15)

10. Stunde: Die Verquickung von Politik und Theater / Das Gesellschaftsbild Heinrich Manns: Eine strukturelle Analyse des 5. Kapitels (Stundenblatt Nr. 15 R)

11. Stunde: Die poetischen Mittel der Satire und ihre Funktion im Roman (Stundenblatt Nr. 17)

12. Stunde: Satirische Darstellung und Weltsicht: Die poetische Vermittlung gesellschaftlicher Phänomene und ihre Funktion (Stundenblatt Nr. 17 R)

13. Stunde: Die Rezeption durch die Zeitgenossen: Realistischer oder satirischer Roman? (Stundenblatt Nr. 18)

14. Stunde: Probleme der Heinrich-Mann-Rezeption verdeutlicht an den Ansprachen zum 100. Geburtstag in Ost und West (Stundenblatt Nr. 18 R)

Übersicht über die UE zu Heinrich Manns ‚Der Untertan‘
(ausgeführt in den Stundenblättern)

Teileinheit I: Vorbereitung

UE 1: *Einführung in die Analyse fiktionaler Texte:*
Epische Kleinformen: Fabel, Parabel, Satire (als Sprachhaltung) u. a.
UE 2: *Einführung in die Analyse nichtfiktionaler Texte:*
u. a. Texte zur Individual- und Sozialpsychologie
UE 3: Heinrich Mann ‚Der Untertan‘

Teileinheit II: Planung und Informationsbeschaffung

Sequenz 1: Vorbereitung der UE in der Bibliothek
1. Allgemeine Einführung in die Bibliothek
2. Informationsbeschaffung zum Thema ‚Heinrich Mann: Der Untertan‘ (Stundenblatt Nr. 1)
3. Erste Auswertung der Bibliotheksarbeit: Die Einschätzung von Leben und Werk Heinrich Manns in der Literaturgeschichtsschreibung (Stundenblatt Nr. 2 R)
1. Std. **Alternative (ohne Bibliothek): Analyse zweier gegensätzlicher Beiträge zum Leben und Werk Heinrich Manns (Stundenblatt Nr. 2 R)**

Sequenz 2: Filmbesuch ‚Der blaue Engel‘ (Heinrich Mann: ‚Professor Unrat‘) Erste Berührung mit einem Werk Heinrich Manns
1. Die Thematik des Films: Das Menschen- und Gesellschaftsbild Heinrich Manns
2. Filmanalyse und Filmkritik (Stundenblatt Nr. 2)

Sequenz 3: Romanlektüre mit methodischen Alternativen
1. Romanlektüre anhand von Leitfragen und in Gruppenarbeit
2. Freie Lektüre mit anschließender Planung der UE durch die Schüler

Teileinheit III: Romananalyse

Sequenz 4: Hinführung zur Zentralproblematik des Romans

2. Std.　　**1. Das Grundmuster der Untertanenmentalität: Analyse des Titelbildes von Piatti (Stundenblatt Nr. 3)**

3. Std.　　**2. Die Entstehung der Untertanenmentalität: Die Sozialisation Heßlings (Grundmuster, Entfaltung, Bedingungen) (Stundenblatt Nr. 4)**

4./5. Std.　　**3. Literatur und Psychoanalyse: Autoritärer Charakter und frühkindlicher Triebverzicht/Einführung in die Thematik der Gruppenarbeit III (Stundenblatt Nr. 5)**

4. Der Sozialisationsprozeß Heßlings als ganzer unter sozialpsychologischer Fragestellung: Die sozialpsychologische Analyse des ‚Untertan‘ durch Vogt

5. Der autoritäre Charakter und seine literarische Darstellung: Heinrich Manns ‚Untertan‘ und die Memoiren des Lagerkommandanten von Auschwitz, Rudolf Höß (Die Darstellung des Sozialisationsprozesses)

6. Methodenreflexion: Ansatz und Leistungsfähigkeit der psychoanalytischen Literaturbetrachtung

Sequenz 5: Die Organisation der Gruppenarbeit

6. Std.　　**1. Die fünf Themenkomplexe der Gruppenarbeit, erarbeitet anhand einer Analyse des ersten Kapitels (Stundenblatt Nr. 6)**

2. Die Darstellung der Gesellschaft im ersten Kapitel und das Gesellschaftsbild Heßlings / Eine Einführung in die Thematik der Arbeitsgruppe V (Stundenblatt Nr. 6)

3. Die Exposition des Themas ‚Politik‘ / Einführung in die Thematik der Arbeitsgruppe IV (Stundenblatt Nr. 6 R)

7. Std.　　**4. Das Problem der Informationsbeschaffung im arbeitsteiligen Verfahren (Gruppenarbeit) (Stundenblatt Nr. 8)**

8. Std.　　**5. Übersicht über die Romanhandlung: Das Thema ‚Kaiser‘ als Strukturprinzip des Romans (Stundenblatt Nr. 7)**

9. Std.　　**6. Das Problem der Informationsaufbereitung und -darbietung (Gruppenarbeit) (Stundenblatt Nr. 8 R)**

Sequenz 6: Poetische Techniken Heinrich Manns I: Die Montage

10. Std.　　**1. Kaiser Wilhelm II. und seine Darstellung im Roman: Gruppenbericht I**
– Materialien zum Charakter Wilhelms II.
– Tonbildschau zu Wilhelm II.: Die Darstellung Wilhelms II. auf Photographien, Gemälden und Karikaturen

2. Die Darstellung Wilhelms II. in der zeitgenössischen Literatur: Thomas Mann ‚Königliche Hoheit‘, Karl Kraus ‚Die letzten Tage der Menschheit‘ und Frank Wedekinds Beiträge aus der Palästina-Nummer des Simplicissimus

11. Std.　　**3. Die Rhetorik des Kaisers im Munde Heßlings (Stundenblatt Nr. 9 R)**

4. Analysen von Reden Wilhelms II.: Die Sprache Wilhelms II. (unter Heranziehung der Aufsätze von Ludwig Thoma und Arntzen)

5. Vergleich der Heßlingrede zur Denkmalseinweihung mit der Rede Wilhelms II. ‚An den Prinzen Rupprecht von Bayern vom 3. Juli 1900'

6. Die Sprache der Diktatoren: Eine Analyse von Reden Hitlers und Goebbels

7. Weitere Beispiele für die Montagetechnik Heinrich Manns:
   – Der Fall Lück: Überführung historischer Faktizität in die Romanhandlung
   – Heßling drückt sich vor dem Militärdienst: Die Überführung eines Briefes von Thomas Mann in die Romanhandlung

8. Montagetechnik bei Heinrich und bei Thomas Mann: Die Militärszenen im ‚Untertan' und im ‚Felix Krull'

12. Std. **9. Gruppenarbeit: Koordinierung der Einzeluntersuchungen zu einem Gruppenergebnis (Weiterführung der Gruppenarbeit von 5.4. und 5.6.)**

Sequenz 7: Heßlings Verhältnis zum Kaiser und zu den Frauen

13. Std. **1. Gruppenbericht II: Das Verhältnis Heßling-Kaiser (Stundenblatt Nr. 10 als Musterstunde für die Präsentation von Arbeitsergebnissen der Gruppen)**

14. Std. **2. Vergleichende Textanalyse – eine Einführung: Die beiden Begegnungen Heßlings mit dem Kaiser (Stundenblatt Nr. 10 R als Ergänzung zum Gruppenbericht II)**

3. Vergleich der Kaiserbegegnungen bei Heinrich Mann (‚Der Untertan': Wilhelm II.) und Joseph Roth (‚Radetzkymarsch': Franz Joseph II.)

15. Std. **4. Die Verhaltenssteuerung beim autoritären Charakter am Beispiel von Heßlings Auftreten während der Gerichtsverhandlung (Stundenblatt Nr. 11)**

16. Std. **5. Gruppenbericht III: Heßlings Verhältnis zu den Frauen (Stundenblatt Nr. 10)**

6. Übungen zur Textanalyse: Heßlings Familienleben und Heßlings Eheauffassung (Stundenblatt Nr. 12)

Sequenz 8: Die Wilhelminische Gesellschaft und ihre Darstellung im Roman ‚Der Untertan'

17. Std. **1. Gruppenbericht IV: Die Darstellung der Parteien im Roman / Die Parteienintrigen während des Wahlkampfs (Stundenblatt Nr. 13 als Alternative bzw. Ergänzung des Gruppenberichts IV)**

18. Std. **2. Gruppenbericht V: Die Darstellung der Wilhelminischen Gesellschaft im Roman / Personenkonstellation (Stundenblatt Nr. 14 als Alternative bzw. Ergänzung des Gruppenberichts V)**

18. Std. **3. Der parteiische Standpunkt Heinrich Manns (Stundenblatt Nr. 14 R)**

19. Std. **4. Das Gesellschaftsbild Heinrich Manns: Der Essay ‚Kaiserreich und Republik' und sein Bezug zum ‚Untertan'**

20. Std. **5. Das Gesellschaftsbild Heinrich Manns im Roman: Gesellschaft und Theater – eine strukturelle Analyse des 5. Kapitels (Stundenblatt Nr. 15 als Alternative bzw. Ergänzung des Gruppenberichts V)**

6. Vergleich der Darstellung des Wilhelminischen Zeitalters im ‚Untertan' und in einer soziologisch-historischen Abhandlung

Sequenz 9: Die poetischen Techniken Heinrich Manns II: Satirische Sprachhaltung

21. Std. ⟶ **1. Karikatur und Personengestaltung: Professor Kühnchen und Major Kunze (Stundenblatt Nr. 16)**

22. Std. ⟶ **2. Die Mittel der Satire und ihre Funktion (Stundenblatt Nr. 17)**

23. Std. ⟶ **3. Der Satiriker als Moralist: Die Anwendung des Satire-Begriffs von Schiller und Tucholsky auf den ‚Untertan' (Stundenblatt Nr. 17 R)**

⟶ **4. Das Weltbild der Satire**

⟹ ‖5. Die Funktion der satirischen Sprachhaltung bei Heinrich Mann: Die Kunsttheorie Heinrich Manns

6. Unterschiedliche Formen der Satire, dargestellt an ausgewählten Texten

7. Satirische Sprachhaltung oder Satire als Gattung?

Sequenz 10: Die Rezeption des Romans

24. Std. **1. Die Rezeption des Romans durch die Zeitgenossen: Realistischer oder satirischer Roman? (Mahrenholz, Tucholsky, Hermann-Neisse) (Stundenblatt Nr. 18)**

25. Std. **2. Die Rezeption Heinrich Manns heute: Die Feiern zum 100. Geburtstag in Ost und West (Améry und Ulbricht) (Stundenblatt Nr. 18 R)**

3. Die Rezeptionsproblematik: Die Gründe für die unzureichende Rezeption Heinrich Manns

⟶ 4. Die Kontroverse der Brüder Mann um die Funktion der Dichtung: Heinrich Mann als Zivilisationsliterat

5. ‚Der Untertan' und das Problem der literarischen Wertung

6. Die Rezeption des Romans in Staudtes Verfilmung

– Literatur und Film: ein filmisches Rezeptionsmodell (Stundenblatt Nr. 19/20)

– Staudtes Verfilmung aus der Perspektive der Filmkritik: Aspekte der Filmkritik (Stundenblatt Nr. 19 R)

6. Die methodische Grundkonzeption und ihre Alternativen

Wie schon oben ausgeführt, ist es kaum möglich, eine einheitliche methodische Konzeption verbindlich anzubieten, da gerade die methodische Konzeption sich notwendigerweise nach den jeweiligen Gegebenheiten in einer Klasse und nach den individuellen Lernvoraussetzungen der Schüler richten muß. Dementsprechend bieten wir hier zunächst Alternativen an, unter denen der Lehrer je nach aktueller Situation seiner Klasse auswählen kann. Diese Alternativen reichen von Methoden der Texterschließung, die sich noch am Literaturunterricht der Mittelstufe orientieren, bis zu Methoden, die vielleicht nur in Ausnahmefällen an der Oberstufe durchgeführt werden können. Aus Umfangsgründen können wir hier für diese methodischen Alternativen keine durchgehende Unterrichtskonzeption mit entsprechenden Stundenblättern anbieten. Bei der Darstellung der UE wählen wir deshalb einen mittleren Weg, der es dem Lehrer ermöglicht, die in den Stundenblättern dargestellten Stunden mit geringfügigen Modifikationen in die von ihm gewählte methodische Konzeption einzugliedern. Wir unterscheiden zunächst ganz grob vier methodische Konzeptionen, die teilweise miteinander kombinierbar sind:

1. Das Erschließen des Romans entlang der Romanhandlung

2. Das strukturierend-problemorientierte Erschließen des Romans

3. Das Erschließen des Romans anhand von Leitfragen und Arbeitsblättern in arbeitsteiliger Gruppenarbeit

4. Der Projektunterricht: Die Planung und Organisation der UE erfolgt durch die Schüler nach einer ungelenkten Romanlektüre.

Im folgenden sollen diese methodischen Alternativen kurz vorgestellt werden.

6.1. Das Erschließen entlang der Romanhandlung

Wohl das einfachste Verfahren, den Roman im Unterricht zu erarbeiten, besteht darin, mit den Schülern den Roman kapitelweise zu lesen; damit kann zunächst einmal die Furcht vor dem Umfang des Romans gemildert werden. Dieses Verfahren eignet sich in besonderer Weise für den ,Untertan': Die einzelnen Kapitel sind thematisch in sich geschlossen, zeigen einen ähnlichen Aufbau (insofern sie jeweils auf eine ,Begegnung' mit dem Kaiser ausgerichtet sind) und führen den autoritären Charakter, der im Roman relativ beständig bleibt, in seinen unterschiedlichen Ausdifferenzierungen vor.

Der Text, der jeweils in einer Stunde behandelt wird, bleibt auf diese Weise für die Schüler überschaubar; der Schüler arbeitet sich schrittweise in den Charakter Heßlings und in die Romanhandlung ein – gerade für schwache Schüler ein Vorteil. Allerdings dürfen die negativen Aspekte nicht unerwähnt bleiben. Mit diesem Verfahren ist ein monotones, schablonenhaftes methodisches Vorgehen fast schon programmiert, das zudem noch den Schüler stark gängelt. Zu leicht kreist das Unterrichtsgespräch immer wieder um dieselben Probleme, etwa um den Charakter Heßlings, es sei denn, es gelingt, bei der Behandlung der einzelnen Kapitel unterschiedliche Schwerpunkte zu setzen und diese aufeinander zu beziehen. Der gravierendste Einwand besteht darin, daß auf diese Weise kaum die Lesefertigkeit, das strukturierend-abstrahierende und kritische Lesen der Schüler gefördert wird.

Entscheidet man sich dennoch für dieses Verfahren, was bei schwachen Klassen evtl. in der Kombination mit dem zweiten hier vorgestellten Modell durchaus möglich ist, so sollte die Erarbeitung der einzelnen Kapitel mit unterschiedlichen Schwerpunkten versehen werden, die eine gewisse thematische Abwechslung bieten. Die inhaltliche Konzeption könnte wie folgt aussehen:

Kapitel 1:
- Die Exposition des autoritären Charakters: Grundstruktur und Entfaltung (Die Sozialisation Heßlings)
- Die erste Begegnung mit dem Kaiser: Autoritätsfixierung

Kapitel 2:
- Heßlings Verhältnis zu den Frauen (am Beispiel Agnes Göppel) und die Zurückführung dieses Verhältnisses auf den Sozialisationsprozeß: Psychoanalytische Betrachtungsweise
- Politisches Glaubensbekenntnis: Das erste Gespräch Heßlings mit dem jungen Buck

Kapitel 3:
- Die Kaiserimitation: Heßlings Rede vor den Arbeitern im Vergleich mit einer Kaiserrede (Die Montagetechnik Heinrich Manns)
- Die politischen Konstellationen in Netzig: Reaktionen auf den Tod des Arbeiters

Kapitel 4:
Die Gerichtsverhandlung: Der Prozeß gegen Lauer
- Steuerungsmechanismen im Verhalten des autoritären Charakters: Heßlings Auftreten vor Gericht
- Rhetorik und Textstrategie: Der Vergleich der Reden von Heßling und Wolfgang Buck

Kapitel 5:
- Die politischen Intrigen (Die Wahlabsprachen zwischen von Wulckow, Heßling und Fischer) und der Standpunkt Heinrich Manns
- Das Gesellschaftsbild Heinrich Manns: Theater und Gesellschaft
- Die satirische Sprachhaltung Heinrich Manns und die Autorintention

Kapitel 6:
- Die Familie im Wilhelminischen Zeitalter: Heßlings Familienleben
- Heßlings Verhältnis zum Kaiser: Vergleich der beiden Begegnungen mit dem Kaiser
- Textstrategie, Sprachhaltung und Autorintention: Heßlings Rede zur Denkmalsenthüllung und der Romanschluß.

6.2. Das strukturierend-problemorientierte Erschließen des Romans

Das strukturierende Erschließen des Romans läßt sich durchaus mit dem ersten Verfahren kombinieren, übersteigt dieses jedoch, weil die Analyse des Romans über die einzelnen Kapitel hinaus in Angriff genommen wird. Der Schüler muß zunächst einmal einen groben Überblick über das Textganze besitzen, um die im Unterricht jeweils angesprochenen Themen in einem Textzusammenhang sehen zu können.

Dieses Verfahren hat den Vorteil, daß dem Schüler zunächst einmal ein freier, unbefangener Zugang zum Roman ermöglicht wird (Erstlektüre); weiterhin vermag der Lehrer durch eine geschickte Textauswahl sofort in interessante Themen einzusteigen. Eventuell wird der Schüler sanft zu einer vertiefenden Zweitlektüre gezwungen, wenn er merkt, daß er bei interessanten Fragestellungen im Unterricht nicht mitreden kann. Weiterhin wird eine Konzentration auf die wesentlichen Textpartien hin möglich sein, die dann notfalls im Unterricht selbst bei entsprechender Vorbereitung durch Hausaufgaben nochmals überflogen werden können; zudem wird der Schüler hier zu einem strukturierenden und damit abstrahierenden Lesen erzogen.

Die Nachteile bestehen zunächst darin, daß der Lehrer zu Beginn des Unterrichts meist nicht abschätzen kann, mit welchem Textverständnis er bei seiner Unterrichtsplanung rechnen kann. Dieses Verfahren überfordert auch allzuleicht die schwachen Schüler, wenn nicht immer wieder der Handlungszusammenhang vergegenwärtigt wird. Weiterhin werden die Unterrichtsinhalte notwendigerweise stärker vom Lehrer allein bestimmt, der jeweils durch die Textauswahl und die Themenstellung bestimmt, was relevant ist. Ein derartig strukturierendes Verfahren könnte die folgenden Themen berücksichtigen:

1. Die Romanexposition im Vergleich zu anderen Romanexpositionen (denkbar wäre ein Vergleich zu Thomas Manns ‚Königliche Hoheit‘ oder zu den ‚Bekenntnissen des Hochstaplers Felix Krull‘)

2. Die Sozialisation Heßlings im Vergleich zur Sozialisation des Lagerkommandanten von Auschwitz, Rudolf Höß (nach dessen Memoiren)

3. Sozialisationserfolg I: Heßlings Verhältnis zu den Frauen (im Vergleich die Schwester, die Mutter, Agnes, Käthchen und Guste)

4. Sozialisationserfolg II: Diederichs Verhältnis zum Kaiser
   a) Die Schlußbildungen der einzelnen Kapitel
   b) Der Vergleich der beiden Begegnungen mit dem Kaiser (die innenpolitische und die außenpolitische Dimension)

5. Die Rhetorik Heßlings: Vergleich der Reden Heßlings vor seinen Arbeitern, vor Gericht und bei der Denkmalsenthüllung

6. Die beiden Gegenspieler Heßling und Wolfgang Buck und ihr Weltbild: Vergleich der beiden Reden vor Gericht

7. Die Montagetechnik Heinrich Manns: Vergleich der Heßling-Reden mit Kaiserreden

8. Die Verhaltenssteuerung beim autoritären Charakter und ihre Entwicklung
   a) Vergleich der ersten und der zweiten Begegnung Heßlings mit den Honoratioren von Netzig

b) Die Reaktion Heßlings auf den Tod des Arbeiters und sein Verhalten im Lauer-Prozeß

9. Heßling und seine Gegenspieler: Die Frage nach dem Positiven im Roman

10. Die Darstellung der Parteien und der parteiische Standpunkt Heinrich Manns: Partei-politische Absprachen und Intrigen während des Wahlkampfs

11. Die Darstellung der Gesellschaft und das Gesellschaftsbild Heinrich Manns: Vergleich des Romans mit dem Essay ‚Kaiserreich und Republik‘

12. Die Funktion des Schauspiels und der Schauspielbesuche im Roman: Wer repräsentiert das Zeitalter, der Kaiser oder der Schauspieler?

13. Realistischer oder satirischer Roman? – Zur unterschiedlichen Rezeption des Romans durch die Zeitgenossen

14. Die poetischen Techniken Heinrich Manns, dargestellt an ausgewählten Textbeispielen

15. Satirische Sprachhaltung und Autorintention: Schillers und Tucholskys Satirebegriff als Ausgangspunkt für das Erfassen von Heinrich Manns Kunstauffassung.

Vergleicht man diesen Themenkatalog mit dem des ersten Verfahrens, so wird schnell deutlich, daß beide Verfahren sich leicht kombinieren lassen. Es scheint nahe zu liegen, zunächst von einer gemeinsamen Analyse der ersten beiden Romankapitel auszugehen, die in nuce schon die gesamte Thematik des Romans enthalten, um dann, sobald die Textkenntnis der Schüler gefestigt ist, auf Problemstellungen überzugehen, die eine kapitelübergreifende Analyse notwendig machen.

6.3. Romananalyse und Gruppenarbeit

6.3.1. Freier oder gebundener Zugang zum Roman – die Formen der Gruppenarbeit

Im Normalfall wird man auf der Oberstufe sich für ein Verfahren entscheiden, das es dem Schüler ermöglicht, sich im arbeitsteiligen Verfahren den Roman zu erschließen. Dabei werden sich bei der Wahl der Verfahren die folgenden Fragen stellen:

1. Soll den Schülern zunächst ein freier, spontaner Zugang zum Text ermöglicht werden, der Erlebnisfähigkeit und Selbständigkeit fördert, oder soll die Erstlektüre sofort unter bestimmten Fragestellungen stehen?

2. Entscheidet man sich gegen den freien Zugang zum Text, so stellt sich die Frage, wie weit die Gängelung der Schüler durch Arbeitsfragen gehen soll: Begnügt man sich mit offen formulierten Themenkreisen, die dazu dienen, daß der Lehrer bei der Romananalyse auf „Spezialisten“ zurückgreifen kann, oder benützt man vorstrukturierte Arbeitsblätter, über welche die Leseleistungen der Schüler leicht kontrollierbar sind, oder wählt man exakt formulierte, aufeinander bezogene Leitfragen für einzelne Arbeitsgruppen?

Wieder wird die Entscheidung von der aktuellen Klassensituation abhängen: Wo eine hohe Lesemotivation vorhanden ist und die Schüler gewohnt sind, selbst Fragen an den Text zu stellen, wird man den freien Zugang zum Text wählen, ansonsten wird man zu den gebundenen Verfahren greifen. Mit beiden Verfahren wird man zu einem ähnlichen Un-

Übersicht über die alternative Strukturierung: freie oder gebundene Erstlektüre?

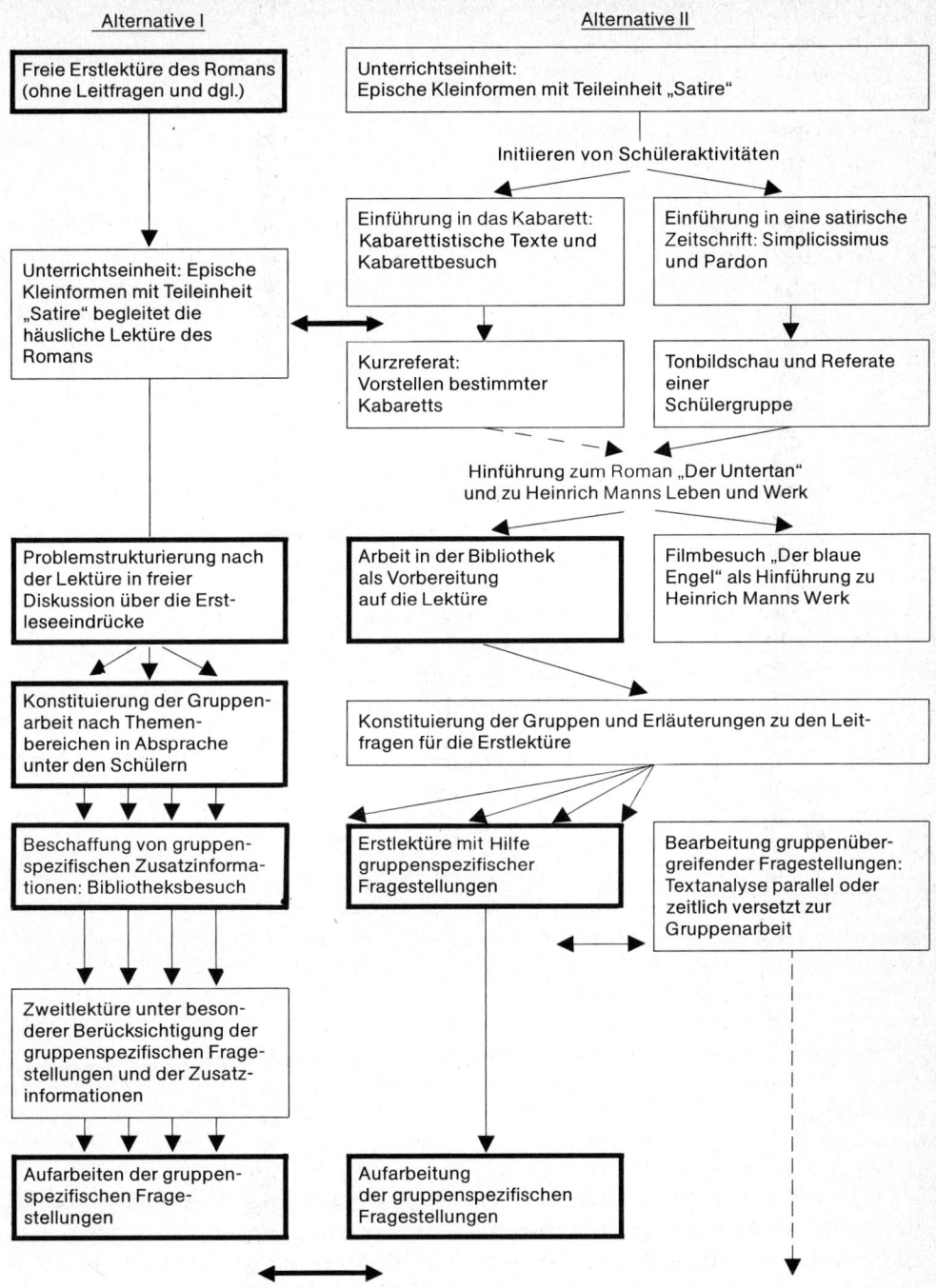

Alternative I

Alternative II

Freie Erstlektüre des Romans (ohne Leitfragen und dgl.)

Unterrichtseinheit: Epische Kleinformen mit Teileinheit „Satire"

Initiieren von Schüleraktivitäten

Einführung in das Kabarett: Kabarettistische Texte und Kabarettbesuch

Einführung in eine satirische Zeitschrift: Simplicissimus und Pardon

Unterrichtseinheit: Epische Kleinformen mit Teileinheit „Satire" begleitet die häusliche Lektüre des Romans

Kurzreferat: Vorstellen bestimmter Kabaretts

Tonbildschau und Referate einer Schülergruppe

Hinführung zum Roman „Der Untertan" und zu Heinrich Manns Leben und Werk

Problemstrukturierung nach der Lektüre in freier Diskussion über die Erst- leseeindrücke

Arbeit in der Bibliothek als Vorbereitung auf die Lektüre

Filmbesuch „Der blaue Engel" als Hinführung zu Heinrich Manns Werk

Konstituierung der Gruppen- arbeit nach Themen- bereichen in Absprache unter den Schülern

Konstituierung der Gruppen und Erläuterungen zu den Leit- fragen für die Erstlektüre

Beschaffung von gruppen- spezifischen Zusatzinforma- tionen: Bibliotheksbesuch

Erstlektüre mit Hilfe gruppenspezifischer Fragestellungen

Bearbeitung gruppenüber- greifender Fragestellungen: Textanalyse parallel oder zeitlich versetzt zur Gruppenarbeit

Zweitlektüre unter beson- derer Berücksichtigung der gruppenspezifischen Frage- stellungen und der Zusatz- informationen

Aufarbeiten der gruppen- spezifischen Frage- stellungen

Aufarbeitung der gruppenspezifischen Fragestellungen

Integration der gruppenspezifischen Ergebnisse in den Unterricht

65

terrichtsverlauf mit fast identischer Thematik kommen können, zumal dann, wenn die Schüler nach der ungebundenen Erstlektüre in Absprache mit dem Lehrer sich einen Plan zurechtlegen, nach dem sie den Text erschließen wollen. Dies sei in bezug auf den ‚Untertan' durch die Übersicht auf S. 65 verdeutlicht.

Aus unserer Übersicht wird deutlich, daß bei Alternative I der Unterricht ganz von den Schülern her geplant wird. Nach der ungebundenen Romanlektüre benennen die Schüler jene Themenkomplexe, unter denen der Roman in Gruppenarbeit erschlossen werden soll. Im Verlauf der Diskussion, wie die Aufgabenstellungen für die Gruppen bewältigt werden können, stellt sich die Notwendigkeit heraus, sich Zusatzinformationen zu beschaffen, was am besten durch einen Bibliotheksbesuch erreicht werden kann. Haben die Gruppen das zur Beantwortung ihrer Fragestellung erforderliche Material zusammengestellt, so können sie gemeinsam an die Bewältigung ihrer Aufgabe gehen.

Ganz anders bei Alternative II: Hier wird überall die planende und organisierende Hand des Lehrers spürbar; der Lehrer gibt die für die Romananalyse relevanten Fragestellungen den Arbeitsgruppen vor und bemüht sich, schon vor der eigentlichen Lektüre des Romans auf vielfache Weise Motivationen für die Lektüre zu schaffen, die ihm auch dazu dienen, den Leseprozeß vorzustrukturieren. In beiden Fällen wird der Unterricht, nachdem er in der Eingangsphase unterschiedlich angelegt wurde, wieder zusammenlaufen, wenn die Schüler den Roman unter verschiedener Fragestellung (Leitfragen) in Gruppen lesen, sei es nun in Erst- oder in Zweitlektüre. In beiden Fällen wird die Gruppenarbeit dieselbe Funktion haben, nämlich das, was die Gruppenmitglieder sich in individueller Arbeit bei der Romanlektüre erarbeitet haben, auf einen gemeinsamen Gruppennenner zu bringen. Man darf wohl davon ausgehen, daß die Gruppenergebnisse

einen höheren Informationsgehalt und eine höhere Qualität – bedingt auch durch die Spezialisierung – aufweisen als Ergebnisse, die sich aus einem fragend-entwickelnden Verfahren ergeben, und daß am Zustandekommen der Ergebnisse auch mehr Schüler beteiligt sind.

Darüber hinaus muß aber gerade an der Oberstufe die Gruppenarbeit selbst sehr viel stärker zum Unterrichtsgegenstand gemacht werden. Die Gruppenarbeit sollte von den Schülern über längere Zeit hinweg selbständig organisiert werden, wobei gruppenspezifische Arbeitsweisen erprobt werden müßten: die Schüler müßten dabei in die Lage versetzt werden, nicht nur die Themen der Gruppenarbeit selbständig zu bestimmen, sondern auch diese Themen in weitere Themenkomplexe aufzugliedern, diese im arbeitsteiligen Verfahren zu bearbeiten, individuelle Arbeitsaufträge an Gruppenmitglieder zu vergeben und die Ergebnisse dann in ein Gruppenergebnis zu integrieren. Für Probleme, die sich bei der Arbeit ergeben, müßten selbständig Lösungswege gefunden und durchgeführt werden. Weiterhin sollte die Gruppe in der Lage sein, ihre Ergebnisse gemeinsam so aufzubereiten und zu präsentieren, daß die Klasse sie nachvollziehen und akzeptieren kann.

Bevor wir auf die Organisation einer derartigen Gruppenarbeit eingehen, sollen die Themenstellungen für die einzelnen Gruppen bestimmt werden.

6.3.2. Die Fragestellungen für die „Spezialisten" und für die Gruppenarbeit

Wo man sich für den Einsatz von „Spezialisten" entscheidet, wird der Unterricht mehr lehrerzentriert erfolgen, da der Lehrer jeweils die Thematik und die zu ihrer Erarbeitung erforderlichen Textpassagen und Materialien bereitstellt und dann von Fall zu Fall auf die „Spezialisten" zurückgreift. Die

Themenstellungen für die „Spezialisten" müssen notwendigerweise weit gefaßt werden:

1. Die Darstellung des Kaisers
2. Die Frauengestalten
3. Die Gegenspieler Heßlings
4. Gesellschaftliche Gruppierungen
5. Die Parteien und ihre Vertreter
6. Das Theater und der Schauspieler

Diese bewußt weit formulierten Themenkomplexe ermöglichen noch einen relativ freien Zugang zum Roman; sie können auch umformuliert werden in Leitfragen für ein arbeitsteiliges Gruppenverfahren, wobei dann die Leitfragen die Romanlektüre schon sehr viel genauer lenken.

Entschließt der Lehrer sich, die Unterrichtseinheit zum ‚Untertan' im arbeitsteiligen Gruppenverfahren durchzuführen, gibt er einen Teil seiner Steuerungsmöglichkeiten an die Gruppe ab. Damit wird der Unterrichtserfolg wesentlich davon abhängen, inwieweit es dem Lehrer gelingt, die Gruppenarbeit so zu organisieren und die Fragestellungen für die Gruppen so zu formulieren, daß damit die Erfolgschancen für die Arbeit in der Gruppe optimiert werden. Um dies zu erreichen, muß folgendes beachtet werden:

1. Die Themen für die Gruppenarbeit müssen die wesentlichen Aspekte des Romans berücksichtigen und müssen sich mit der Lernzielkonzeption decken.

2. Die Themen müssen so ausgewählt und aufbereitet sein, daß sie von den Schülern selbständig bearbeitet werden können. Beim ‚Untertan' ist dieses Prinzip aufgrund der schwierigen Themenstellung (Montagetechnik, satirische Sprachhaltung) nur schwer durchzuhalten.

3. Die einzelnen Themen müssen Berührungspunkte und Überschneidungen aufweisen (gruppenübergreifende Fragestellungen), damit bei der Auswertung eine

gruppenübergreifende Diskussion in Gang kommen kann; ein bloßes Referieren der einzelnen Gruppenergebnisse ist methodisch nicht vertretbar.

4. Da einige Themenkomplexe von der Gruppenarbeit her kaum vollständig zu erfassen sind und dann notwendigerweise vom Lehrer ergänzt und im Plenum bearbeitet werden, müssen die gruppenorientierten Phasen genau auf die mehr lehrerzentrierten Phasen abgestimmt werden.

5. Da die Arbeit in der Bibliothek einbezogen werden soll, sollten die in der Bibliothek bearbeiteten Themenkomplexe möglichst in einem Zusammenhang stehen zu der jeweiligen Thematik der Gruppen.

6. Da ein zentrales Anliegen der UE auch darin besteht, die Schüler in bestimmte Arbeitstechniken und Sozialformen des Deutschunterrichts einzuführen, müssen die Aufgaben für die Gruppen so gestellt werden, daß diese Arbeitstechniken und Sozialformen eingeübt werden können.

Aus diesen Überlegungen heraus ergibt sich für uns die folgende Konzeption (siehe Übersicht S. 68).

Die gruppenspezifischen Fragestellungen sind so konzipiert, daß sich eine erste Fragestellung jeweils nur unter Heranziehung von Informationen aus einer Bibliothek bearbeiten läßt, während zur Beantwortung des zweiten Fragenkomplexes die aus der Bibliotheksarbeit gewonnenen Informationen auf die Romanlektüre angewandt werden müssen. Dieses Prinzip konnte allerdings nicht ganz konsequent durchgehalten werden. Klar erkennbar erscheint der Zusammenhang zwischen Informationsbeschaffung und Romananalyse bei der Gruppe I (Kaiser) und IV (Parteien), wo jeweils ein direkter Bezug hergestellt werden kann. Dieser Zusammen-

Die Fragestellungen für die Gruppenarbeit und die gruppenübergreifenden Fragestellungen

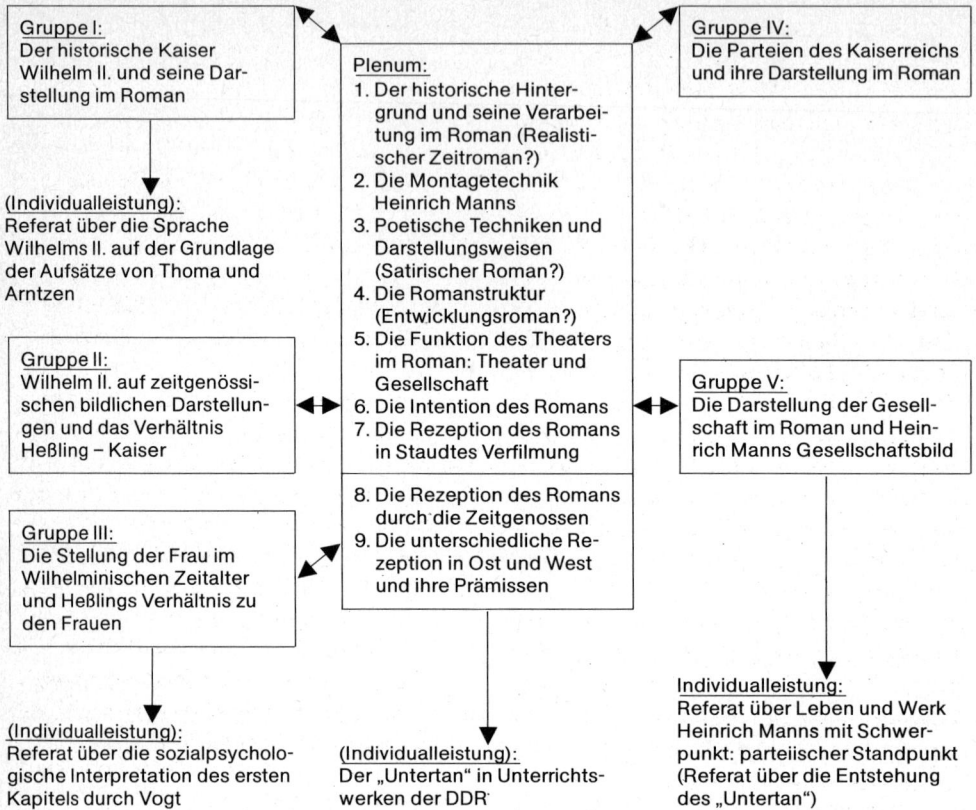

Gruppe I:
Der historische Kaiser
Wilhelm II. und seine Dar-
stellung im Roman

(Individualleistung):
Referat über die Sprache
Wilhelms II. auf der Grundlage
der Aufsätze von Thoma und
Arntzen

Gruppe II:
Wilhelm II. auf zeitgenössischen bildlichen Darstellungen und das Verhältnis
Heßling – Kaiser

Gruppe III:
Die Stellung der Frau im
Wilhelminischen Zeitalter
und Heßlings Verhältnis zu
den Frauen

Plenum:
1. Der historische Hintergrund und seine Verarbeitung im Roman (Realistischer Zeitroman?)
2. Die Montagetechnik
   Heinrich Manns
3. Poetische Techniken und
   Darstellungsweisen
   (Satirischer Roman?)
4. Die Romanstruktur
   (Entwicklungsroman?)
5. Die Funktion des Theaters
   im Roman: Theater und
   Gesellschaft
6. Die Intention des Romans
7. Die Rezeption des Romans
   in Staudtes Verfilmung

8. Die Rezeption des Romans
   durch die Zeitgenossen
9. Die unterschiedliche Rezeption in Ost und West
   und ihre Prämissen

Gruppe IV:
Die Parteien des Kaiserreichs
und ihre Darstellung im Roman

Gruppe V:
Die Darstellung der Gesellschaft im Roman und Hein-
rich Manns Gesellschaftsbild

Individualleistung:
Referat über Leben und Werk
Heinrich Manns mit Schwer-
punkt: parteiischer Standpunkt
(Referat über die Entstehung
des „Untertan")

(Individualleistung):
Referat über die sozialpsycholo-
gische Interpretation des ersten
Kapitels durch Vogt

(Individualleistung):
Der „Untertan" in Unterrichtswerken der DDR

hang ist bei Gruppe II nicht direkt gegeben. Die Analyse des Verhältnisses von Kaiser und Heßling kann kaum auf historische Realien zurückgeführt werden. Hier liegt der Bezug zwischen den beiden Fragenkomplexen auf einer anderen Ebene: Das Verhältnis von Heßling und Kaiser ist im Roman durch stark groteske, karikaturhafte und satirische Züge gekennzeichnet, ohne daß dabei der Kaiser selbst davon betroffen wäre. Heßling imitiert den Kaiser in völlig unangemessener Weise, übertreibt dessen Verhaltensweisen und Sprachduktus, so daß er so im Roman erscheint wie Wilhelm II. in den zeitgenössischen Karikaturen. Zudem haben Heßlings theatralische Posen, auf die Wolfgang Buck immer wieder hinweist, vieles gemein mit je-

nen Posen, in denen sich Wilhelm II. auf zeitgenössischen Photographien zeigt. Wenn also Gruppe II sich mit bildlichen Darstellungen Wilhelms II. und mit dem Verhältnis Wilhelm II.–Heßling beschäftigt, wird hier eine Transferleistung, wie sie oben beschrieben wurde, von den Schülern erwartet, die ihnen den Blick für spezifische Gestaltungsweisen Heinrich Manns öffnen kann.
Bei der Gruppe V hätte es sich zunächst angeboten, von einer historisch-soziologischen Analyse des Wilhelminischen Zeitalters auszugehen und diese mit der Darstellung der Gesellschaft im Roman zu vergleichen. Dieses Verfahren wird jedoch die meisten Schüler überfordern, weswegen wir uns hier mit einem verkürzten Verfahren begnügen: Aus

der Biographie Heinrich Manns sollen die Schüler Daten entnehmen, die auf das Welt- und Gesellschaftsbild Heinrich Manns verweisen – daher wird dieser Gruppe das Referat zu Leben und Werk Heinrich Manns zugeordnet –, und diese Daten sollen dann ergänzt werden durch Informationen aus Heinrich Manns Essay ‚Kaiserreich und Republik‘, der als theoretisches Pendant zum ‚Untertan‘ angesehen werden kann. Ein zusätzlicher Akzent wird dadurch gesetzt, daß die Schüler versuchen, anhand ausgewählter Blätter des Simplicissimus sich ein Bild darüber zu verschaffen, wie diese satirische Zeitschrift die Wilhelminische Gesellschaft sieht; ein Verfahren, das nahe liegt, da die Mittel dieser Zeitschrift den poetischen Mitteln des ‚Untertan‘ sehr nahe kommen. Auf diese Weise werden die Schüler angehalten, bei der Romanlektüre darauf zu achten, wie Heinrich Mann die Gesellschaft darstellt.

Die einzelnen Fragestellungen für die Gruppenarbeit sind eng aufeinander bezogen. Gruppe I bis III liest den Roman unter dem Blickwinkel, wie einzelne Personen – Heßling, der Kaiser und die Frauen – dargestellt werden. Ihre Fragestellungen können jedoch nur angemessen beantwortet werden, wenn auch gesellschaftliche Faktoren, die diese Personen bestimmen, beachtet werden; diese Faktoren rücken dann die Gruppen IV und V ins Zentrum ihrer Überlegungen. Umgekehrt kann die Frage nach der Darstellung der Gesellschaft wiederum nicht ohne die Analyse der einzelnen Personen und ihrer Interaktionen beantwortet werden. Hier zeigt sich deutlich, daß die Gruppenergebnisse immer wieder aufeinander bezogen und gruppenübergreifend diskutiert werden müssen. Auch innerhalb dieser beiden Untersuchungsebenen, Individualebene und Gesellschaftsebene, sind die Gruppen in ihrer Fragestellung eng verbunden: Die Fragestellung der Gruppe I wird in die Fragestellung der Gruppe II hinüberweisen, wenn erkannt wird, daß Persönlichkeitsmerkmale und Verhaltensweisen von Wilhelm II. weniger auf den Romankaiser als vielmehr auf Heßling übertragen werden. Das Verhältnis Heßling–Kaiser (Gruppe II) erscheint als „Konkurrenz“ zum Verhältnis Heßling–Frauen (Gruppe III), als z. B. das Private für Heßling immer gegenüber dem Politischen zurücktreten muß. Schließlich kann das Gesellschaftsbild Heinrich Manns sowohl von der Personenkonstellation (Gruppe V) als auch von der Darstellung der Parteien (Gruppe IV) her ins Blickfeld rücken. Beide Komplexe erscheinen miteinander durch die Personengestaltung verknüpft, da die einzelnen Personen als Vertreter bestimmter gesellschaftlicher Gruppen und politischer Parteien auftreten. All diese Bezüge sollten genutzt werden, um die Gruppen immer wieder untereinander ins Gespräch zu bringen, wobei allerdings das durchgehende Planungsprinzip von der Individualproblematik zur Gesellschaftsproblematik sauber durchgehalten werden sollte.

Bewußt werden für die Gruppenarbeit relativ einfache Themenbereiche ausgewählt, die Schüler selbständig unter Benutzung der Informationen, welche ihnen die üblichen Bibliotheken (notfalls auch Schüler- bzw. Lehrerbibliotheken) bieten, bearbeiten können. Die schwierigeren Themen wurden dagegen aus der Gruppenarbeit herausgenommen, sie werden in lehrerzentriertem Unterricht vom Lehrer her methodisch-didaktisch vermittelt in die Klasse eingebracht. Die Themen sind bewußt so gewählt, daß sich die Themen der Gruppenarbeit berühren, wodurch es möglich wird, daß hier jede Gruppe ihren Beitrag einbringen kann und auch hier ein gruppenübergreifendes Gespräch zustande kommen kann. So wird zunächst schon bei der Zusammenfassung der einzelnen Gruppenergebnisse deutlich, wieviel an historischer Faktizität aus sehr unterschiedlichen Bereichen in den Roman eingearbeitet wurde, wodurch zunächst einmal der Eindruck entsteht, hier liege ein realistischer Zeitroman vor.

Daran schließt sich unmittelbar die Frage nach der Montagetechnik an, von wo aus der Übergang zur satirischen Sprachhaltung möglich wird. Satirische Elemente und damit zusammenhängend Elemente der Montage lassen sich leicht von der Themenstellung für die Gruppenarbeit her auf den unterschiedlichsten Gebieten nachweisen. Von hier aus oder aber auch vom Dia-Vortrag der Gruppe II aus kann der Übergang zum Plenumsthema ‚Theater und Gesellschaft' (Die Theaterpose als Pose der Gesellschaft) geschafft werden. Ausgehend von den Ergebnissen der Gruppenarbeit I bis III, aber auch von der Analyse des ersten Kapitels, kann die Frage, Entwicklungsroman oder nicht, gestellt werden. Alle Gruppenergebnisse werden notwendigerweise auf die Frage nach den Romanintentionen ausgerichtet sein. Wird die Staudtesche Verfilmung in die UE einbezogen, so können alle Gruppen, ausgehend von ihrer spezifischen Fragestellung, leicht erkennen, in welcher Weise Staudte hier neue Akzente setzt. In all diesen Fällen wird deutlich, daß durch diese Anordnung der Fragestellungen für die Gruppen Ergebnisse der einzelnen Gruppen immer wieder auf grundsätzliche Darstellungsweisen des Romans, wie sie in den Fragestellungen für das Plenum formuliert wurden, bezogen werden können. Die gruppenübergreifenden Themen 8 und 9 fallen insofern aus dem Zusammenhang heraus, als hier kein unmittelbarer Bezug zu den Themenstellungen der Gruppenarbeit besteht.

Den einzelnen Arbeitsgruppen können bestimmte Referate, die in individueller Arbeit zu leisten sind, zugeordnet werden, wobei diese Referate entweder in die Gruppenarbeit eingebracht werden, quasi als Spezialaufträge für bestimmte Gruppenmitglieder, oder im Plenum vorgetragen werden können. Wo die Themenstellungen für die Referate in unserer Übersicht in Klammern erscheinen, sind fakultativ.

Diese wenigen Hinweise zeigen, um was es geht: Verbindungslinien zwischen den einzelnen Gruppen und ihrer Arbeit zu finden, die es dem Lehrer bei der Auswertung der Gruppenarbeit immer wieder ermöglichen, die Gruppen aufeinander zu beziehen und über neue Fragestellungen miteinander ins Gespräch zu bringen. Wo jeweils der Punkt erreicht ist, an dem die Thematik der einzelnen Gruppen in eine gruppenübergreifende Thematik überführt wird, kann kaum abstrakt bestimmt werden, dies muß sich jeweils aus der aktuellen Unterrichtssituation heraus ergeben. Mit dieser Organisationsform ist gewährleistet, daß sich der Schüler nicht überfordert fühlt, da die schwierigen Themen immer vom Lehrer eingebracht werden, während die leichteren Themen, deren Bearbeitung als Voraussetzung für die Bewältigung der schwierigeren Themen anzusehen sind, von den Schülern selbständig bearbeitet werden.

6.3.3. Externe und interne Steuerung der Gruppenarbeit

Ausgehend von der Aufteilung der Fragestellungen in gruppenspezifische und gruppenübergreifende Fragestellungen läßt sich die externe und interne Organisation und Steuerung der Gruppenarbeit genauer darstellen. Um die Orientierung zu erleichtern, geben wir wieder eine Übersichtsskizze bei (vgl. S. 72).

In einer der UE zum ‚Untertan' vorgelagerten UE ‚Epische Kleinformen' sammelt der Schüler Erfahrungen mit der Gruppenarbeit, indem die Schüler, nach einer Einführung in die UE durch den Lehrer, sich anhand von unterschiedlichem Textmaterial innerhalb der einzelnen Gruppen einen Gattungsbegriff erarbeiten. In der UE zum ‚Untertan' selbst erfolgt dann die Steuerung hin zur Gruppenarbeit zunächst sehr unauffällig, indem die Schüler bei der Einführung in die Benutzung einer Bibliothek mit ‚Material' zu Heinrich Mann konfrontiert werden, das sinnvollerweise in Arbeitsteilung bewältigt wird. Daraufhin erfolgt die Konfrontation mit Themenstellungen für die Gruppenarbeit (die oben ausgeführte Alternative bleibt hier unberücksichtigt), die sich die Schüler nach ihren Vorlieben auswählen können: Der historisch interessierte Schüler wird zur Gruppe IV und V neigen, der an großen Persönlichkeiten Interessierte wird Gruppe I wählen, der kunsthistorisch Interessierte Gruppe II und der an Psychologie Interessierte (nach entsprechender Zusatzinformation) die Gruppe III oder II. Die Schüler wählen hier zunächst einmal auf Vorschlag des Lehrers einen Themenkomplex aus, auf den hin sie den Roman lesen möchten. Eine weitere externe Steuerung der Gruppenarbeit erfolgt durch die gemeinsame Lektüre des ersten Kapitels, in dem alle Themen des Romans bereits aufscheinen. Im gemeinsamen Gespräch sollen hier die Themenstellungen erläutert und ausdifferenziert werden. Haben die Schüler bei der Analyse des ersten Kapitels einmal erfahren, wie ihr Thema im Roman, speziell in der Exposition, faßbar wird, so vermögen sie leicht, innerhalb der Gruppe ihre sehr offene Leitfrage in einzelne Fragen aufzulösen. Darin wäre der Beginn einer gruppeninternen Steuerung der UE zu sehen.

Geht der Unterricht dann in die eigentliche Phase der Gruppenarbeit über, so wechseln sich gruppeninterne und -externe Steuerungsmechanismen ab. Das gilt in erster Linie für die Alternative II. Die Gruppenarbeit in Alternative I dient lediglich dazu, die in individueller Hausarbeit geleisteten Ergebnisse zu einem Gruppenergebnis aufzulisten, wobei die Aufgabenstellungen vom Lehrer in Form eines Arbeitsblatts vorgegeben sind. Bei Alternative II dagegen wird die Arbeit der Gruppe gruppenintern im arbeitsteiligen Verfahren organisiert.

Wählt der Lehrer die Alternative II zur Gruppenarbeit, so müssen notwendigerweise gruppeninterne Steuerungsmechanismen in Gang gesetzt werden, die ihrerseits eines Anstoßes von außen bedürfen. Der Sinn dieses Verfahrens liegt darin, daß die Schüler lernen, selbständig eine Aufgabe im Teamwork zu bewältigen. Mit anderen Worten, sie müssen lernen, die Gruppenarbeit intern selbst zu organisieren, was wiederum nur möglich ist, wenn gruppenspezifische Arbeitsformen angewandt werden. Eine derartige gruppeninterne Organisation der Arbeit kann der Schüler kaum ohne Hilfe bewältigen; diese spezifische Organisationsform muß vielmehr schrittweise vorbereitet und dann auch systematisch reflektiert werden. Die Vorarbeiten hierzu beginnen in der Bibliothek, wo auch die Notwendigkeit des arbeitsteiligen Prinzips den Schülern deutlich werden sollte. Dies geschieht am geschicktesten über das Bibliographieren im Zusammenhang mit der gruppenspezifischen Vorbereitung der UE. Ist das Material zur Bewältigung der gruppenspezifischen Fragestellung zusammengestellt, ergibt sich automatisch die Notwendigkeit, dieses Material arbeitsteilig aufzuarbeiten. Ein zweiter Anstoß zum arbeitsteiligen Prinzip erfolgt dann, wenn bei der Analyse des ersten Kapitels die allgemeinen Fragestellungen für die Gruppen ausdifferenziert werden; hier bietet es sich wiederum an, daß die Bearbeitung der einzelnen Fragen auf die Gruppenmitglieder verteilt wird. Um den Schülern gewisse Hilfestellungen für die gruppeninterne Organisation der Arbeit zu geben, werden frühzeitig zwei Stunden eingeplant, in denen derartige Probleme besprochen werden sollen. Zunächst muß in diesen Stunden geklärt werden, wie die Arbeit organisiert werden kann, wie Individualleistungen zu einem Gruppenergebnis koordiniert werden können und wie dann dieses Ergebnis überprüft werden kann. In einer zweiten Stunde sollte reflektiert werden, welche Möglichkeiten sich der Gruppe anbieten, ihre Ergebnisse der Klasse so zu präsentieren, das diese sich nicht langweilt und einen Lerngewinn hat. Was hier zunächst

Externe und interne Steuerung der Gruppenarbeit

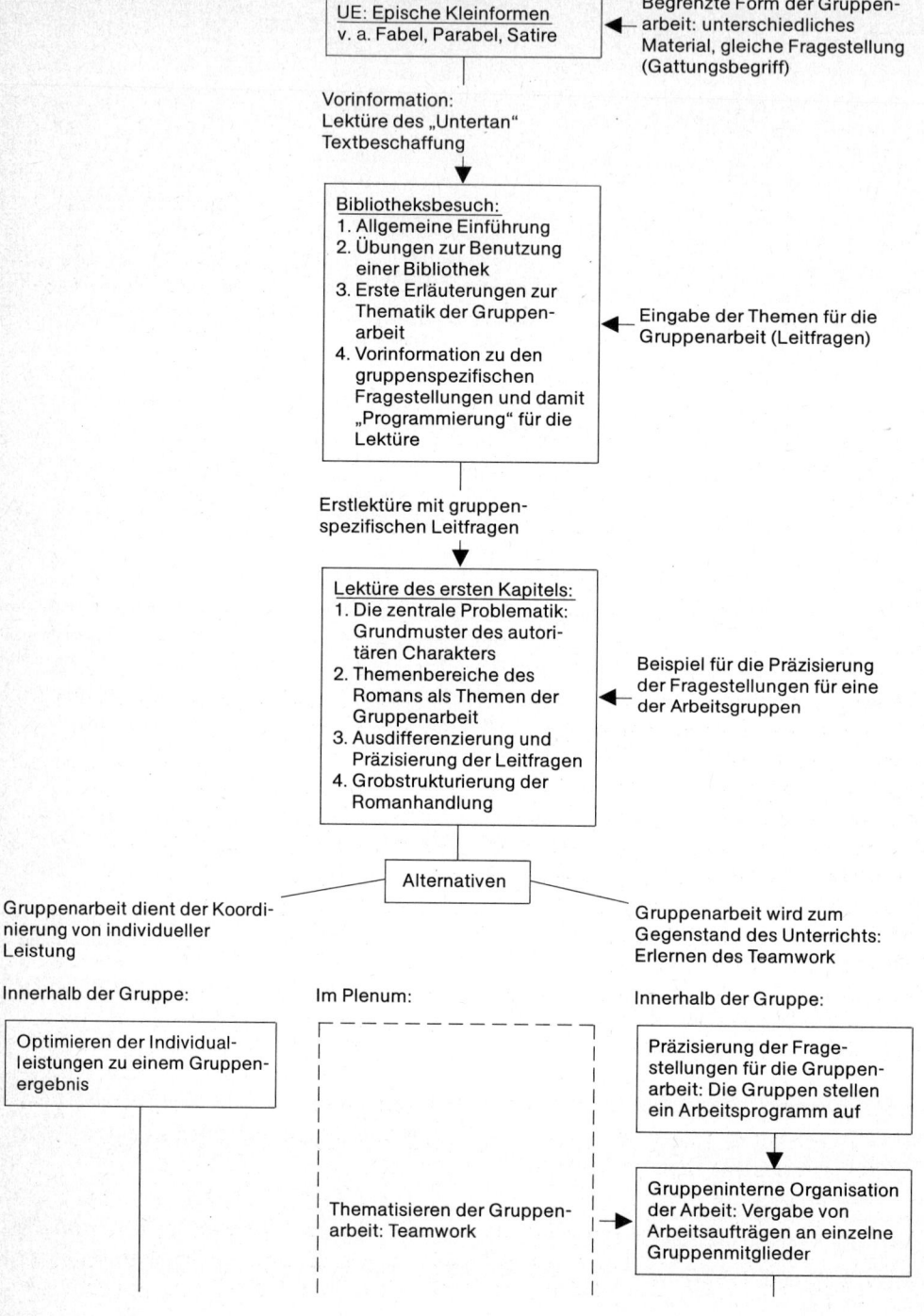

UE: Epische Kleinformen
v. a. Fabel, Parabel, Satire

Begrenzte Form der Gruppen-
arbeit: unterschiedliches
Material, gleiche Fragestellung
(Gattungsbegriff)

Vorinformation:
Lektüre des „Untertan"
Textbeschaffung

Bibliotheksbesuch:
1. Allgemeine Einführung
2. Übungen zur Benutzung
   einer Bibliothek
3. Erste Erläuterungen zur
   Thematik der Gruppen-
   arbeit
4. Vorinformation zu den
   gruppenspezifischen
   Fragestellungen und damit
   „Programmierung" für die
   Lektüre

Eingabe der Themen für die
Gruppenarbeit (Leitfragen)

Erstlektüre mit gruppen-
spezifischen Leitfragen

Lektüre des ersten Kapitels:
1. Die zentrale Problematik:
   Grundmuster des autoritären Charakters
2. Themenbereiche des
   Romans als Themen der
   Gruppenarbeit
3. Ausdifferenzierung und
   Präzisierung der Leitfragen
4. Grobstrukturierung der
   Romanhandlung

Beispiel für die Präzisierung
der Fragestellungen für eine
der Arbeitsgruppen

Alternativen

Gruppenarbeit dient der Koordinierung von individueller
Leistung

Gruppenarbeit wird zum
Gegenstand des Unterrichts:
Erlernen des Teamwork

Innerhalb der Gruppe:

Im Plenum:

Innerhalb der Gruppe:

Optimieren der Individualleistungen zu einem Gruppenergebnis

Präzisierung der Frage-
stellungen für die Gruppenarbeit: Die Gruppen stellen
ein Arbeitsprogramm auf

Thematisieren der Gruppenarbeit: Teamwork

Gruppeninterne Organisation
der Arbeit: Vergabe von
Arbeitsaufträgen an einzelne
Gruppenmitglieder

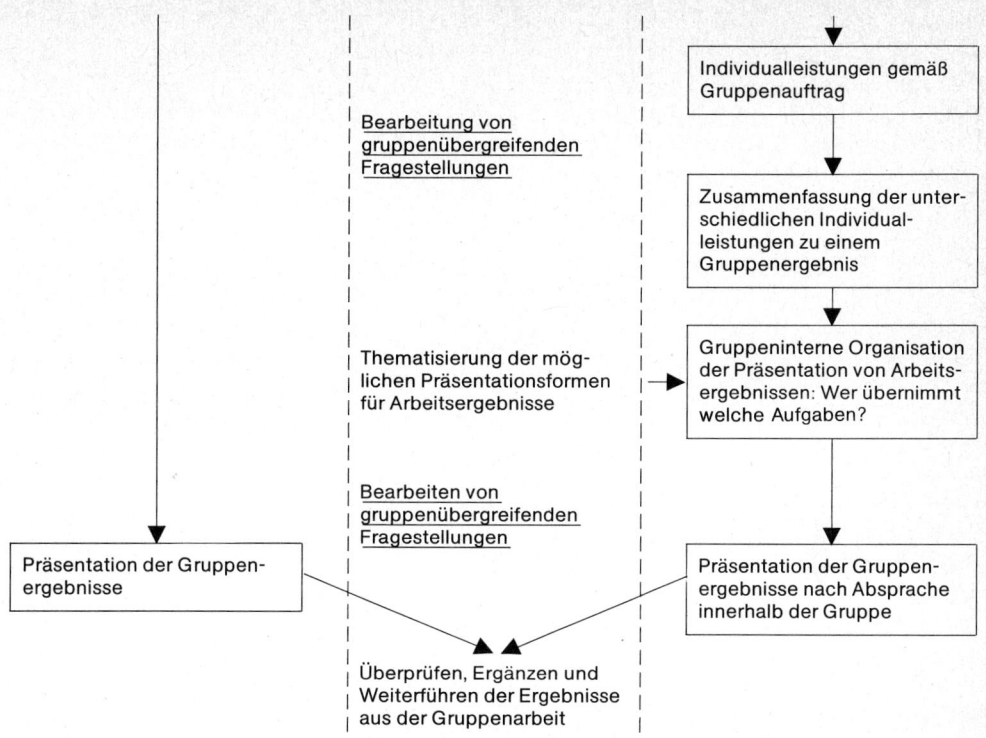

theoretisch im Plenum erörtert und als Ergebnis festgehalten wird, wird anschließend in den Gruppen erprobt. Auf dieser Grundlage können die Gruppen dann ihre Arbeit organisieren, d.h., ihre Fragestellungen und Materialien auf Gruppenmitglieder aufteilen, einen Zeitplan erstellen, aus dem hervorgeht, wer in welcher Form zu welcher Zeit eine bestimmte Leistung in die Gruppe einbringt, und bestimmen, in welcher Form und durch welche Gruppenmitglieder die Ergebnisse der Gruppe dem Plenum mitgeteilt werden sollen.

6.4. Die Arbeitsblätter
für die Gruppenarbeit

Arbeitsblätter, welche die Romanlektüre der Schüler begleiten, gängeln die Schüler meist auf unzumutbare Weise und verhindern damit auch, daß die Schüler lernen, selbst an einen Text Fragen zu stellen. Andererseits können Arbeitsblätter die auf die Lektüre folgende Romananalyse sehr genau vorstrukturieren und damit dem Lehrer die Unterrichtsarbeit sehr erleichtern. Wieweit der Schüler gegängelt werden soll oder muß, sollte jeweils in das Ermessen des Lehrers gestellt werden, der dabei den Leistungsstand der Klasse im Auge behalten wird. Unsere Arbeitsblätter (vgl. S. 75 ff.) sind so formuliert, daß sie jederzeit auf die jeweils aktuelle Klassensituation hin modifiziert werden können.

Die Arbeitsblätter sind zunächst zweiteilig aufgebaut: Ein erster Teil (A) bezieht sich auf die in der Bibliothek zu leistende Vorarbeit für die UE und sollte ohne Kenntnis des Romans geleistet werden; ein zweiter Teil (B) bezieht sich dabei auf die Romanlektüre bzw. -analyse. Teil A soll die Schüler für eine bestimmte Sehweise sensibilisieren; die Fragestellungen beziehen sich hier durchweg auf den historischen und biographischen Hintergrund des Romans bzw. des Autors. Aus zeitökonomischen Gründen und um die Arbeit nicht ins Uferlose ausdehnen zu lassen, wurde dieser Teil an die Form echter Arbeitsblätter angelehnt. Es geht in diesem Abschnitt nicht darum, Fragestellungen des Geschichtsunterrichts in methodisch vertretbarer Weise aufzubereiten, es geht vielmehr darum, den Schülern ein Raster vorzugeben, mit dessen Hilfe die Voraussetzungen dafür geschaffen werden, daß die Schüler die Frage beantworten können, nach welchen Prinzipien Heinrich Mann die historischen Faktizitäten auswählt und wie und zu welchem Zweck er diese in seinem Roman verarbeitet. Der zweite Teil des Arbeitsblattes besteht zunächst nur aus einer weit gefaßten Leitfrage, die die Erstlektüre begleiten soll; sie wird dann während oder nach der Lektüre ausdifferenziert. Ob diese Ausdifferenzierung den Gruppen selbst überlassen wird oder ob sie mit den Schülern gemeinsam geleistet wird, hängt von der Leistungsfähigkeit der Klasse ab. Auf alle Fälle sollte aber eine derartige Ausdifferenzierung erfolgen, denn nur so ist eine gewisse Gewähr gegeben, daß in den Gruppen die wesentlichen Aspekte des Romans auch angesprochen werden. Bei schwächeren Klassen mit nur geringer Selbständigkeit und Lesemotivation wird man gleich die ausdifferenzierte Form des Arbeitsblattes vorlegen. In jedem Fall sollte aber langfristig das Ziel darin gesehen werden, daß sich die Schüler nach der Romanlektüre ihr Programm für eine Analyse selbst aufstellen.

Was in den Arbeitsblättern halbfett erscheint, wird vom Lehrer vorgegeben. Die Ausdifferenzierung der Fragestellung – die nach Möglichkeit von den Schülern selbst zu leisten ist – erscheint in Grundschrift.

Arbeitsblatt I

UE: Heinrich Mann „Der Untertan" Arbeitsgruppe I	Das Bild Wilhelms II. in der Geschichtsschreibung und im Roman

A. 1. In welchen Geschichtswerken findet man in konzentrierter Form eine Darstellung Kaiser Wilhelms II.?

Geschichtswerk/ Seitenangaben	Wie wird der Kaiser charakterisiert und beurteilt?

B 2. Die Darstellung Wilhelms II. im Roman

— Welche Textpassagen müßten zur Beantwortung dieser allgemeinen Fragestellung herangezogen werden?

— In welchem Handlungszusammenhang tritt der Kaiser im Roman auf, und welche Funktionen erfüllt er dabei?

— In welchem Verhältnis stehen historischer Kaiser und Romankaiser?

— Auf welche Weise geht das historische Bild des Kaisers in den Roman ein (Übereinstimmung, Abweichung, Akzentuierung)?

— Wie sieht und beurteilt Heinrich Mann Kaiser Wilhelm II.?

— Welcher Mittel bedient sich Heinrich Mann, um sein Bild von Kaiser Wilhelm II. dem Leser zu vermitteln?

— Kann aus der Art und Weise, wie Heinrich Mann den historischen Kaiser darstellt, auf eine bestimmte Intention des Autors geschlossen werden?

— Wie wird Wilhelm II. in der Staudte-Verfilmung des „Untertan" gesehen?

Arbeitsblatt II

UE: Heinrich Mann „Der Untertan" Arbeitsgruppe II	Wilhelm II. auf zeitgenössischen bildlichen Darstellungen und das Verhältnis Heßling – Kaiser

A. 1. Wie erscheint der Kaiser auf zeitgenössischen bildlichen Darstellungen?

Fundstellen: Literaturangabe mit Seitenzahlen	Charakterisierung der Darstellung

1.1 Offizielle Darstellung auf Photographien und Gemälden

1.2. Karikaturen (Beachten Sie dabei v. a. die Zeitschrift „Simplicissimus")

1.3. Kaiser-Wilhelm-Denkmäler (Wilhelm I.)

2. Stellen Sie aus dem gefundenen Material eine Tonbildschau zusammen, indem Sie charakteristische Beispiele auswählen und diese kurz dokumentieren.

3. Wo wird diese Art der Darstellung Wilhelms II. im Roman wieder greifbar? Bestehen Parallelen zwischen den bildlichen Darstellungen und der Personengestaltung Heinrich Manns?

B. 4. Das Verhältnis Heßling – Kaiser
— Anhand welcher Textpassagen kann das Verhältnis Heßling – Kaiser besonders gut charakterisiert werden?
— Wie kann dieses Verhältnis charakterisiert werden?
— Wie entwickelt sich dieses Verhältnis?
— Worauf beruht dieses Verhältnis?
— Wie stellt sich dieses Verhältnis aus der Sicht des Kaisers, wie aus der Sicht Heßlings dar?
— Welche Intentionen verfolgt Heinrich Mann mit dieser Darstellung des Verhältnisses Heßling – Kaiser?
— Welcher Mittel bedient sich Heinrich Mann, diese Intention zu verdeutlichen?

— Mit welchen filmischen Mitteln gestaltet Staudte in seiner „Untertan"-Verfilmung das Verhältnis Heßling – Kaiser?

Arbeitsblatt III

UE: Heinrich Mann „Der Untertan" Arbeitsgruppe III	Die Stellung der Frau im Wilhelminischen Zeitalter und Heßlings Verhältnis zu den Frauen

A. 1. In welchem Verhältnis stehen Mann und Frau im Wilhelminischen Zeitalter? Welche Werke können zur Beantwortung dieser Frage herangezogen werden?

Fundstellen: Literaturangabe mit Seitenzahlen	Charakterisierung des Verhältnisses von Mann und Frau

2. Stellen Sie bitte Bildmaterial zur Familie im Wilhelminischen Zeitalter zusammen (Familienbilder)

Fundstellen: Literaturangaben mit Seitenzahlen	Wie erscheint auf diesen Bildern das Verhältnis von Mann und Frau?

3. Stellen Sie bitte aus dem gefundenen Material eine Tonbildschau zusammen, indem Sie charakteristische Beispiele auswählen und diese kurz kommentieren!

B. 4. Heßlings Verhältnis zur Frau

— Welche Textpassagen müßten v. a. berücksichtigt werden, um das Verhältnis Heßlings zu den Frauen angemessen bestimmen zu können?

— Charakterisieren Sie die Frauen, zu denen Heßling in engeren Kontakt tritt, und versuchen Sie, ihre Funktion bzw. Bedeutung für Heßling zu bestimmen!

— Stimmen die Frauen in ihren Grundzügen überein? Lassen Sie sich zu bestimmten Gruppen zusammenfassen?

— Welche Stellung und Funktion kommt der Frau nach Heßlings Auffassung innerhalb und außerhalb der Familie zu?

— Bestimmen Sie bitte Heßlings Verhältnis zur Frau, insbesondere zur Sexualität, indem Sie die im Unterricht entwickelte sozialpsychologische Begrifflichkeit benutzen.

— Vogt formuliert in bezug auf Heßling „allem Genuß haftet das Bewußtsein von Schuld an". Wo zeigt sich dies in Heßlings Verhältnis zu den Frauen, und wie bewältigt er dieses Schuldgefühl?

— Wie werden die Frauen und Heßlings Verhältnis zu den Frauen in der „Untertan"-Verfilmung im Vergleich zum Roman gezeichnet?

UE: Heinrich Mann „Der Untertan" Arbeitsgruppe IV	Die Parteien des Kaiserreichs und ihre Darstellung im Roman

A. 1. In welchen Büchern kann man sich kurz über die Parteien des Kaiserreichs und ihre Programme informieren?

2. Welches sind die wichtigsten Parteien im Kaiserreich, und welche Programme verfolgen sie?

Parteien/ Vertreter	Parteiprogramme in Stichworten	Bedeutung im politischen System des Kaiserreichs

B. 3. Die Darstellung der Parteien im Roman

— Welche Parteien werden im Roman dargestellt, und durch wen werden sie repräsentiert?

— Welche Programme stehen im Wahlkampf einander gegenüber?

— Wie sieht Heßling die Parteien?

— Wie werden die Parteien dargestellt, und welche Absicht des Autors steht hinter dieser Darstellungsweise?

— In welchem Verhältnis stehen hier politische Realität und ihre Darstellung im Roman (bezogen auf die Parteien)?

— Läßt sich aus dem Roman ein parteipolitischer Standort des Autors herauskristallisieren?

— Vergleichen Sie die Darstellung der Parteien im Roman und in der Romanverfilmung durch Staudte!

Arbeitsblatt V

UE: Heinrich Mann „Der Untertan" Arbeitsgruppe V	Die Darstellung der Wilhelminischen Gesellschaft im Roman und das Gesellschaftsbild Heinrich Manns

A. 1. Welche Werke informieren über Leben und Werk Heinrich Manns?

2. Welche Fakten aus der Biographie Heinrich Manns verweisen auf seine politischen Anschauungen und auf sein Bild von der Gesellschaft?

Fakten	Gesellschaftsbild/Politische Anschauungen

3. Wo findet man Äußerungen Heinrich Manns zur Gesellschaft und Politik des Kaiserreichs?

Fundstellen	Auffassungen

4. Wie stellt die satirische Zeitschrift „Simplicissimus" die einzelnen gesellschaftlichen Gruppen dar? Stellen Sie bitte zu diesem Komplex eine Tonbildschau zusammen!

Ausgewähltes Bildmaterial mit Seitenangaben	Gesellschaftliche Gruppe	Kommentierung des Bildmaterials

B. 5. Die Darstellung der Wilhelminischen Gesellschaft im Roman

- Welche Textpassagen müßten herangezogen werden, um Heinrich Manns Darstellung der Gesellschaft erfassen zu können? Wo wird „Gesellschaft" im Roman greifbar?
- Welche gesellschaftlichen Gruppierungen lassen sich im Roman unterscheiden, und durch welche Personen werden sie vertreten? Wie lassen sich die Gruppen einander zuordnen?
- Wie sieht Heßling, wie die anderen Personen des Romans die Gesellschaft des Wilhelminischen Zeitalters?
- Wie stellt Heinrich Mann die Gesellschaft dar, welcher Mittel bedient er sich dabei?
- Welches Bild von der Gesellschaft wird im Roman faßbar?

- Welcher Mittel bedient sich Staudte in der „Untertan"-Verfilmung, um die Wilhelminische Gesellschaft darzustellen?

7. Die Darstellung der einzelnen Stunden

7.1. Die Darstellung der Stunden auf den Stundenblättern

Die einzelnen Stunden werden auf zweifache Weise dokumentiert: Ein ausführlicher Kommentar zu jeder Stunde reflektiert die methodisch-didaktischen Aspekte der einzelnen Stunden und bietet Alternativen zur Unterrichtsgestaltung an, unter denen der Lehrer entsprechend seiner aktuellen Klassensituation auswählen kann. Dieser Kommentar soll jeweils der individuellen Unterrichtsvorbereitung dienen. Die eigentlichen Stundenblätter geben in konzentrierter Form eine Übersicht über den Unterrichtsverlauf und stellen so eine Orientierungshilfe für den Unterricht dar. Die Auseinandersetzung mit den im Kommentar angebotenen Alternativen sollte gegebenenfalls zu einer Modifizierung des jeweiligen Stundenblattes oder sogar zu einer Neuformulierung führen.

Die einzelnen Stundenblätter nennen zunächst einmal das Thema der jeweiligen Stunde und beziehen dieses auf die Unterrichtssequenz. Das einzelne Stundenblatt kann sowohl eine Einzel- als auch eine Doppelstunde umfassen, wobei die Doppelstunde gelegentlich auf eine Einzelstunde reduziert werden kann, wenn einzelne Phasen weggelassen oder über die vorbereitenden Hausaufgaben bearbeitet werden. Ein Teil der Stundenblätter ist mit den durchlaufenden Stundennummern 1 bis 25 bezeichnet; diese Stundenblätter bilden eine durchgehende Konzeption. Daneben stehen Zusatzstunden (Z): Sie bezeichnen einmal Stunden, die als eine Art Exkurs innerhalb der Einheit neue Akzente setzen; darüber hinaus repräsentieren diese Z-Stunden Stunden, die an die Stelle der durch die Gruppenarbeit bestimmten Stunden treten oder diese ergänzen kön-

nen. Umfang und Qualität von Gruppenergebnissen können kaum vorhergesehen werden. Gelegentlich müssen daher Themen, die von den Gruppen nicht oder nur teilweise erfaßt worden sind und die für den weiteren Unterrichtsverlauf wichtig sind, zusätzlich in den Unterricht eingebracht werden. Hier sollen die Z-Stunden, sei es als Ganzes oder in ihren einzelnen Phasen, Anregungen bieten. Dementsprechend muß ihr Einsatz sehr flexibel gehandhabt werden.

Die Stundenblätter sind in drei, genau aufeinander bezogene Spalten gegliedert:

Spalte 1:
benennt die einzelnen Phasen des Unterrichts und artikuliert diesen damit thematisch; diese Phasen können von Fall zu Fall auch umgestellt werden, sie sollten als Bauelemente des Unterrichts angesehen werden.

Spalte 2:
benennt für die einzelnen Phasen Methoden, Sozialformen und Medien, darüber hinaus auch Fragestellungen, die in den Unterricht eingebracht werden können. Hier wurde darauf geachtet, daß den Schülern möglichst viel Abwechslung geboten wird (Artikulation des Unterrichts über die Methoden).

Spalte 3:
enthält mögliche Unterrichtsergebnisse für die einzelnen Phasen, was auf unterschiedliche Weise geschieht. Hier werden einerseits die Aspekte, die innerhalb der Phase angesprochen werden sollten, benannt – dies verstanden als Orientierungshilfen für den Lehrer –, andererseits werden hier Tafelanschriebe aufgenommen, soweit sich diese auf die einzelnen Phasen beziehen. Ansonsten sind Tafelanschriebe an das Ende des jeweiligen Stundenblattes gerückt.

Soweit Hausaufgaben erforderlich werden, sind diese, sozusagen als Voraussetzung einer Stunde, an den Beginn des Stundenblattes gestellt. Es wird davon ausgegangen, daß sich die Hausaufgaben auf Leistungen für die Gruppenarbeit beschränken. Es können allerdings auch große Teile der einzelnen Stunden in die vorbereitenden Hausaufgaben verlegt werden; das bleibt dem Lehrer überlassen.

7.2. Die Sequenzen 1 und 2: Die Bildung der Arbeitsgruppen und die Arbeit in der Bibliothek (1. Stunde, Stundenblätter Nr. 1 – 2 R)

7.2.1 Grundsätzliches zum Bibliotheksbesuch

Für einen Oberstufenschüler sollte die Benutzung einer Bibliothek schon zu einer Selbstverständlichkeit geworden sein, v. a. dann, wenn er an der Unterstufe bzw. Mittelstufe im Zusammenhang mit der „Erziehung zum Buch und zum Lesen" in eine Bibliothek eingeführt worden ist. Wird an der Unter- bzw. Mittelstufe durch den Bibliotheksbesuch zunächst versucht, die Scheu vor der öffentlichen Institution abzubauen und neue Lesemotivationen zu schaffen, so sollten an der Oberstufe die Schüler in die Lage versetzt werden, sich selbständig einen bestimmten Themenkomplex mit Hilfe entsprechender Fachliteratur aus der Bibliothek zu erarbeiten. Letzteres scheint am Beginn der reformierten Oberstufe um so notwendiger zu sein, als für fast alle Fächer die selbständige Nutzung einer Bibliothek vorausgesetzt wird, wenn von den Schülern Referate bzw. Facharbeiten verlangt werden; hier kommt dem Deutschunterricht eine besondere Aufgabe zu.
Sinnvollerweise erfolgt die Einführung in die Benutzung einer Bibliothek aus einem konkreten Anlaß heraus. Man verbindet am besten den Besuch einer Bibliothek mit einem konkreten Unterrichtsprojekt, indem man dieses entweder in der Bibliothek vorbereitet oder dieses in steter Verbindung mit der Bibliothek durchführt. Für ein derartiges Unternehmen eignet sich aus den schon genannten Gründen Heinrich Manns ‚Untertan' in besonderem Maße. Mit dem Bibliotheksbesuch werden einmal Techniken zur Benutzung einer Bibliothek erlernt, die während der folgenden UE benötigt werden, zum andern wird hier auf die UE auch thematisch hingearbeitet, indem im Zusammenhang mit dem Bibliotheksbesuch die Arbeitsgruppen gebildet werden und die Schüler das Material zusammenstellen, das sie zur Analyse des Romans benötigen. In beiden Fällen werden die Weichen dafür gestellt, daß sich die Schüler die UE möglichst selbständig erarbeiten sollen.

7.2.2. Die Organisation des Bibliotheksbesuchs

Die Einführung in die Benutzung einer Bibliothek muß entsprechend den unterschiedlichen örtlichen Bedingungen durchgeführt werden. Es stellen sich die folgenden Alternativen:
1. Besuch einer städtischen Bibliothek (Präsenzbibliothek mit weitgefächertem Angebot)
2. Besuch einer wissenschaftlichen Bibliothek (Landesbibliotheken und Universitätsbibliotheken)
3. Arbeit in der schuleigenen Lehrer-/Schüler-Bibliothek, die zu diesem Zweck mit zusätzlichen Werken aus öffentlichen Bibliotheken bestückt wird.
Von der zeitlichen Planung her sollte mindestens ein Vor- oder Nachmittag als „Arbeitstag Deutsch" vorgesehen werden, der in vier Phasen aufgeteilt werden kann:
Phase 1: Einführung in die Benutzung einer Bibliothek mit praktischen Übungen

Übersicht über die Sequenzen 1 und 2

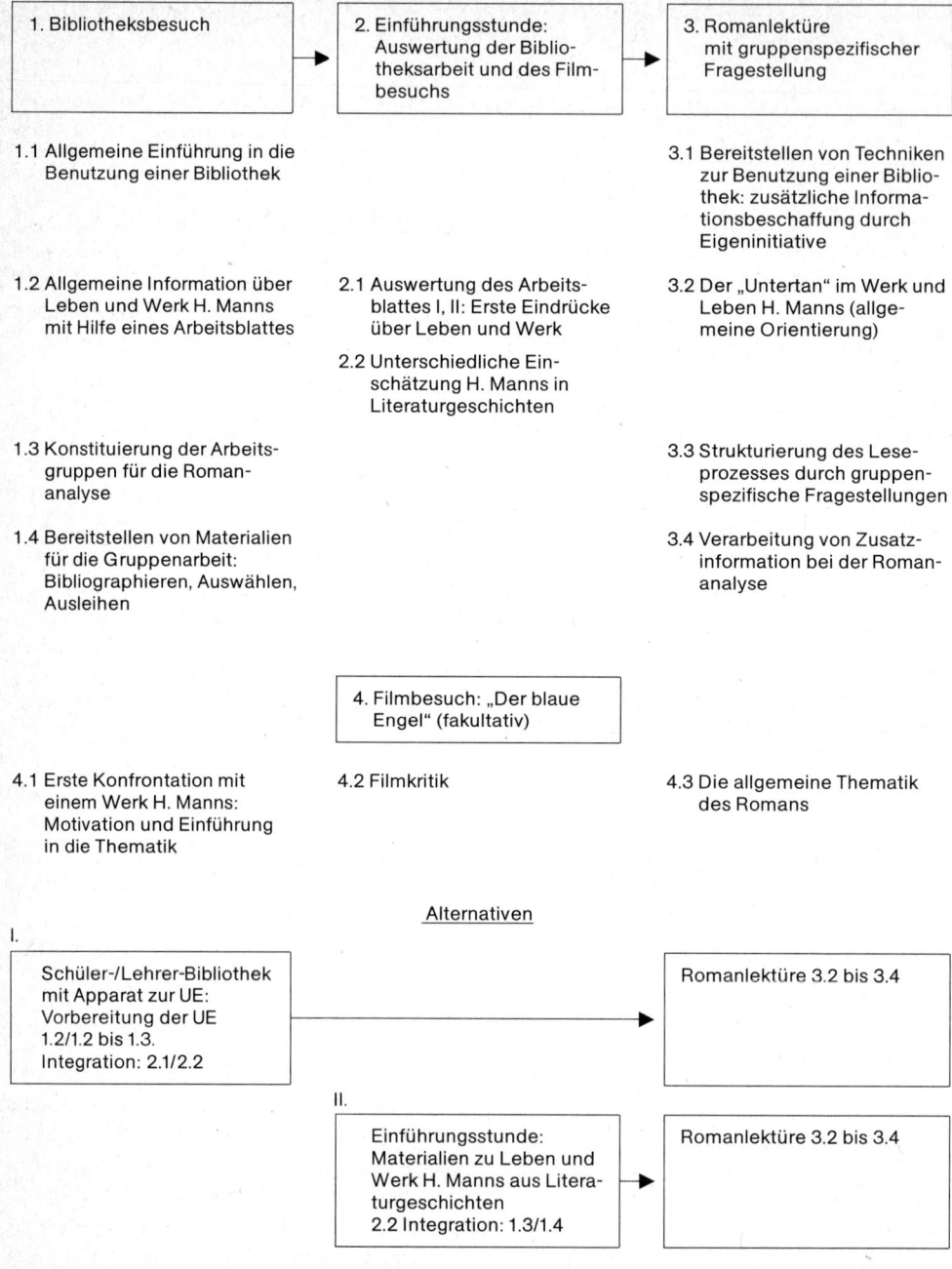

1. Bibliotheksbesuch	2. Einführungsstunde: Auswertung der Bibliotheksarbeit und des Filmbesuchs	3. Romanlektüre mit gruppenspezifischer Fragestellung

1.1 Allgemeine Einführung in die Benutzung einer Bibliothek

3.1 Bereitstellen von Techniken zur Benutzung einer Bibliothek: zusätzliche Informationsbeschaffung durch Eigeninitiative

1.2 Allgemeine Information über Leben und Werk H. Manns mit Hilfe eines Arbeitsblattes

2.1 Auswertung des Arbeitsblattes I, II: Erste Eindrücke über Leben und Werk

2.2 Unterschiedliche Einschätzung H. Manns in Literaturgeschichten

3.2 Der „Untertan" im Werk und Leben H. Manns (allgemeine Orientierung)

1.3 Konstituierung der Arbeitsgruppen für die Romananalyse

3.3 Strukturierung des Leseprozesses durch gruppenspezifische Fragestellungen

1.4 Bereitstellen von Materialien für die Gruppenarbeit: Bibliographieren, Auswählen, Ausleihen

3.4 Verarbeitung von Zusatzinformation bei der Romananalyse

	4. Filmbesuch: „Der blaue Engel" (fakultativ)	

4.1 Erste Konfrontation mit einem Werk H. Manns: Motivation und Einführung in die Thematik

4.2 Filmkritik

4.3 Die allgemeine Thematik des Romans

Alternativen

I.

Schüler-/Lehrer-Bibliothek mit Apparat zur UE: Vorbereitung der UE 1.2/1.2 bis 1.3. Integration: 2.1/2.2	→	Romanlektüre 3.2 bis 3.4

II.

Einführungsstunde: Materialien zu Leben und Werk H. Manns aus Literaturgeschichten 2.2 Integration: 1.3/1.4	→	Romanlektüre 3.2 bis 3.4

Phase 2: Bildung von Arbeitsgruppen für die Unterrichtseinheit
Phase 3: Informationsbeschaffung zur Thematik der Gruppenarbeit
Phase 4: Erstes Aufarbeiten der gesammelten Information mit Planung des weiteren Verlaufs der Gruppenarbeit.

Variante 1:
Präsenzbibliothek/Stadtbibliothek
Für unser Unternehmen eignen sich v. a. die Stadtbibliotheken, da hier die Schüler in direkten Kontakt mit den Büchern kommen und dadurch eine gewisse Entdeckerfreudigkeit angesprochen wird. Außerdem enthalten Stadtbibliotheken meist nur die Bücher, mit denen Schüler gut umgehen können; die eigentlich wissenschaftliche Literatur fällt weg. Leider sind Stadtbibliotheken, die den Schülern Arbeitsräume zur Verfügung stellen können, relativ selten.
Als Programm für den Bibliotheksbesuch bietet sich folgende Tagesordnung an:

9.00–9.30 Uhr:
Allgemeine Einführung in die Bibliothek vor Ort durch eine Bibliothekarin: Typologie der unterschiedlichen Bibliotheken und ihre Funktion; Aufgaben einer Bibliothek; Aufbauprinzipien, Katalogsysteme und Ausleihverfahren.

9.30–10.00 Uhr:
Praktische Übungen zum Auffinden von Büchern anhand eines Arbeitsblattes: Teil I allgemeine Übungen, Teil II spezielle Übungen zum ,Untertan‘.

10.00–10.30 Uhr:
Auswertung der Übungen und Konstituierung der Arbeitsgruppen: Einführung in die Aufgabenstellung für die Gruppen durch den Lehrer.

10.30–12.30 Uhr:
Bearbeitung der gruppenspezifischen Aufgabenstellungen: Informationsbeschaffung und gruppeninterne Arbeitsverteilung.

12.30–13.00 Uhr:
Bereitstellen der Arbeitsmaterialien für die Gruppen: Ausleihen, Fotokopieren u. ä.

Soweit möglich, am Nachmittag Aufarbeitung des zusammengestellten Materials durch die Gruppen mit gruppeninterner Organisation der Arbeit.

Der Bibliotheksbesuch sollte mit der Bibliothekarin, die die Einführung durchführt, vorher abgesprochen werden, um auf diese Weise die Einführung mit der UE sinnvoll verbinden zu können. Die praktischen Übungen zum Auffinden der Literatur sollten schwerpunktmäßig am praktischen Beispiel ,Untertan‘ durchgeführt werden, aber auch Einblicke in den gesamten Umfang einer Bibliothek ermöglichen – auf besondere Interessen einzelner Schüler kann gesondert eingegangen werden. Zu diesem Zweck bedienen wir uns eines Arbeitsblattes (siehe Stundenblatt Nr. 1 R), das in einem ersten Teil allgemeine Übungen zum Aufsuchen von Büchern enthält und das dann im zweiten Teil auf Aspekte eingeht, die eine erste Einführung in unseren Roman ermöglichen.

Variante 2:
Wissenschaftliche
Bibliothek/Landesbibliothek
Dort, wo die Schüler in keinen direkten Kontakt mit den Büchern kommen, muß das Verfahren etwas modifiziert werden. Das Zusammenstellen eines Apparats ist hier zeitlich aufwendiger und würde dadurch die eigentliche Arbeit in der Bibliothek sehr einschränken, zumal sich eine ganze Klasse kaum am Erstellen eines Apparats beteiligen kann. Hier müßte der Bibliotheksbesuch durch eine Schülergruppe vorbereitet werden. Diese Gruppe erhält den Auftrag, unter Mitwirkung einer Bibliothekarin einen Apparat zum Thema „Heinrich Mann, sein ,Untertan‘ und das Wilhelminische Zeitalter" zusammenzustellen, der dann später von der

ganzen Klasse benutzt werden kann. Daraus ergibt sich folgendes modifiziertes Programm für den Besuch der Bibliothek:

9.00–9.30 Uhr:
Allgemeine Einführung in die Bibliothek vor Ort durch eine Bibliothekarin

9.30–10.00 Uhr:
Praktische Übungen zum Auffinden von Büchern mit Hilfe eines Arbeitsblattes und Ausfüllen von Leihscheinen

10.00–10.15 Uhr:
Gruppenbericht: Wie stelle ich einen Apparat zu einem bestimmten Problemkreis zusammen?

10.15–10.45 Uhr:
Konstituierung der Arbeitsgruppen und Einführung in die Gruppenarbeit

10.45–12.30 Uhr:
Bearbeitung der gruppenspezifischen Fragestellungen und Ergänzung des Apparats

12.30–13.00 Uhr:
Ausleihen von Büchern durch die einzelnen Gruppen

Die Gruppe, die den Apparat erstellt hat, sollte gleichzeitig ein allgemeines Literaturverzeichnis zu der UE zusammenstellen, das an die Gruppen geht, dort ergänzt und entsprechend der Thematik der Gruppe reduziert wird.

Variante 3:
Lehrer-/Schülerbibliothek
Wo die oben angeführten Voraussetzungen nicht gegeben sind, genügt auch eine Lehrer- bzw. Schülerbibliothek, aus deren Beständen eine Schülergruppe zunächst einmal einen allgemeinen Apparat zusammenstellt und diesen dann durch Leihgaben aus Bibliotheken ergänzt.
In jedem dieser Fälle wäre es ideal, wenn während der UE ein Apparat im Klassenzimmer zur Verfügung stände, der von einem

Schüler verwaltet wird. Dies würde zweifellos zu einer Bereicherung des Unterrichts führen, da dann bei jedem im Unterricht auftauchenden Problem sofort die Fachliteratur befragt werden könnte.

7.2.3. *Vorbereitung der Unterrichtseinheit in der Bibliothek*

Erst nach der allgemeinen Einführung in die Bibliothek durch eine Bibliothekarin erfolgt die Hinführung zum eigentlichen Unterrichtsgegenstand. Beim Bearbeiten des zweiten Teils des Arbeitsblattes werden die Schüler auf Werke verwiesen, mit deren Hilfe sie sich grob über Leben und Werk Heinrich Manns, speziell über den ‚Untertan‘, informieren können. Ausgewertet wird diese Arbeit entweder am Nachmittag in der Bibliothek oder in einer ersten Unterrichtsstunde zum ‚Untertan‘. In beiden Fällen wird der Unterricht ergänzt durch Zusatzmaterial, das der Lehrer einbringt.
Nachdem die Schüler dieses Arbeitsblatt in der Bibliothek bearbeitet haben, wird es notwendig, die Arbeit in einen Arbeitsraum zu verlagern.

1. *Ergebnissicherung Arbeitsblatt I. Teil (Arbeitsraum)*
Hier sollte man einen kurzen Vergleich der Arbeitsergebnisse vornehmen, um auf diese Weise eine gewisse Kontrolle darüber zu haben, wie die Schüler mit der Bibliothek zurechtkommen.

2. *Konstituierung der Gruppen mit Erläuterungen zu den gruppenspezifischen Aufgabenstellungen (Arbeitsraum)*
Die Schüler werden darüber informiert, daß der Roman in Gruppen erarbeitet werden soll, wobei jeder die Thematik auswählen kann, die ihn besonders interessiert. Am schnellsten könnten die Themen mit Hilfe einer Folie erläutert werden, die der Übersicht auf Seite 68 entnommen werden kann. (Die

Aufgabenstellungen für das Plenum müßten allerdings ausgeklammert werden.) Anschließend werden die Arbeitsblätter zur Gruppenarbeit ausgeteilt und erläutert (zur Konstituierung der Gruppenarbeit siehe Seite 70 f.). Bei dieser Gelegenheit sollen auch die Referate zugeteilt werden, die in bestimmte Gruppen integriert werden:

Referat 1:
Leben und Werk Heinrich Manns; dabei soll ein Schwerpunkt gelegt werden auf Heinrich Manns parteipolitisches Engagement.
Textgrundlage: Klaus Schröter, Heinrich Mann, rowohlts bildmonographien 125, Reinbek bei Hamburg 1967.

Referat 2:
Die Entstehung des ‚Untertan‘ und die Problematik der Zensur.
Textgrundlage: Edgar Kirsch und Hildegard Schmidt, Zur Entstehung des Romans „Der Untertan“, in: Weimarer Beiträge 6, 1960, S. 112–131.

Die Referate 3–5 sind fakultativ. Sie können die UE bereichern und gewisse Akzente setzen, sind für den Ablauf der UE jedoch nicht unbedingt notwendig.

Referat 3:
Die Sprache Wilhelms II.
Textgrundlage: Ludwig Thoma, Die Reden Wilhelms II. Ein Beitrag zur Geschichte unserer Zeit. In: Richard Lemp (Hrsg.): Das große Ludwig Thoma Buch, München/Zürich 1974, und Helmut Arntzen, Die Gewalt der Rede oder Der Leitartikler auf dem Thron. In: Axel Matthes (Hrsg.): Reden Kaiser Wilhelms II., München 1976.

Referat 4:
Die sozialpsychologische Deutung des ‚Untertan‘.
Textgrundlage: Jochen Vogt, Diederich Heßlings autoritärer Charakter. In: Text + Kritik Sonderband Heinrich Mann, München 1971, S. 58–69.

Dieses Referat kann nur von einem Schüler geleistet werden, der in die Freudsche Trieblehre eingearbeitet ist.

Referat 5:
‚Der Untertan‘ in den Unterrichtswerken der DDR.
Textgrundlage: Lehrbuch für den Literaturunterricht in den Klassen 5–7 und 8–10. Zur Entwicklung der Literatur und bedeutender Dichterpersönlichkeiten, Volk und Wissen, Volkseigener Verlag Berlin, 1974.

Weitere Referate sind möglich. Allerdings ist dabei zu bedenken, daß ein bloßes Aneinanderreihen von Referaten für den Unterricht von Nachteil ist, wenn sie nicht in eine methodische Gesamtkonzeption einbezogen werden.
Bevor die Gruppen ihre Arbeit wieder aufnehmen, wird noch der erste Teil der gruppenspezifischen Arbeitsblätter erläutert, die anschließend in der Bibliothek bearbeitet werden sollen. In diesem Zusammenhang sollte den Schülern an Beispielen erläutert werden, wie man zitiert.

3. Zusammenstellung von Material für die Gruppenarbeit (Bibliothek)
Ausgehend von der Bearbeitung der Arbeitsblätter stellen die Schüler für ihre Gruppen zunächst einmal einen Apparat zusammen, der dann auf die wesentliche Literatur beschränkt wird. Bei der Auswahl der Bücher sollten der Lehrer und die Bibliothekarin den Schülern helfend zur Seite stehen, damit die Auswahl der Bücher etwas gesteuert werden kann. (Mögliche Auswahl siehe die Zusammenstellung unten)

4. Bearbeitung der Arbeitsblätter (Arbeitsraum)
Eine umfassende Bearbeitung der Arbeitsblätter wird im Normalfall in der Bibliothek zeitlich nicht mehr möglich sein. Hier sollte die Arbeit jedoch soweit vorangeschritten

sein, daß die Arbeitsblätter in häuslicher Arbeit beendet werden können, d. h. die Schüler sollen die Aufgaben untereinander aufteilen.

5. Ausleihen der benötigten Materialien
Um ein weiteres sinnvolles Arbeiten zu gewährleisten, müssen die benötigten Bücher entweder en bloc als Apparat für das Klassenzimmer oder aber individuell ausgeliehen werden, nachdem die Gruppen die Arbeit untereinander aufgeteilt haben. Der Lehrer muß unbedingt darauf achten, daß sich die Schüler nicht mit zu viel Material belasten.

Lernziele des Bibliotheksbesuchs:
1. Der Schüler vermag eine Bibliothek für die Beschaffung und Aufbereitung von Informationen zu einem bestimmten Thema zu nutzen.
2. Der Schüler gewinnt Einsicht in die unterschiedlichen Formen von Bibliotheken und ihre Aufgaben.
3. Der Schüler erhält Einblick in die Organisationsprinzipien einer Bibliothek und vermag mit diesen umzugehen.
4. Der Schüler gewinnt Einblick in die unterschiedlichen Formen von Bibliothekskatalogen und lernt diese zu benutzen.
5. Der Schüler vermag eine ,begrenzte‘ Bibliographie zu einem vorgegebenen Thema unter Nutzung der Hilfsmittel einer Bibliothek zu erstellen; dabei lernt er das richtige Zitieren.
6. Der Schüler lernt, aus einer selbstgefertigten Bibliographie die Werke und Werkteile auszuwählen, die ihm in besonderer Weise bei der Bearbeitung einer bestimmten Fragestellung hilfreich sind.
7. Der Schüler wird in die Lage versetzt, im arbeitsteiligen Verfahren sich ein Thema zu erarbeiten, indem er die von ihm gefundene Literatur zu einem bestimmten Thema sinnvoll zur Bearbeitung auf die Gruppenmitglieder verteilt.
8. Der Schüler vermag sich mit Hilfe einer Bibliothek in kurzer Zeit einen ersten Überblick über einen bestimmten Problemkreis zu verschaffen, indem er sich Literatur hierfür zusammenstellt und diese zunächst grob überarbeitet.

7.2.4. *Apparat zu der Unterrichtseinheit ,Untertan‘*

Arbeitsgruppe I: Kaiser Wilhelm II.
Balfour, Michael: Der Kaiser Wilhelm II. und seine Zeit, Berlin 1964 (darin das Kapitel ,Der neue Herr‘)
Gisevius, Hans Bernhard: Der Anfang vom Ende. Wie es mit Wilhelm II. begann, Zürich 1971 (darin das Kapitel ,An der Macht‘. S. 74–109)
Hartau, Friedrich: Wilhelm II., rowohlts bildmonographien 264, Reinbek bei Hamburg 1978
Herzfeld, Hans (Hrsg.): Geschichte in Gestalten, Bd. 4. Fischer Lexikon 40, Frankfurt 1963
Kracke, Friedrich: Prinz und Kaiser. Wilhelm im Urteil seiner Zeit, München 1960 (darin Kapitel 25 ,Die kaiserliche Persönlichkeit im Ablauf von 20 Regierungsjahren‘, S. 242–250)
Mann, Golo: Deutsche Geschichte des 19. und 20. Jahrhunderts, Frankfurt/M. 1958 (darin Kapitel 8 ,Kaiserzeit‘)
Mann, Golo: Der Kaiser Wilhelm II. und seine Zeit, Archiv der Weltgeschichte, München/Berlin/Wien 1964
Schlüssler, Wilhelm: Kaiser Wilhelm II., Göttingen 1962
Dazu Geschichtsbücher

Arbeitsgruppe II: Kaiser Wilhelm II. auf zeitgenössischen Darstellungen
Cowles, Virginia: Wilhelm II. Kaiser von Deutschland, Frankfurt/M. 1965
Dollinger, Hans (Hrsg.): Das Kaiserreich. Seine Geschichte in Texten, Bildern und Dokumenten, München 1966

Hochhuth, Rolf und Koch, H.H.: Kaisers Zeiten. Bilder einer Epoche, ohne weitere Angaben

Reinoß, Herbert (Hrsg.): Simplicissimus. Bilder aus dem „Simplicissimus", Hannover 1970

Schüddekopf, Otto-Ernst: Herrliche Kaiserzeit. Deutschland 1871–1914, Berlin/Frankfurt/Wien 1973

Schütze, Christian (Hrsg.): Das Beste aus dem Simplicissimus, ohne weitere Angaben

Simplicissimus: Eine satirische Zeitschrift, München 1896–1914. Katalog zur Ausstellung im Haus der Deutschen Kunst, München 1978

Wedel, Friedrich: Wilhelm II. in der Karikatur, Dresden 1928

Arbeitsgruppe III: Die Frau im Wilhelminischen Zeitalter

Weber-Kellermann, Ingeborg: Die Familie. Geschichte, Geschichten und Bilder, Frankfurt/M. 1976

Weber-Kellermann, Ingeborg: Die deutsche Familie. Versuch einer Sozialgeschichte, suhrkamp taschenbuch 185, Frankfurt/M. 1977

Wehler, Hans-Ulrich: Das Deutsche Kaiserreich 1871–1918, Kleine Vandenhoeck Reihe 1380, Göttingen 1973

Dazu die oben angeführten Bildbände zum Kaiserreich

Arbeitsgruppe IV: Die Parteien im Kaiserreich

Mann, Golo: Deutsche Geschichte des 19. und 20. Jahrhunderts, Frankfurt/M. 1963, S. 520–535

Ritter, A. Gerhard: Das deutsche Kaiserreich 1871–1914. Kleine Vandenhoeck Reihe 1414, Göttingen 1975, S. 124–174

Wehler, Hans-Ulrich: Das deutsche Kaiserreich 1871–1918. Kleine Vandenhoeck Reihe 1380, Göttingen 1975, S. 78–89

Dazu Geschichtsbücher

Arbeitsgruppe V: Die Wilhelminische Gesellschaft und das Gesellschaftsbild Heinrich Manns

Lermke, Karl: Heinrich Mann. Köpfe des 20. Jahrhunderts, Bd. 60

Schröter, Klaus: Heinrich Mann, rowohlts bildmonographien 125, Reinbek bei Hamburg 1967

Rosenhaupt, Hans W.: Heinrich Mann und die Gesellschaft. In: Germanic Review 12 (1937), S. 267–278

Mann, Heinrich: Kaiserreich und Republik. In: H.M.: Essays, Hamburg 1960

Simplicissimus: siehe hierzu Gruppe II

7.2.5. *Die Auswertung*
       der Bibliotheksarbeit

Die Arbeit in der Bibliothek geht auf zweifache Weise in die Unterrichtseinheit ein. Die gruppenspezifischen Arbeitsblätter, deren erster Teil in der Bibliothek bearbeitet wurde, strukturieren die Romanlektüre vor und erschließen die für die Gruppenarbeit notwendigen Informationen, welche durch individuelle Bibliotheksbesuche ergänzt werden können. Die hier anfallenden Ergebnisse werden zunächst im Unterricht nicht thematisiert, sondern gehen unmittelbar in die Gruppenarbeit ein. Dagegen dient das erste Arbeitsblatt, das in der Bibliothek von allen Schülern bearbeitet wurde, der unmittelbaren Einführung in die UE. Bei der Bearbeitung dieses Blattes gewannen die Schüler einen ersten, wenn auch noch vagen und undifferenzierten Eindruck von Leben und Werk Heinrich Manns, den es in der ersten Stunde der UE zu artikulieren und zu vertiefen gilt, daher sollte sich die erste Stunde unmittelbar an den Bibliotheksbesuch anschließen, evtl. sogar in diesen integriert werden, soweit Zeit vorhanden ist. Bei der Auswertung der Bibliotheksarbeit sollten die Schüler zunächst ihren ersten Eindruck artikulieren, wobei die folgenden Aspekte angesprochen werden könnten:

- Literaturlexika, Literaturgeschichten und dgl. enthalten relativ wenig Informationen über Heinrich Mann, etwa im Vergleich zu seinem Bruder Thomas;
- auch die Sekundärliteratur zu Heinrich Mann nimmt sich relativ bescheiden aus;
- die Werke Heinrich Manns erscheinen in der Bundesrepublik als Lizenzausgaben; das Erbe Heinrich Manns wird in der DDR verwaltet, das erschwert eine Rezeption in der Bundesrepublik.

Nachdem die Schüler ihre ersten Eindrücke gesammelt haben, die gegebenenfalls durch die Eindrücke vom Filmbesuch ergänzt werden können, werden diese Eindrücke deutlicher akzentuiert. Als Ausgangspunkt dienen hier gegensätzliche Ausschnitte aus zwei Literaturgeschichten (Texte siehe Seite 42 ff.). Unsere Textauswahl, die in gewisser Hinsicht problematisch erscheinen mag, bedarf zunächst einer Begründung. Die Texte von Geerdts und Albrecht können zweifelsohne als repräsentativ für die DDR angesehen werden, zumal die Literaturgeschichte von Geerdts in der DDR als Standardwerk gilt. Dagegen scheint die Wahl des Fechter-Textes angreifbar, da diese Position vom heutigen Standpunkt aus nicht mehr repräsentativ für die Heinrich-Mann-Rezeption in der Bundesrepublik ist, der krasse Gegensatz von DDR-Rezeption und Rezeption in der Bundesrepublik heute nicht mehr besteht. Für die Nachkriegszeit kann aber diese Position durchaus als repräsentativ angesehen werden – Schröter bringt hierzu die entsprechenden Belege. Aus Gründen der Motivation halte ich eine derartige Gegenüberstellung für vertretbar, wenn dieser Gegensatz weniger als Tatsache denn als These an den Beginn der Unterrichtseinheit gestellt wird, die von den Schülern während der UE zu überprüfen ist. Damit hängt auch eine grundsätzliche Fragestellung zusammen, die erst am Ende der UE formuliert wird: Warum hatten es die Werke Heinrich Manns, speziell

der ,Untertan', in der Bundesrepublik im Vergleich zur DDR so schwer? Zu Beginn der UE wird also hier ein Reflexionsprozeß darüber in Gang gesetzt, warum es bezüglich dieses Werkes von Heinrich Mann zu solch unterschiedlichen Wertungen kommen konnte; die Antwort auf diese Frage kann erst am Ende der UE gegeben werden. So gesehen bildet die erste Stunde zusammen mit der letzten Unterrichtssequenz dieser Einheit eine Klammer.

Lernziele zur 1. Stunde
(Stundenblatt Nr. 2 R):
1. Die Schüler lernen, aus allgemeinen Informationen zu einem Themenkomplex, die sie sich mit Hilfe eines Arbeitsblattes in der Bibliothek erarbeiteten, erste Eindrücke zu einem Problemkreis zu artikulieren.
2. Die Schüler lernen, aus Darstellungen über Dichter und deren Werke in Lexika und Literaturgeschichten auf deren Bedeutung und Bewertung zu schließen.
3. Die Schüler kristallisieren aus ausgewählten Beispielen der Literaturgeschichtsschreibung Grundpositionen der Beurteilung eines Dichters und seines Werkes heraus und problematisieren diese Aussagen bezüglich ihrer allgemeinen Gültigkeit.
4. Die Schüler formulieren Grundthesen als eine Art Hypothese, die es während der UE zu überprüfen gilt.

7.2.6. Der Filmbesuch ,Der blaue Engel'*

Es bietet sich an, den Arbeitstag in der Bibliothek mit der Vorführung des Films ,Der blaue Engel' nach Heinrich Manns ,Professor Unrat' (mit erheblichen Abweichungen vom Buch) abzuschließen, um auf diese Weise noch einen besonderen Akzent zu setzen. Der Film vermag einmal, in Fortsetzung zur Arbeit in der Bibliothek zum Werk Heinrich Manns hinzuführen, insbesondere zum ,Untertan' (viele Themen des ‚Professor Unrat' werden im ‚Untertan' wieder aufgenommen und weitergeführt), zum andern vermag dieser Film zusätzliche Motivationen zu schaffen. Die Erfahrung zeigt, daß die Koppelung von Bibliotheks- und Filmbesuch als Vorbereitung auf die Lektüre des ‚Untertan' bei den Schülern eine gewisse Neugierde auf die Lektüre weckt. Das kann für Schüler mit wenig Lesemotivation bei einem so umfangreichen Werk von besonderer Bedeutung sein. Aus diesem Grund sollte die Besprechung des Films nicht unnötig mit Inhalten belastet werden und auf den motivierenden Charakter des Filmbesuchs geachtet werden. Angestrebt wird eine allgemeine Diskussion über den Film und seine Thematik, die dann zu einer gewissen Systematik hingelenkt werden soll: Auflisten der zu diskutierenden Problemkreise (siehe Stundenblatt Nr. 2). Soll dieser erste Filmbesuch den Besuch der Verfilmung des ‚Untertan' vorbereiten, der in unserer UE unter dem Aspekt Rezeption berücksichtigt wird, empfiehlt es sich, die Diskussion mit dem Ziel der Erstellung einer Filmkritik zu führen. Dabei werden zunächst einmal all jene Bereiche angesprochen, die in eine Filmkritik eingehen sollten.

---

* Der blaue Engel. Deutschland 1930. 116 Min. R: Josef von Sternberg; P: Erich Pommer; PG: UFA; D: Carl Zuckmayer, Karl Vollmüller, Robert Liebmann nach dem Roman „Professor Unrat" von Heinrich Mann; K: Günther Rittau, Hans Schneeberger; A: Otto Hente; M: Friedrich Holländer; ST: Robert Liebmann mit Emil Jannings, Marlene Dietrich, Filmtext in: ‚Film', März 1966.
Verleih (16-mm-Fassung): Landesfilmdienst Rheinland-Pfalz, Postfach 30 04, Deutschhausplatz LFD-Haus, 65 Mainz 1. Zudem wird dieser Film bei vielen Landesbildstellen geführt.

7.3. Die Sequenz 3: Die Romanlektüre

Nach dieser Einführungsphase benötigen die Schüler zunächst Zeit für die Lektüre des Romans und für die Bearbeitung der Leitfragen bzw. der Arbeitsblätter. Diese Zeit kann im Unterricht auf unterschiedliche Weise überbrückt werden:

1. Durch das Einschieben einer weiteren, zeitlich begrenzten UE. Geeignet erscheint die oben vorgeschlagene UE ‚Satire', zumal wenn diese schwerpunktmäßig Satiren aus der Kaiserzeit berücksichtigt. Auf diese Weise wäre auch ein sinnvoller Bezug zur Bibliotheksarbeit hergestellt.

2. Durch eine Verzahnung von Romanlektüre und -analyse, indem im Unterricht zunächst jene Aspekte angesprochen werden, die ohne die Kenntnis des gesamten Romans bearbeitet werden können. Bei der in den Stundenblättern dokumentierten UE handelt es sich dabei um 6 Stunden, die auf 8 erweitert werden können, wenn noch die Stunden eingeschoben werden, welche die Gruppenarbeit als solche zum Thema haben.

3. Durch Einbeziehung der Ferien: So könnte die Einführung in die UE (Bibliotheksbesuch und Auswertung) vor die Ferien – zu denken wäre an 14tägige Ferien – gelegt werden; so würde ein Teil der Lektüre in den Ferien erfolgen, der Rest während der vorbereitenden Stunden.

Die Entscheidung, wie die Zeit zwischen Einführung und Lektüre überbrückt werden kann, muß v. a. die Lesefertigkeit der Schüler und die jeweils aktuelle Klassensituation berücksichtigen. Wie der Leseprozeß selbst organisiert werden kann, wurde schon oben erörtert.

7.4. Die Sequenzen 4 und 5: Einführung in die Grundproblematik des Romans und in die Themen der Gruppenarbeit (2.–9. Stunde, Stundenblätter Nr. 3 – 8 R)

7.4.1. Der Zusammenhang der Sequenzen 4 und 5

Die Sequenzen 4 und 5, in deren Mittelpunkt die Analyse des ersten Kapitels steht, sollen v.a. vier Dinge leisten:

1. Eine Einführung in die Werkanalyse, indem direkt die Grundproblematik des Romans angegangen wird und über diese dann die Romanstruktur erschlossen wird.

2. Eine Einführung in die Themen der Gruppenarbeit, indem diese aus der Analyse des ersten Kapitels abgeleitet werden, wobei den Schülern Hilfestellungen angeboten werden, wie sie mit ihren Fragestellungen zurechtkommen können.

3. Eine Problematisierung der Gruppenarbeit selbst, wobei mögliche Arbeitsweisen innerhalb der Gruppe thematisiert werden.

4. Einen Überblick für den Lehrer, wie weit die Schüler nach der ersten Romanlektüre über den Romaninhalt verfügen.

Diese einführenden Sequenzen versuchen, möglichst rasch zu den zentralen Problemstellungen des Romans vorzustoßen, um auf diese Weise beim Schüler zusätzliche Lesemotivationen zu schaffen. Dabei geht es zunächst um das Erfassen des Grundmusters des autoritären Charakters, darüber hinaus um eine Sensibilisierung für eine historisch-soziologische und eine sozialpsychologische Sehweise des Romans. Einem derartigen Einstieg in die Romananalyse, der zunächst das Erfassen der Romanhandlung als Ganzes (Inhaltsangaben) zurückstellt, kommt dieser Roman insofern entgegen, als hier im ersten Kapitel alle Themen des Romans schon angelegt sind, die im weiteren Handlungsverlauf nur noch ausdifferenziert werden. Zudem wird der Schüler bei einem Einstieg über die Erfassung der Romanhandlung kaum in der Lage sein, die äußerst wichtigen Nebenhandlungen in ihrer Funktion angemessen zu erfassen. Das wird erst möglich sein, wenn er die Grundproblematik des Ganzen erfaßt hat – man denke hier nur etwa an die diffizile Handlungsführung bezüglich der Schauspielaufführungen und der Parteienintrigen. Die Romanhandlung soll dann am Ende dieser Sequenz nicht über Inhaltsangaben (zur Sicherung des Textverständnisses) eingebracht werden, sondern durch eine Strukturanalyse. Das erscheint einmal vom Verfahren her der Oberstufe angemessener und wird zudem auch von der Romanhandlung nahegelegt, die relativ leicht in ihrer Struktur über die Passagen, die an zentralen Stellen die Kaiserthematik einbringen, erschlossen werden kann. Auf diese Weise erreichen die Schüler auch schneller eine gewisse Abstraktionsebene.

Da die Thematik des Romans im Kern schon im ersten Kapitel enthalten ist, kann gerade über die Analyse des ersten Kapitels in die Themenkreise der Gruppenarbeit eingeführt werden. Bei der Analyse des ersten Kapitels soll den Schülern gezeigt werden, wie die Themen der Gruppenarbeit im Roman exponiert werden, wobei zwei Ziele erreicht werden sollen: Einmal soll den Schülern deutlich werden, wie die jeweilige Fragestellung der Gruppenarbeit in konkreter Arbeit am Text methodisch bewältigt werden kann, zum andern sollen die Schüler veranlaßt werden, die einfache Leitfrage (auf dem Arbeitsblatt in Fettdruck hervorgehoben) für ihre Arbeit weiter auszudifferenzieren und zu präzisieren. Dabei sollten schwerpunktmäßig die Themen berücksichtigt werden,

Übersicht über die Sequenzen 4 und 5 (8 Stunden, reduziert 3)

Allgemeine Thematik	Vorbereitung der Gruppenarbeit: Präzisierung der Fragestellungen	Problematisierung der Gruppenarbeit
2. Stunde: Grundmuster der Untertanenmentalität: Analyse des Titelbildes von Piatti		
3. Stunde: Entstehung der Untertanenmentalität: Der Sozialisationsprozeß		
	4./5. Stunde: Autoritärer Charakter und frühkindlicher Triebverzicht: Psychoanalytische Interpretation (Einführung in die Thematik der Gruppe III)	
Z 1: Psychoanalytische Literaturbetrachtung: Die Interpretation Vogts		
	6. Stunde: Faktoren, an denen das Gesellschaftsbild H. Manns festgemacht werden kann (Einführung in die Thematik der Gruppe V)	
8. Stunde: Die Handlungsstruktur des Romans: Die Kaiserthematik	Anmerkung: Eine Einführung in die Thematik der Gruppen I und II kann von den Schülern leicht selbst geleistet werden; die Einführung in die Thematik der Gruppe IV wird in der 6. Stunde geleistet	7. Stunde: Informationsbeschaffung und arbeitsteiliges Verfahren als Problem der Gruppenarbeit
		9. Stunde: Informationsaufbereitung und -darstellung durch die Gruppen (Problematisierung)
ALTERNATIVEN		
2. und 3. Stunde werden in einer Stunde zusammengefaßt. Wesentliche Teile der Arbeit werden in der HA geleistet.	4./5. Stunde wird auf eine reduziert. Voraussetzung: Psychoanalytische Texte wurden schon vor der UE erarbeitet. Auf Stunde 6 wird verzichtet; das Problem muß die Arbeitsgruppe selbst lösen	Auf beide Stunden kann verzichtet werden, wenn die Klasse Gruppenarbeit gewohnt ist. Die 9. Stunde wird im Anschluß an den ersten Gruppenbericht eingefügt: Wie hat die Gruppe das Problem der Präsentation von Arbeitsergebnissen gelöst?

Die hervorgehobenen Stunden sind unverzichtbar; die anderen Stunden können je nach Klassensituation weggelassen bzw. modifiziert werden, wie die aufgeführten Alternativen zeigen.

welche den Schülern in der Gruppenarbeit besondere Schwierigkeiten bereiten könnten, wie z. B. das Erfassen der Gesellschaftsproblematik im Roman und die Klärung des Verhältnisses von Heßling zu den Frauen unter psychoanalytischem Gesichtspunkt.

Neben der inhaltlichen Klärung dessen, was die Gruppenarbeit zu leisten hat, sollte damit verbunden auch das technische Problem der Gruppenarbeit angesprochen werden, sofern derartige Probleme noch in der Klasse bestehen. Die Schüler sollten einmal darüber reflektieren, wie sie im arbeitsteiligen und arbeitsökonomischen Prinzip ihre Arbeit in der Gruppe bewältigen können, zum andern darüber, wie sie ihre Arbeitsergebnisse so einbringen können, daß sich die Klasse nicht langweilt.

Darüber hinaus kann mit dieser Sequenz noch ein Viertes erreicht werden. Mit der Analyse des ersten Kapitels, vorwiegend im fragend-entwickelnden Verfahren, vermag der Lehrer sich einen Einblick in die Leseleistung der Schüler zu verschaffen: Durch entsprechende Fragestellungen, die über das erste Kapitel hinausweisen, aber auch aufgrund spontaner Äußerungen der Schüler, die schon eine Interpretation über das erste Kapitel hinaus anstreben, gewinnt der Lehrer leicht Einsicht darüber, wie weit das Leseverständnis der Schüler vorangeschritten ist und wie weit die Schüler über Kenntnisse der Romanhandlung verfügen. Danach kann er die weitere Planung seiner UE richten.

Der Zusammenhang, in welchem die Teileinheiten dieser Sequenz stehen, wird nochmals in dieser Übersicht auf S. 91 verdeutlicht.

7.4.2. Die Sequenz 4/1:
Das Grundmuster der Untertanenmentalität
(2. Stunde, Stundenblatt Nr. 3/3 R)

Wie oben schon erwähnt, wählen wir einen problemorientierten Einstieg in die Romananalyse, problemorientiert auf zweifache Weise. Zum einen soll in der ersten Stunde die Grundproblematik des Romans, die Untertanenmentalität mit ihren Auswirkungen, ins Blickfeld gerückt werden, zum andern soll im Zusammenhang mit diesem Einstieg die Thematik der Gruppenarbeit präzisiert werden. Dies macht es erforderlich, einen Punkt auszuwählen, von dem aus der gesamte Roman ins Blickfeld rückt. Da wir zudem den Unterricht und die Diskussion möglichst offen halten möchten, um dadurch auch zu erfassen, wie weit die Schüler über den Text verfügen bzw. wo ihre Hauptinteressen liegen, gehen wir nicht von einer Textanalyse aus, sondern von einem freien Gespräch über den Roman, das dann durch gewisse Impulse auf die oben angeführte Problematik hingeführt wird. Dies kann durch eine Problematisierung des Titelbildes von Piatti (dtv-Ausgabe des ‚Untertan') geleistet werden:

☐ Das Titelbild von Piatti vermag nur einen Aspekt der Untertanenproblematik zu erfassen, Heßlings Autoritätsfixierung gegenüber dem Kaiser; vom Bildwert her bezieht sich diese Illustration auf die erste Begegnung Heßlings mit dem Kaiser (S. 47). Nicht erfaßt wird dagegen Heßlings Verhältnis zu seinen Untergebenen; dies müßte von den Schülern ergänzt werden. Insofern erweist sich dieser Einstieg als problemorientiert: Im Zusammenspiel von „Oben" und „Unten" wird die Untertanenmentalität im Bild des „Radfahrers" deutlich, der nach oben buckelt und nach unten tritt.

☐ Weiterhin vermag das Titelbild das Problem der Untertanenmentalität nur in seiner historisch fixierbaren Dimension zu erfassen, wie in der bildlichen Darstellung Wilhelms II. deutlich wird – er ist durch den Helm mit Adler, den Schnurrbart und das Pferd eindeutig ausgewiesen. Durch den oben angeführten Sachverhalt (Radfahrermentalität) mag dem Schüler schon deutlich geworden sein, daß es sich hier auch um ein zeitloses Phänomen handelt. Das hat Hein-

92

rich Mann später auch durch das Weglassen des Untertitels („Geschichte der öffentlichen Seele unter Wilhelm II.") betont.

Ausgehend von dieser Problematisierung des Titelbildes von Piatti (Vermag Piatti mit seinem Titelbild den Gehalt des Romans angemessen zu erfassen?), kann zunächst in einem Strukturbild an der Tafel das Grundmuster der Untertanenmentalität festgehalten werden (Phase 1 und 2). Daran anschließend kann man entweder zur Textanalyse übergehen, wobei die Schüler zunächst die Textpassagen zusammenstellen, in denen die Untertanenmentalität besonders deutlich wird, oder man kann versuchen, in freier Diskussion mit allgemeinen Textverweisen das Tafelbild weiter auszudifferenzieren. Dabei sollte deutlich werden, daß Heßlings autoritäres Verhalten sowohl im privaten Bereich (v. a. gegenüber Frauen: erstes Beispiel sein Verhältnis zur Schwester) faßbar wird als auch im öffentlichen Bereich (gegenüber seinen politischen Gegnern, v. a. gegenüber Lauer und Wolfgang Buck) und schließlich auch im „Zwischenbereich" des eigenen Betriebs (gegenüber seinen Arbeitern und Angestellten). Eventuell kann dann auch noch das „Oben", dem sich Heßling unterwirft, ausdifferenziert werden – da wäre zunächst der übermächtige Vater, der später ersetzt und ergänzt wird durch den Lehrer, den Polizisten und schließlich durch den Regierungspräsidenten von Wulckow, um nur die wichtigsten zu nennen. In diesem Zusammenhang müßte auch, soweit dies hier schon möglich ist, darauf verwiesen werden, wie Heßling sein Verhalten zu legitimieren versucht: auf der einen Seite glaubt er einen politischen Auftrag des Kaisers im Kampf gegen den „Umsturz" ausführen zu müssen, auf der anderen Seite verspürt er einen erzieherischen Auftrag gegenüber den Seinen.
Aus diesen Überlegungen heraus wären neue Fragestellungen zu entwickeln: Innerhalb der angesprochenen Bereiche müßte die spe-

zielle Ausformung der Untertanenmentalität genauer erfaßt werden. Um hier einen neuen Blickwinkel zu gewinnen, wird die Aufmerksamkeit auf das erste Kapitel gelenkt, in welchem diese Mentalität in ihrer Entstehung faßbar wird (evtl. haben die Schüler während der Diskussion schon auf entsprechende Textstellen verwiesen). In einer die nächste Stunde vorbereitenden Hausaufgabe (fakultativ) sollen die Schüler all jene Textpassagen im ersten Kapitel unterstreichen, in denen die Untertanenmentalität deutlich wird.

Lernziele zur 2. Stunde
(Stundenblatt Nr. 3/3 R):
1. Die Schüler erfassen die Dimensionen des Romans, die in Piattis Titelbild angesprochen werden: das Verhältnis Heßlings zum Kaiser und die historische Dimension der Untertanenproblematik.
2. Die Schüler erkennen, daß Piattis Titelbild nur in beschränkter Weise den Gehalt des Romans zu erfassen vermag.
3. Die Schüler entwickeln, ausgehend von einer Problematisierung der Piatti-Illustration, ein ‚Grundmuster der Untertanenmentalität‘ (Typus des Radfahrers) und ergänzen die Aussagen Piattis bezüglich des Verhältnisses Heßlings zu seinen Untergebenen und bezüglich der zeitlosen Problematik des Romans.
4. Unter Heranziehung von Textbelegen listen die Schüler die Bereiche auf, in denen Heßlings Mentalität wirksam wird, sowohl gegenüber dem „Oben" als auch gegenüber dem „Unten".
5. Die Schüler erkennen, daß Heßling sein Verhalten legitimiert durch den Verweis auf den politischen und erzieherischen Auftrag des Kaisers; auf diese Weise glaubt er sich im Dienst des Kaisers.
6. Aus der in der Diskussion um die Piatti-Illustration entwickelten Strukturskizze zur Untertanenmentalität leiten die Schüler weitere Fragestellungen ab.

7.4.3. Die Sequenz 4/2:
Die Entstehung der Untertanen-
mentalität
(3. Stunde, Stundenblatt Nr. 4/4 R)

Die dritte Stunde greift die Problemstellung der zweiten Stunde wieder auf, geht diese jedoch aus einer anderen Perspektive an und konfrontiert dabei die Schüler erstmals unmittelbar mit dem Text. Die Untertanenmentalität, zunächst in ihrer Grundstruktur im Tafelbild festgehalten, soll nun von den Schülern im Entstehungsprozeß erfaßt werden, wobei diese Mentalität selbst noch exakter bestimmt werden muß.

Mit der Lektüre des ersten Kapitels soll also zweierlei erreicht werden:

1. Die Untertanenmentalität wird noch genauer bestimmt, v.a. bezüglich der von ihr entwickelten Kompensationsmechanismen; darüber hinaus soll erkannt werden, wie bestimmte Merkmale des ‚Untertan‘ sich während des Sozialisationsprozesses verfestigen.

2. Die Voraussetzungen, unter denen dieser Typus sich entfalten kann, sollen herausgearbeitet werden; dabei werden die Sozialisationsinstanzen in ihrer Funktion für die Sozialisation Heßlings den Schülern bewußt gemacht.

Beides wird nur leistbar, wenn die Schüler das Gliederungsprinzip des ersten Kapitels erfassen und darüber hinaus zu den Darstellungsweisen Heinrich Manns vorstoßen. Die Schwierigkeiten dieser Stunde werden darin liegen, daß die Schüler wohl sofort erkennen, daß im ersten Kapitel die Entstehung der Untertanenmentalität dargestellt wird, aber nicht unbedingt zu erfassen vermögen, daß hier exemplarisch Sozialisationsinstanzen in ihrer Funktion für die Entstehung dieser Mentalität gezeigt werden und daß damit diese Sozialisationsinstanzen ihrerseits kritisch ins Blickfeld gerückt werden, wodurch schon im ersten Kapitel deutlich wird, daß die „Schuld“ nicht ausschließlich bei Heßling zu

suchen ist, sondern auch gesellschaftlich bedingt erscheint. Wird dieses Ineinanderspielen von individuellen und gesellschaftlichen Faktoren schon hier deutlich, so wird es später um so leichter sein, die Schüler auf die im Roman enthaltene Gesellschaftskritik zu bringen.

Dies kann, wie die Skizze auf S. 95 aufzuzeigen versucht, auf unterschiedliche Weise erreicht werden.

Bei unterschiedlichen Einstiegen kann der Schüler hier zu denselben Ergebnissen hingeführt werden. Variante 1 führt die Schüler über ein formales Verfahren zur Einsicht in die Struktur des Kapitels. Variante 3 gibt das Unterrichtsziel schon weitgehend vor, indem von Schülern verlangt wird, die an einem theoretischen Text zur Sozialisation erarbeiteten Ergebnisse (Sozialisationsinstanzen und ihre Funktion) auf den literarischen Text anzuwenden. Mit diesem Verfahren wird vielleicht Zeit gespart, es verstellt dem Schüler jedoch den selbständigen Erkenntnisprozeß. Der Nachweis, daß Heinrich Mann Einsichten der Sozialisationsforschung in poetischer Form vorwegnimmt, verhindert allzu leicht die Einsicht in die spezifische Gestaltungsweise Heinrich Manns. Variante 2 steht insofern in der Mitte, als der Schüler durchaus gelenkt wird, ohne daß dabei jedoch Ergebnisse vorweggenommen würden. Über Folie gibt der Lehrer hier ausgewählte Textbeispiele, die nicht chronologisch angeordnet sind (siehe Stundenblatt Nr. 4 R) der Klasse vor und fordert die Schüler auf, diese in eine begründete chronologische Abfolge zu bringen – mit diesem Verfahren kann dann auch die Lesefertigkeit des Schülers getestet werden. Bei dieser Übung wird klar, daß Heinrich Mann jeweils ganz bestimmte (Sozialisations-)Instanzen zeichnet, die jeweils auf eine ganz spezifische Funktion in Heßlings Sozialisationsprozeß haben.

Bei Variante 1 und 3 können große Teile des Unterrichts in eine vorbereitende Hausaufgabe verlegt werden; bei Variante 2 würde

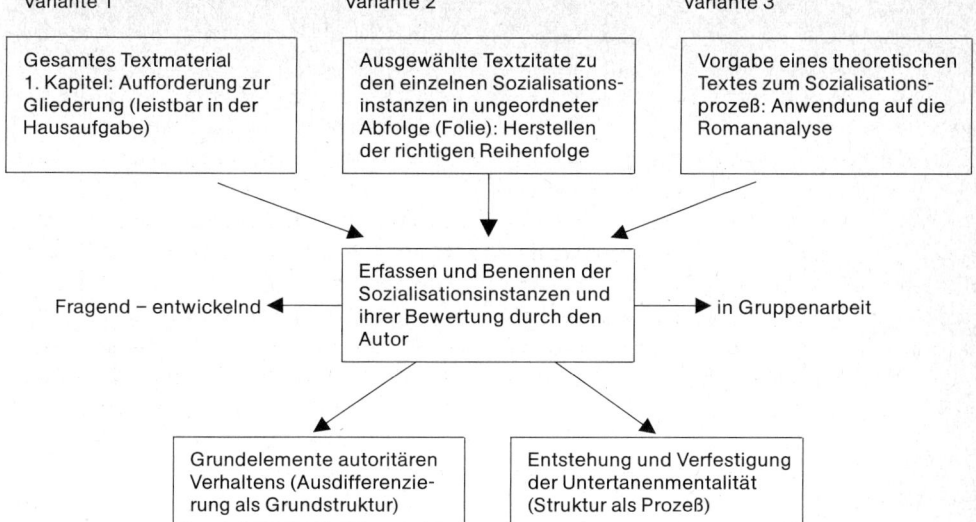

Variante 1	Variante 2	Variante 3
Gesamtes Textmaterial 1. Kapitel: Aufforderung zur Gliederung (leistbar in der Hausaufgabe)	Ausgewählte Textzitate zu den einzelnen Sozialisationsinstanzen in ungeordneter Abfolge (Folie): Herstellen der richtigen Reihenfolge	Vorgabe eines theoretischen Textes zum Sozialisationsprozeß: Anwendung auf die Romananalyse

Fragend – entwickelnd ◄ — Erfassen und Benennen der Sozialisationsinstanzen und ihrer Bewertung durch den Autor — ► in Gruppenarbeit

Grundelemente autoritären Verhaltens (Ausdifferenzierung als Grundstruktur)

Entstehung und Verfestigung der Untertanenmentalität (Struktur als Prozeß)

sich die Hausaufgabe auf ein nochmaliges Lesen des 1. Kapitels unter dem Gesichtspunkt ‚Darstellung der Untertanenmentalität' beschränken.

Sind die Sozialisationsinstanzen erkannt und benannt, so kann die genauere Erarbeitung der zentralen Fragestellung bei guter Textkenntnis direkt im fragend-entwickelnden Verfahren angegangen werden. Ansonsten sollten die Grundelemente der Untertanenmentalität, bezogen auf die einzelnen Sozialisationsinstanzen, in Gruppenarbeit erarbeitet werden. Wohl kostet die Gruppenarbeit zunächst Zeit – in unserem Fall muß dann mit einer Doppelstunde gerechnet werden –, dennoch darf hier der methodische Effekt nicht unberücksichtigt bleiben. Jede Gruppe wird für ihren Untersuchungsgegenstand (jeweils eine Sozialisationsinstanz) zu denselben Ergebnissen kommen; im Gespräch zwischen den Gruppen wird dann aber deutlich werden, daß der Sozialisationsprozeß durch ein Steigerungsprinzip bestimmt ist: Die Untertanenmentalität verfestigt sich zunehmend und wird komplexer. Dieses Verfahren Heinrich Manns, eine vorgegebene Grundstruktur auszudifferenzieren und sie in

ihren Varianten zu zeigen, wird gerade durch diese Form der methodischen Vermittlung besonders deutlich. Dabei ergeben sich für diese Unterrichtsstunde drei Phasen, die methodisch abwechslungsreich gestaltet werden können:

Phase 1:
Hinführung zum Strukturprinzip des Kapitels: Benennen und Charakterisieren der Sozialisationsinstanzen (fragend-entwickelnd anhand einer Textfolie).

Phase 2:
Arbeitsteilige Still- oder Gruppenarbeit: Erfassen der Untertanenmentalität innerhalb der einzelnen Sozialisationsinstanzen (synchrone Struktur).

Phase 3:
Gruppenübergreifendes Unterrichtsgespräch: die Funktion und die Zielrichtung des Sozialisationsprozesses (diachrone Betrachtungsweise).

Im Anschluß an die Gruppen- bzw. Stillarbeit könnte den Schülern die doppelte Fragestellung dieser Stunde an der Tafel durch eine Strukturskizze verdeutlicht werden, in die dann später auch die Ergebnisse eingearbeitet werden können:

Bei der Bearbeitung der Sozialisationsinstanzen (1. Schritt) sollte thematisiert werden:

☐ Heßling orientiert sich jeweils an der Macht, die auf unterschiedliche Weise auf ihn eine Faszination ausübt: als individualisierte Macht im Vater, als kollektive Macht in der Verbindung und als abstraktes Prinzip beim Militär.

☐ Zu dieser Macht nimmt Heßling eine ambivalente Haltung ein, er bewundert und verehrt sie, fürchtet sie aber auch. Er möchte sie selbst dort verspüren, wo sie ihn hart trifft, denn nur so wird er sich der von ihm so verehrten Macht als unanfechtbares Prinzip bewußt.

☐ Heßling benötigt jeweils eine starke Rückkendeckung. Er weiß sich aufgehoben in der Masse oder im allgemeinen Zeitgeist; er fühlt sich erst wohl, wenn er „im Ganzen" aufgeht, sich als Teil einer überindividuellen Macht verspürt. Er besitzt kaum eine eigene Individualität (im weiteren Verlauf dieser UE muß diese These überprüft werden) und kann insofern als Sozialcharakter bezeichnet werden, als er als Produkt seiner jeweiligen Umgebung erscheint, später dann sogar als der eigentliche Repräsentant der aktuellen „Bewegung".

☐ Heßling entzieht sich der persönlichen Verantwortung durch den Rückbezug auf höhere Instanzen, die für ihn eine absolute Autorität darstellen, die ihm das Denken abnehmen und die er dann auch für seinen persönlichen Vorteil zu nutzen weiß.

☐ Von Natur aus weich, bekämpft er in sich diese Haltung konsequent mit Härte. Niederlagen, die sich in Weinen, Klavierspielen, Naschen, Gefühlsbewegungen u. ä. zeigen, werden sofort durch forsches Auftreten, Dreinschlagen, physischer und verbaler Aggressivität kompensiert, wobei sich zunächst auch eine gewisse Hilflosigkeit zeigt, v. a. dann, wenn er nirgends einen Rückhalt findet. Wie wenig er sich selbst noch in der Hand hat, zeigen sein Jähzorn und seine vielen Gefühlsausbrüche, die er aber durchaus für seine Zwecke einzusetzen weiß.

☐ Thematisiert wird im ersten Kapitel auch Heßlings Verhältnis zur Frau: Das weibliche Prinzip der Weichheit, personifiziert in der Mutter, muß für Diederich durch das männliche Prinzip der Macht, personifiziert im Vater, bekämpft werden. Diese Problematik wird zunächst ausgesondert und dann in den folgenden Stunden ausführlich angegangen.

Nimmt man dann den Prozeß der Sozialisation als Ganzes und versucht, im Anschluß an die Auswertung der Gruppenarbeit die So-

Sozialisationsinstanzen und ihre Darstellung

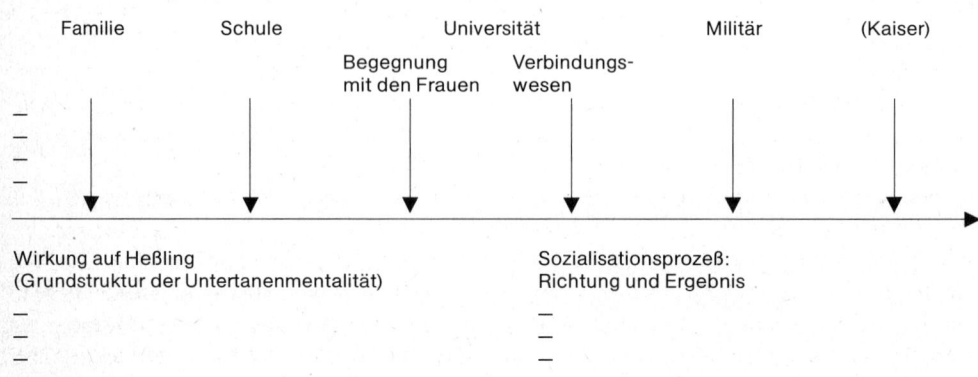

96

zialisationserfolge bei Heßling im gruppenübergreifenden Gespräch abzuklären, so läßt sich dieser Sozialisationsprozeß in bezug auf seine Erfolge wie folgt beschreiben:

☐ Zunehmende Entindividualisierung: Als Kind seiner Person durchaus bewußt, etwa in seiner Haltung gegenüber den Arbeitern und gegenüber seiner Schwester, geht Heßlings Ichbewußtsein mit steigenden Anforderungen von außen zunehmend auf im Wir-Bewußtsein der Kollektivität, z. B. des Militärs und der Verbindung. Dies schließt, wie gesagt, nicht aus, daß er unter Berufung auf das „große Ganze", auf den Kaiser u. a., einmal an die Macht gekommen, durchaus seine egoistischen Pläne durchsetzt.

☐ Erleidet er zunächst mehr oder weniger die Macht, v. a. in Gestalt des Vaters und des Lehrers, so nimmt er zusehends an der Macht teil, bis er für Netzig selbst die eigentliche Macht darstellt.

☐ Die Bereiche, in denen Heßling Macht erleidet und später selbst Macht ausübt, dehnen sich zusehends aus. Was Heßling zunächst fast ausschließlich im familiären und betrieblichen Bereich vorexerziert, überträgt er auf den politischen Bereich. Politisches und Privates verquicken sich für Heßling. Der Kaiser, mit dem sich Heßling zunehmend identifiziert, wird für beide Bereiche der absolute Fixpunkt; immer mehr erscheint Heßling als Minikaiser.

Am Ende dieser Stunde sollte die Einsicht stehen, daß bei Heßling individuelle Veranlagungen und gesellschaftliche Faktoren, vermittelt durch die Sozialisation und das gesellschaftliche Milieu, in dem Diederich aufwächst, zusammenwirken bei der Entstehung der Untertanenmentalität: Individuelle Veranlagungen werden erst durch das gesellschaftliche Umfeld aktiviert und artikuliert, ohne das sie sich wahrscheinlich nicht realisieren könnten. Hier liegt der Ausgangspunkt für die Erfassung von Heinrich Manns Gesellschaftsbild.

Damit ist eine weitere Ausdifferenzierung des autoritären Charakters geleistet, die dann wieder aufgenommen wird, wenn nach Heßlings Mechanismen der Verhaltenssteuerung gefragt wird, und damit ist auch der Blickwinkel für die gesellschaftliche Dimension des autoritären Charakters gewonnen. Durch die Darstellungsweise Heinrich Manns gerät nicht nur das Individuum Heßling, das sich bestimmte gesellschaftliche Phänomene zunutze macht, ins Visier der Kritik, sondern auch die Gesellschaftsordnung, die es ermöglicht, daß ein Typus wie Heßling zum Zug kommt.

So wird mit dieser Stunde bei den Schülern ein neues Problembewußtsein geschaffen. Neue Fragestellungen für die nächsten Stunden sollten festgehalten werden, dabei könnte es sich um die folgenden Komplexe handeln, die in die UE integriert werden:

– die Frage nach den Steuerungsmechanismen von Heßlings Verhalten;
– Heßlings Verhältnis zu Frauen und das Problem des Triebverzichts;
– die Frage nach der Individualschuld und der gesellschaftlichen Schuld in bezug auf die Entstehung des autoritären Charakters;
– die Frage nach dem Gesellschaftsbild Heinrich Manns;
– die Frage nach der Darstellungsweise Heinrich Manns und nach der Romanintention.

Lernziele zur 3. Stunde
(Stundenblatt N. 4/4 R)

1. Die Schüler strukturieren das erste Kapitel durch die Benennung der hier dargestellten Sozialisationsinstanzen und bestimmen diese in ihrer Funktion für die Entstehung der Untertanenmentalität (Sozialisationsprozeß als Strukturierungsprinzip des ersten Kapitels).
2. Anhand einer Analyse des ersten Kapitels erhalten die Schüler Einblick in die exemplarische Darstellung eines Sozialisa-

tionsprozesses, der die Untertanenmentalität als Folge individueller Veranlagungen und einer bestimmten Sozialisation zu erklären versucht.

3. Die Schüler erfassen die Grundmechanismen der Untertanenmentalität, insbesondere die Kompensationsmechanismen.

4. In einer Zusammenschau von Gruppenergebnissen zu den einzelnen Sozialisationsinstanzen und zu ihrer Funktion bestimmen die Schüler die Zielrichtung des Sozialisationsprozesses als Verfestigung und Ausdifferenzierung eines vorgegebenen Grundmusters (Entindividualisierung durch die absolute Orientierung an der Macht, Vermengung von Privatem und Öffentlichem, Aufgehen im „Ganzen" durch das Aufgehen des Ich-Gefühls im Wir-Gefühl und Ausweichen vor der persönlichen Verantwortung).

5. Die Schüler gewinnen erste Einsichten in die Gestaltungsweisen Heinrich Manns und in seine wertende Perspektive, indem sie die Sozialisationsinstanzen in ihrer Wirkung auf Diederich zu erfassen versuchen.

6. Die Schüler erkennen, daß bei der Entstehung des autoritären Charakters, wie ihn Heinrich Mann in seinem Roman darstellt, individuelle Prädispositionen mit gesellschaftlichen Faktoren zusammenwirken.

7. Die Schüler gewinnen erste Einsichten in die Zielrichtung des Romans, indem sie erkennen, daß Heinrich Manns Kritik sich sowohl gegen das Individuum Heßling als den Untertanen-Typus richtet als auch gegen die Gesellschaft des Kaiserreichs, die einen derartigen Typus erst ermöglichte.

8. Die Schüler leiten aus der Analyse des ersten Kapitels weitere Fragestellungen ab, die während der UE noch anzusprechen wären.

7.4.4. *Die Sequenz 4/3:*
Autoritärer Charakter
und frühkindlicher Triebverzicht
(4./5. Stunde, Stundenblatt Nr. 5/5 R)

Diese Doppelstunde steht in unmittelbarem thematischen Zusammenhang mit den beiden vorangegangenen Stunden, da das Problem der Untertanenmentalität hier erstmals auf einen gewissen wissenschaftlichen Nenner gebracht wird, indem versucht wird, das im Text angesprochene zentrale Phänomen mit einem psychoanalytischen Begriffsapparat zu erfassen. Ziel bleibt dabei die Analyse des poetischen Textes, von dessen Primärrezeption durch die Schüler auch immer ausgegangen werden sollte, nicht nur der bloße Nachweis, daß Heinrich Mann in seinem Roman gewisse Erkenntnisse poetisch dargestellt hat, welche die Sozialpsychologie erst wesentlich später wissenschaftlich aufbereitet hat.

Methodisch orientieren wir uns zunächst an der Freudschen Individualpsychologie, die dann weitergeführt wird zu einer sozialpsychologischen Betrachtungsweise, wie sie in den klassischen Untersuchungen zum autoritären Charakter von Horkheimer, Fromm und Adorno vorliegen. Damit kann dann auch ein weiterer Übergang geschaffen werden zur Gesellschaftsanalyse im Roman (die Untertanenmentalität als ein allgemeines gesellschaftliches Problem, zunächst jedoch als ein spezifisch historisches Problem des Wilhelminischen Zeitalters).

Eine generelle Einführung in die psychoanalytische Betrachtungsweise von Literatur ist innerhalb einer UE zum ‚Untertan' kaum leistbar, es sei denn als Exkurs innerhalb eines Leistungskurses. Aus zeitökonomischen Gründen muß hier die Zielsetzung bescheiden bleiben. Den Schülern soll lediglich an einer überschaubaren Textpartie gezeigt werden, wie mit dem psychoanalytischen Begriffsapparat die Untertanenmentalität, wie sie im Roman poetisch codiert erscheint, vertieft und umfassender interpretiert werden kann. Aufgabe eines Leistungskurses wäre es dann, diese Methode stärker auf ihre Leistungsfähigkeit für die Textanalyse zu reflektieren.

Das Hauptproblem dieser Doppelstunde ist darin zu sehen, wie den Schülern auf einfache Weise ohne größeren Zeitaufwand die nötigen psychoanalytischen und sozialpsychologischen Kenntnisse vermittelt werden können, ohne daß sich hierbei die Erarbeitung der Grundkenntnisse über die Psychoanalyse verselbständigt. Dazu kommt noch, daß die Originaltexte zur Psychoanalyse, speziell die Texte zum Problem des autoritären Charakters, durchweg für die selbständige Bearbeitung durch die Schüler zu schwer sind, womit auch das Einbringen dieser Grundkenntnisse über Referate oder über die Gruppenarbeit kaum möglich sein wird.

Zur Lösung dieser methodisch-didaktischen Probleme bieten sich die folgenden Alternativen an:

1. Eine vorangestellte UE zur Analyse pragmatischer Texte aus dem Bereich der Psychologie und der Sozialpsychologie

Wie oben schon vorgeschlagen, wird der UE zum ‚Untertan‘ eine UE ‚Einführung in die Analyse pragmatischer Texte‘ vorangestellt, die sich an Annemarie Kleiners UE ‚Mensch und Gesellschaft – Texte zur literarischen Menschenzeichnung, zur Charakterologie und Soziologie‘ aus Ulshöfers Arbeitsbuch Deutsch, Band 1, anlehnt und die dort angeführten Texte durch Ausschnitte aus den Studien zum autoritären Charakter von Horkheimer, Fromm und Adorno ergänzt. Diese Lösung ist aus unterschiedlichsten Gründen als die eleganteste anzusehen: Die Romananalyse braucht nicht durch einen zeitraubenden Exkurs unterbrochen zu werden; die psychoanalytischen und sozialpsychologischen Grundlagen für eine psychoanalytische Literaturbetrachtung sind vor Beginn der UE gelegt, wodurch sofort in ein vertieftes Verständnis der Untertanenmentalität eingetreten werden kann. Die Schüler sind sensibilisiert für das Problem der Charakterbildung; der Unterricht kann zielstrebig auf eine spezielle Form der Textanalyse ausgerichtet werden, womit die Gefahr einer Verselbständigung der psychoanalytischen Fragestellung weitgehend gebannt erscheint.

2. Die Erarbeitung ausgewählter psychoanalytischer Texte

Das Naheliegendste wäre zunächst wohl, anhand ausgewählter Texte mit den Schülern die für die Romananalyse notwendigen sozialpsychologischen Grundlagen zu erarbeiten und diese dann direkt auf die Romananalyse anzuwenden. Die hier in Frage kommenden Studien zum autoritären Charakter müßten zunächst für unseren Bedarf gekürzt werden und auf die Aspekte reduziert werden, die für die Romananalyse von Bedeutung sein könnten. Aus didaktischer Sicht käme hier zunächst die Studie von Fromm in Frage, die im Vergleich zu den anderen Studien aufgrund ihrer Sprache und ihrer Ausführlichkeit für Schüler leichter faßbar ist und die zudem die Ansatzpunkte für eine Übertragung auf die Romananalyse deutlicher macht. Will man diesen Aspekt im Unterricht noch stärker konzentrieren, etwa auf eine Doppelstunde, bietet es sich an, das Kapitel „Das ‚autoritäre‘ Syndrom“ aus Adornos Studie um die Belege aus den Interviews zu kürzen, wodurch die Schüler eine Art Merkmalkatalog des autoritären Charakters an die Hand bekämen (Text siehe S. 22 f.). Nach einer gemeinsamen Klärung dieses Textfragments könnten die Schüler dann selbständig zu dem Merkmalkatalog Adornos – entsprechend der Adornoschen Interviewbelege – Belege aus dem ‚Untertan‘ finden. Diese Verfahren vermitteln wohl einen direkten, zeitsparenden Zugang zur psychoanalytischen Betrachtungsweise, allerdings gerät der Roman allzuleicht zur Fundstelle für psychoanalytische Erkenntnisse.

3. Die sozialpsychologische Interpretation des ersten Kapitels durch Jochen Vogt

Will man der Gefahr aus dem Wege gehen, daß sich die Doppelstunde im Erarbeiten psychologischer Grundkenntnisse erschöpft, müßte ein Verfahren gewählt werden, das sofort zur Romananalyse vorstößt. Hier bietet sich Vogts Interpretation an, die versucht, mit Erkenntnissen, die er v. a. Horkheimer und Adorno entnimmt, das erste Kapitel des Romans sozialpsychologisch zu interpretieren. Damit dem Schüler nicht das vorweggenommen wird, was er sich selbst erarbeiten soll, bietet sich auch hier das Verfahren an, das wir bezüglich des Adorno-Textes vorgeschlagen haben und das wir bezüglich des Vogt-Textes in unserer Materialiensammlung praktiziert haben: Man kürzt den Text Vogts um die eigentliche Interpretation und konzentriert ihn auf die sozialpsychologischen Aspekte, die schon auf die Romananalyse hin ausgewählt sind. Der Schüler müßte dann zu den Thesen Vogts (v. a. zu der These, Heinrich Manns Roman stelle eine „erste Theorie und Analyse des Faschismus, genauer: der sozialpsychologischen Bedingungen für die Entstehung und Ausbreitung“ dar) und zu den vorgegebenen sozialpsychologischen Aspekten im Roman die Belege finden.

Für die Stundenblätter haben wir uns für ein anderes Verfahren entschieden, das dem von uns intendierten Leseprozeß des Schülers eher entspricht und das zudem für die Analyse des Sozialisationsprozesses, um den es ja auch bei Vogt geht, weiterführend einen neuen Akzent setzt. Zunächst soll der sozialpsychologische Interpretationsansatz nicht auf die gesamte Sozialisationsphase bezogen werden, das hätte eine Ausdehnung der sozialwissenschaftlichen Theorieaneignung zur Folge, sondern auf den Aspekt ‚Triebverzicht und autoritärer Charakter‘, wie er im Verhältnis Diederichs zu seinen Eltern erfaßt werden kann, reduziert werden.

Damit kann, sozusagen vorausschauend auf den weiteren Gang der UE, das Thema ‚Heßlings Verhältnis zu den Frauen‘ angeschnitten werden und den Schülern der Arbeitsgruppe III, die dieses Thema bearbeitet, neue Fragestellungen eröffnet werden, auf die sie von sich aus nicht gekommen wären.

Im Gegensatz zu den oben ausgeführten Alternativen 1 bis 3, welche die sozialpsychologischen Theorien durch das Heranziehen originaler Texte mehr oder weniger ausführlich berücksichtigen, geht unser, in den Stundenblättern ausgeführter Vorschlag stärker von der Textanalyse aus und reduziert die sozialpsychologische Theoriebildung auf ein eben noch verantwortbares Minimum. Es wird dabei Wert darauf gelegt, daß die Schülerinitiativen nicht sofort durch das Einbringen einer bestimmten Interpretation verschüttet werden; die Schüler sollen sich schließlich in der Textanalyse üben.

An diese Interpretationleistung wird dann eine an der Sozialpsychologie ausgerichtete Interpretation angeschlossen. Möglicherweise wird sich später herausstellen, daß die Schüler mit ihren Ergebnissen der Vogtschen Analyse sehr nahe kamen, wenn ihnen auch die exakte Begrifflichkeit fehlte. Hinter dieser Konzeption steht die Vorstellung, daß die Schüler die Ergebnisse Vogts nicht einfach rezipieren, sondern den Leseprozeß Vogts selbst nachvollziehen. Dies kann durch die folgende Verlaufsplanung für die Doppelstunde erreicht werden:

1. Freie Textinterpretation, die auf eine sozialpsychologische Interpretation hinführt, als Vorverständnis der Schüler (Primärrezeption), übergeführt in ein Strukturbild.
2. Anstoß für eine weiter reichende Textanalyse durch das Einbringen einer verkürzten sozialpsychologischen Interpretation, die sich auf eine ausgewählte Textpartie beschränkt (Motivation zu einer vertiefenden Textinterpretation in Weiterführung der Primärrezeption).

3. Einsicht in die Notwendigkeit, sich die der Vogtschen Interpretation zugrundeliegende Theorie zu erarbeiten, dient als Hinführung zum kurzen Lehrervortrag.

4. Erfassen und Systematisierung der Analyseergebnisse von Vogt in Weiterführung des Strukturbildes.

5. Eventuelle Überprüfung der Leistungsfähigkeit des Vogtschen Interpretationsansatzes (Methodenreflexion).

6. Präzisierung der Fragestellung für die Arbeitsgruppe III infolge der Ergebnisse dieser Doppelstunde.

Bezogen auf die einzelnen Phasen des Unterrichts sollen hier diese Aspekte noch kurz präzisiert werden:

Vorphase, leistbar in der Hausaufgabe
In der Hausaufgabe beschäftigen sich die Schüler mit der Charakterisierung der Eltern Diederichs und mit Diederichs Verhältnis zu den Eltern, wobei nochmals das erste Kapitel unter diesem Gesichtspunkt durchgegangen wird.

Phase 1 überführt die Ergebnisse der Hausaufgaben in eine Strukturskizze. Dieser Tafelanschrieb erfüllt in der Doppelstunde eine Gelenkfunktion zwischen dem Interpretationsansatz der Schüler und der sozialpsychologischen Analyse Vogts, d. h. der Tafelanschrieb muß so angelegt werden, daß die im Tafelanschrieb festgehaltenen Ergebnisse leicht durch die Vogtschen Einsichten modifiziert und präzisiert werden können, was v. a. die Einführung der sozialpsychologischen Begrifflichkeit anbelangt. Im Tafelanschrieb soll die Schülerinterpretation unmittelbar in die Vogtsche Analyse übergeführt werden. Den Ausgangspunkt dieser Stunde bildet die Gegenüberstellung der väterlichen und der mütterlichen Lebenshaltung als zweier gegensätzlicher Lebensprinzipien. Wird der Vater durch Strenge und Prinzipientreue charakterisiert, die in dem absoluten Autori-

tätsanspruch gegenüber Frau und Kind gipfeln, so wird die Mutter gekennzeichnet durch Emotionalität und Weichheit, insgesamt durch ihre Orientierung am Lustprinzip, das vom Vater mit allen Mitteln der Gewalt bekämpft wird.

Phase 2 beleuchtet diese Prinzipien aus der Sicht Diederichs, der zwischen diesen stehend zu einer eigenen Position finden muß. Wohl fühlt er sich zur Mutter hingezogen, da diese ihm in ihrer Weichheit und Gefühlsbezogenheit gleicht, doch im Innersten liebt er nur seinen Vater, der die von ihm verehrte und angestrebte Macht und Autorität besitzt. Um an dieser Macht dereinst als legitimer Erbe seines Vaters teilnehmen zu können, muß er die in ihm vorherrschenden mütterlichen Eigenschaften bekämpfen. Diederichs Verhalten gegenüber Vater und Mutter erweist sich als ambivalent: Er liebt den Vater als Inbegriff der Macht und fürchtet ihn gleichzeitig, da er ihn (aus Heßlings Sicht mit Recht) bestraft, wenn er dem weichlichen Lebensprinzip der Mutter anheimfällt. Er wendet sich liebend der Mutter zu, die sein eigentliches Ich repräsentiert, muß sie aber verachten, da sie eben jenes Prinzip vertritt, das es aus der Sicht des Vaters zu bekämpfen gilt. So weit könnte die Textanalyse mit den Schülern vorangetrieben werden, ohne daß damit das Verhältnis zu den Eltern, v. a. zum Vater, exakt bestimmt wäre.

Phase 3 führt den sozialpsychologischen Deutungsversuch Vogts ein, ohne daß dieser schon voll erfaßt werden soll. Das III. Kapitel von Vogts Ausführungen wird um die weiterführenderen Ausführungen zu Heßlings Verhältnis zu den Frauen gekürzt, worauf die Arbeitsgruppe III selbst kommen sollte (siehe Text S. 103). An diesem Text sollen die Schüler zunächst nur erkennen, daß Vogt ein psychoanalytisches Begriffsrepertoire zur Deutung der Untertanenmentalität benutzt. Indem die Schüler ihre Verstehensschwierigkeiten formulieren, entsteht die Forderung nach der Erläuterung dieser Begrifflichkeit und nach Zusatzinformationen zur Freudschen Trieblehre. Zunächst sollten die Schüler versuchen, die psychoanalytische Begrifflichkeit mit Hilfe eines Fachlexikons (z.B. dtv Wörterbuch der Psychologie) zu bestimmen. Phase 3 sollte somit durch ein gewisses Mangelbewußtsein der Schüler bestimmt sein, das es im folgenden abzubauen gilt.

Phase 4 versucht mit Hilfe eines kurzen Lehrervortrags, der durch eine Folie unterstützt wird, den Schülern das Menschenbild der Freudschen Trieblehre zu vermitteln, wobei sich der Lehrer an die Ausführungen Annemarie Kleiners im Begleitband zu Ulshöfers Arbeitsbuch Deutsch, Bd. 1, S. 30 ff., halten kann. Auf der Folie werden die drei Bereiche Es, Ich und Über-Ich unterschieden und miteinander in Beziehung gesetzt: Im Es, dem Bereich des Lustprinzips, herrschen die Triebe, der Sexualtrieb und die Aggressionen, von denen Freud alle anderen Triebe ableitet. Im Ich vollzieht sich die Auseinandersetzung zwischen den Triebwünschen des Es und den beiden Kontrollinstanzen, den Wertvorstellungen des Über-Ichs und dem Realitätsprinzip. Das Über-Ich vertritt die in der Gesellschaft geltenden Wertvorstellungen, Ideale, Normen, die dem Kind in der Sozialisation vermittelt werden. Das Realitätsprinzip repräsentiert dagegen die realen Gegebenheiten der Umwelt. Sind diese drei Funktionsbereiche erarbeitet, so geht es darum, die Steuerungsmechanismen des Ichs genauer zu erfassen und zu systematisieren, wobei es in erster Linie um die Auseinandersetzung von Triebwunsch und Realitätsprinzip einerseits und Triebwunsch/Über-Ich andererseits geht; die Auseinandersetzung Idealvorstellung/Realitätsprinzip kann in unserem Fall vernachlässigt werden.

Verweigert die Umwelt die Realisierung triebhafter Wünsche, so kommt es zu kindlichen Reaktionen wie Tränen, Trotz, Wut u.a., Reaktionen, die bei Diederich immer wieder beobachtbar sind. Diederichs Haltung als Kind ist aber in erster Linie bestimmt durch die Auseinandersetzung zwischen Triebwunsch und Über-Ich, während das Realitätsprinzip erst in seinem späteren Leben, v.a. wenn es um die politische Karriere geht, eine größere Rolle spielt. Daher sollten hier die verschiedenen Möglichkeiten einer Konfliktlösung zwischen Triebwunsch und Über-Ich durchgespielt und an der Folie verdeutlicht werden: Siegt das Es, werden die Triebwünsche erfüllt, mithin kommt es zu einem Lustgewinn, der aber durch ein schlechtes Gewissen erkauft wird. Siegt das Über-Ich, besteht wohl ein gutes Gewissen, der Anspruch auf Lustgewinn bleibt jedoch bestehen. Das Ich reagiert auf dieses Versagen des Triebwunsches unterschiedlich, es muß auf irgendeine Weise den Verzicht auf die Erfüllung der elementaren Triebe ertragen:

– *durch Verdrängung* mit neurotischen Erkrankungen als Folgeerscheinung (mißglückter Anpassungsversuch): die übermächtigen Triebansprüche werden aus dem Bereich des Bewußten in das Unbewußte verlagert, wo sie ohne Wissen des Betroffenen zum Motor sogenannter Ersatzhandlungen oder Vorstellungen (z.B. Fehlleistungen, Träume) werden können.

– *durch Sublimierung:* ein Triebimpuls wird in seiner Richtung so geändert, daß er sozial akzeptiert wird, d.h. es wird eine Ersatzbefriedigung gesucht (erfolgreiche Anpassung).

– *durch bewußten Verzicht* auf den Triebwunsch als bewußte Beherrschung des Triebes.

Jochen Vogt: Diederich Heßlings autoritärer Charakter

Die Behauptung sei aufgestellt, daß Heinrich Manns Roman ‚Der Untertan' mehr und anderes ist als die effektvoll vergröbernde Satire auf das wilhelminische Deutschland, für die man ihn gemeinhin ansieht. Daß ihm vielmehr eine sozialpsychologische Darstellungsintention im exakten Wortsinn zu eigen ist. Daß Heinrich Manns Roman eine erste Theorie und Analyse des Faschismus, genauer: der sozialpsychologischen Bedingungen für seine Entstehung und Ausbreitung, entwirft. Daß schließlich diese Theorie von den Erkenntnissen, die eine kritisch orientierte Sozialwissenschaft und -psychologie seit den dreißiger Jahren gewonnen hat, vollauf bestätigt wird. In diesem Zusammenhang sind v. a. vor allem die theoretischen bzw. empirischen Arbeiten von Wilhelm Reich („Massenpsychologie des Faschismus", 1934), Max Horkheimer („Autorität und Familie", 1936) sowie Theodor W. Adorno, Else Frenkel-Brunswik u. a. („The Authoritarian Personality", 1950) zu nennen. Sie klären die familialen und gesellschaftlichen Bedingungen, unter denen beim Individuum autoritätsfixierte Charakterzüge sich herausbilden, und verweisen auf den Zusammenhang solcher Charakterstrukturen mit politischer Vorurteils- und Ideologienbildung im Sinne des Faschismus. Den empirischen Nachweis dafür, daß die ‚autoritäre Persönlichkeit' besonders häufig als ‚potentieller Faschist' angesehen werden muß, erbringt vor allem die zuletzt genannte Studie.

…

Der geheime Bezugspunkt, um den die Vater-Sohn-Beziehung sich ordnet, ist die Mutter. Erst sie liefert dem Ehemann das zentrale Motiv zur Entfaltung seiner Autorität gegenüber dem Kind. Das Motiv wird freilich nicht beim Namen sexueller Eifersucht genannt – hier im Text so wenig wie im täglichen Leben der Bürgerfamilie. Dennoch unterdrückt Vater Heßling in seinem Sohn den erotischen Rivalen. „Die Liebe zur Mutter, in ihrer ursprünglichen Form, fällt unter ein strenges Tabu" (Adorno). Und erst unter diesem Aspekt des väterlichen Lustmonopols wird die autoritäre Charakterbildung des Kindes, wird sein Verhalten gegen die Macht und die Machtlosen in voller Konsequenz durchschaubar: ‚Der resultierende Haß gegen den Vater wird durch Reaktionsbildung in Liebe umgewandelt. Diese Transformation bringt eine besondere Art von Über-Ich hervor. Die schwierigste Aufgabe des Individuums in seiner frühen Entwicklung, Haß in Liebe umzuwandeln, gelingt niemals vollständig. In der Psychodynamik des ‚autoritären Charakters' wird die frühe Aggressivität zum Teil absorbiert und schlägt in Masochismus um, zum Teil bleibt sie als Sadismus zurück, der sich ein Ventil sucht in denjenigen, mit denen das Individuum sich nicht identifiziert: in der Fremdgruppe also' (Adorno).

Fast härter noch unterdrückt als der Sohn, dem immerhin die Nachfolge des Vaters winkt, ist in der bürgerlichen Familie die Frau. In einer von Männern beherrschten Gesellschaft bleibt sie häusliche Leibeigene des Mannes, bis daß der Tod sie scheide … Ihr (der Mutter) Infantilismus hat ähnliche Ursachen und zeitigt gleiche Symptome wie Diederichs Verhalten; gleichartig sind die Verstöße gegen das väterliche Gesetz: ‚Übrigens ertappte er sie geradeso auf Lügen wie den Diedel.' Lügen sind Versuche, frevlerische Triebbefriedigung vor der Autorität zu verbergen. Als Beispiel solchen Frevels steht, dreimal auf den ersten Romanseiten, der Genuß von Süßigkeiten. ‚Und Heßling wußte noch nicht einmal, daß seine Frau auch naschte, gerade wie das Kind.' Verfolgt wird noch die Ersatzlust des Gaumens, die hier offensichtlich im Gefolge sexueller Frustration steht; verfolgt wird auch die Ersatzlust der Phantasie: der ärmliche Traum vom besseren Leben, den die Romane wecken.

Allem Genuß haftet das Bewußtsein von Schuld an: wenn Diederich ,Malzzucker zerlutscht' oder wenn ihm später, in seinem ersten Liebesverhältnis, der Verdacht kommt, ,daß er sich peinliche Übertreibungen habe zuschulden kommen lassen'. Sein erotisches Verhalten bleibt geprägt von den Zwängen der Kindheit. In ihr muß ,von aller der Mutter zugewandten Zärtlichkeit des Sohnes ... aufs strengste jedes sinnliche Moment gebannt werden. Sie (hat) auf reine Gefühle, unbefleckte Verehrung und Wertschätzung Anspruch. Die erzwungene ... Scheidung von idealischer Hingabe und sexueller Begierde, von zärtlichem Gedenken und bloßem Interesse, von himmlischer Innerlichkeit und irdischer Leidenschaft bildet eine psychische Wurzel des in Widersprüchen aufgespaltenen Daseins' (Horkheimer). Dem entspricht Diedels Beziehung zur Mutter: die ,von Gemüt überfließenden Dämmerstunden', die doch nur affektiv die prinzipielle Lustversagung verschleiern und darum zwanghaft ihr Gegenteil, mütterliche Rachsucht und kindlich berechnenden Sadismus, nach sich ziehen. Und wiederum reicht die Ambivalenz bis ins Erwachsenenleben. Das erotische Verhalten ist bei Diederich, wie häufig beim autoritären Charakter, geprägt durch eine ,mangelhafte Integration von Sexualität und Affekt' (Horkheimer). Trieb und Gefühl, Begehren und Verehrung laufen auseinander oder gar gegeneinander: auf die Anbetung der Geliebten als einer ,Heiligen' folgt bald die Verachtung für ,so eine', die doch nur mit ihm sich einließ. So belegt Diederich Heßling schließlich auch die These, daß autoritätsfixierte Männer ,meistens (die Frauen) verachten ..., mit denen sie voreheliche sexuelle Beziehungen hatten' (Adorno). ...

Die Deformation der kindlichen Sexualität programmiert das Individuum für eine Welt, in der nicht Triebbefriedigung, sondern -unterdrückung gefordert ist, wo sadistische und masochistische Energien vor allem im öffentlich-politischen und ökonomischen Bereich ausgelebt werden ...

(Aus: Text + Kritik, Sonderband Heinrich Mann, München 1971)

Anmerkung: Der Text kann für den Unterricht um den ersten Absatz gekürzt werden, wenn in diesem Zusammenhang der Bezug zum Faschismus noch nicht hergestellt werden soll.

Eine Einführung in den Ödipus-Komplex würde hier wahrscheinlich zu weit führen; wo es sich ergibt, sollte kurz darauf eingegangen werden, das kann bei der Interpretation von Heßlings Verhältnis zu den Frauen einen gewissen Akzent setzen.

Nach dieser Einführung in die Freudsche Trieblehre, die sich bewußt auf sehr wenige Aspekte beschränkt, und nach der Klärung der Vogtschen Begrifflichkeit mit Hilfe von Fachlexika wendet sich die *Phase 5* wieder der Vogtschen Interpretation zu, indem nun die Schüler versuchen, diese Interpretation auf einige Thesen zu reduzieren, die dann, soweit noch erforderlich, am Romantext zu überprüfen wären (siehe Stundenblatt Nr. 5 R). Eigentliches Ziel der Stunde wäre es dann, das von den Schülern angefertigte

Strukturbild durch die Freudschen Begriffe zu präzisieren: das väterliche Autoritätsprinzip erscheint nun als der Bereich des Über-Ichs, an dem sich Diederichs Sozialisation als normgebende und idealsetzende Instanz orientiert. Dagegen repräsentiert die Mutter für Diederich das Gegenprinzip der Triebwünsche, den Bereich des Es, d. h. auch den des Sexuellen. Die Liebe zur Mutter als Zeichen der erwachenden Sexualität beschwört die Rivalität des Vaters herauf, der das Lustprinzip für sich beansprucht. Erst wenn Diederich selbst sich in der Position des Vaters befindet, mithin die Macht innehat, wird sein Recht auf die Frau, wenn auch in sehr sublimierter Form, realisiert. Die Frau als Repräsentation des Es sieht Diederich immer in Konkurrenz zur normativen Macht. Sowohl seine Jugendliebe als auch Guste lenken ihn von seiner politischen Aufgabe ab und haben daher nur insofern eine Existenzberechtigung, als sie ihm in seinem Karrierestreben nützlich sind – selbst die Sexualität steht noch im Dienste eines Höheren (Diederich will seine Guste dem Kaiser zur Verfügung stellen; das Zeugen der Kinder wird dem Kaiser zuliebe vollzogen), wo sie aus dieser Sphäre herausfällt, wird sie tabuisiert (der außereheliche Verkehr mit Käthchen Zillich). Doch greifen wir hier schon der Interpretation voraus, die erst durch die Gruppe III zu leisten wäre. Der Schüler sollte zunächst, ausgehend von Vogts Interpretation, sehen, daß Diederichs Liebe zur Mutter vom Vater, dem sexuellen Rivalen, tabuisiert wird und die Liebe in Schuldgefühle gegenüber dem Vater umschlagen muß. Der Haß dem Vater gegenüber als derjenigen Instanz, die jegliches Lustempfinden unterdrückt, muß in Liebe verwandelt werden, was dadurch möglich wird, daß Diederich im Vater das Machtprinzip verehrt. Diese Umwandlung (Reaktionsbildung) kann jedoch nicht voll gelingen, da das Lustprinzip auch sein Recht anmeldet. Als Ausweg bleibt hier die Sublimierung des Triebes, der sich nicht gegen das übermäch-

tige Über-Ich durchsetzen kann, verstehbar als Abbau der in ihm gestauten Aggressionen. Da sich diese nicht gegen die Mutter richten können (Tabuisierung durch den Vater), noch gegen den Vater (den Diederich als Autorität anerkennen muß, zumal er sein Erbe antreten will), richtet er sie einmal gegen sich selbst (Masochismus), indem er von den mächtigen Autoritäten (Vater, Lehrer u. a.) immer wieder seine Bestrafung verlangt, ja sogar provoziert, was er selbst als Genuß empfindet, dann aber auch gegen alle, die ihm unterlegen sind (Sadismus), so v. a. gegen seine Schwester, später gegen seine Untergebenen im elterlichen Betrieb und gegen seine politischen Gegner, soweit er diese nicht für seine Karriere benutzen kann. Diederichs Verhalten wird damit auf Phänomene seiner frühkindlichen Sozialisation zurückgeführt, die bedingt sind durch das übermächtige, strafende Über-Ich des Vaters, das ihn zur Sublimierung der Triebe auf ihm „nützliche" Gebiete veranlaßt. So werden hier Verhaltensweisen prädisponiert, die dann in entsprechend günstigen Verhältnissen (Identifikationsmöglichkeiten mit einem starken Über-Ich verbunden mit starken Aggressionen gegen Feindgruppe) aktualisiert werden können.

Um den Schülern wenigstens andeutungsweise klarzumachen, daß bei Vogts Interpretation Freudsche Individualpsychologie und Adornosche Sozialpsychologie ineinander greifen, müßte die Frage gestellt werden, wo Vogt über Freud hinausgeht. Dabei wäre einmal auf die Einleitung zu seiner Interpretation zu verweisen, dann aber auch auf die eingestreuten Zitate: Heßling wird hier nicht als Individuum gesehen, sondern als Repräsentant einer bestimmten Gesellschaft, hier der Wilhelminischen Gesellschaft, darüber hinaus als „potentieller Faschist", was dann deutlich wird, wenn die spezifischen Sozialisationsinstanzen ins Blickfeld gerückt werden. Weiterhin wäre auf die gesellschaftlichen Auswirkungen des autoritären Charakters zu verweisen, der seine Aggressionen auf sadistische Weise an bestimmten Feindgruppen ausläßt. Eine Würdigung der sozialpsychologischen Aspekte des autoritären Charakters, wie er im Roman dargestellt wird, wird aber erst möglich sein, wenn die Darstellung der Gesellschaft im Roman erarbeitet worden ist. Daher verzichten wir hier auf eine umfassendere Analyse des autoritären Charakters und begnügen uns mit diesen wenigen Hinweisen. Wer schon hier die Gesamtproblematik der sozialpsychologischen Deutung des autoritären Charakters einbringen möchte, kann dies wie folgt leisten:

1. Ein Schüler bringt über ein Referat die Gesamtinterpretation Vogts ein und versucht zu bestimmen, inwieweit die Vogtsche Interpretation über den Freudschen Ansatz hinausgeht.

2. Heßlings Sozialisation wird verglichen mit einem entsprechenden Textausschnitt aus den Memoiren des Lagerkommandanten von Auschwitz, Rudolf Höß, wobei auf Parallelitäten im Sozialisationsprozeß verwiesen werden wird (siehe Text unten).

3. Will man auf der theoretischen Ebene bleiben, wird man Adornos Text zum „autoritären Syndrom" heranziehen (siehe S. 22), um an ihm zu zeigen, wie Adorno bei der Interpretation des autoritären Charakters über Freud hinaus geht.

In einer *letzten Phase* kann, ausgehend von den bisherigen Ergebnissen, die Leitfrage für die III. Arbeitsgruppe präzisiert werden (siehe hierzu Arbeitsblatt III, S. 77), sofern das nötig sein sollte.

Die Sozialisation des Lagerkommandanten von Auschwitz, Rudolf Höß

„Durch das Gelübde meines Vaters, wonach ich Geistlicher werden sollte, stand mein Lebensberuf fest vorgezeichnet. Meine ganze Erziehung war darauf abgestellt. Ich wurde von meinem Vater nach strengen militärischen Grundsätzen erzogen. Dazu die tiefreligiöse Atmosphäre in unserer Familie. Mein Vater war fanatischer Katholik.
… Von meinen Eltern war ich so erzogen, daß ich allen Erwachsenen und besonders Älteren mit Achtung und Ehrerbietung zu begegnen hätte, ganz gleich aus welchen Kreisen sie kämen. Überall, wo es notwendig ist, behilflich zu sein, wurde mir zur obersten Pflicht gemacht. Ganz besonders wurde ich immer darauf hingewiesen, daß ich Wünsche oder Anordnungen der Eltern, der Lehrer, Pfarrer usw., ja aller Erwachsenen bis zum Dienstpersonal unverzüglich durchzuführen bzw. zu befolgen hätte und mich durch nichts davon abhalten lassen dürfe. Was diese sagten, sei immer richtig.
Diese Erziehungsgrundsätze sind mir in Fleisch und Blut übergegangen. – Ich kann mich noch gut entsinnen, wie mein Vater – der als fanatischer Katholik ein entschiedener Gegner der Reichsregierung und deren Politik war – seinen Freunden stets vor Augen hielt, daß, trotz aller Gegnerschaft, die Gesetze und Anordnungen des Staates unbedingt zu befolgen wären.
Schon von klein auf wurde ich zu einem festen Pflichtbewußtsein erzogen. Es wurde in meinem Elternhaus streng darauf geachtet, daß alle Aufträge genau und gewissenhaft ausgeführt wurden. Jedes hatte immer einen gewissen Pflichtenkreis. Mein Vater achtete besonders darauf, daß ich alle seine Anordnungen und seine Wünsche peinlichst befolgte. So erinnere ich mich noch, daß er mich eines Nachts aus dem Bett holte, weil ich die Satteldecke im Garten hatte hängen lassen, anstatt sie, wie er angeordnet, im Schuppen zum Trocknen aufzuhängen. Ich hatte es einfach vergessen. Immer wieder

belehrte er mich, daß aus den kleinen, oft unbedeutend scheinenden Nachlässigkeiten zumeist großer Schaden entstünde. Mir war dies damals nicht ganz begreiflich, doch später habe ich, durch bittere Erfahrung belehrt, gelernt, diesen Grundsatz zu beherzigen.

Zwischen meinen Eltern bestand ein gütiges, liebevolles Verhältnis voll Achtung und gegenseitigem Verstehen. Doch habe ich nie erlebt, daß sie zueinander zärtlich waren. Aber auch ebensowenig fiel je ein ärgerliches oder gar böses Wort zwischen ihnen. Während meine zwei um vier bzw. sechs Jahre jüngeren Schwestern sehr anschmiegsam und stets um die Mutter waren, lehnte ich jeden Zärtlichkeitsbeweis, schon von frühester Jugend an, strikt ab, zum steten Bedauern meiner Mutter, aller Tanten und Verwandten. Ein Händedruck und einige sparsame Dankesworte waren das Äußerste, was man von mir erwarten konnte.

Obwohl mir doch beide Eltern sehr zugetan waren, konnte ich nie den Weg zu ihnen finden in all dem großen und kleinen Kummer, der so ein Jungenherz ab und zu mal bedrückt. Ich machte dies alles mit mir selbst ab ...

Meine Eltern, meinen Vater sowie meine Mutter, achtete ich sehr und sah mit Verehrung zu ihnen auf. Doch Liebe – Elternliebe, wie ich sie später kennenlernte – brachte ich nicht für sie auf ...

Ich ließ mir nichts gefallen und setzte mich immer durch. Wurde mir Unrecht getan, so ruhte ich nicht eher, bis dies – nach meiner Ansicht – gesühnt war. Darin war ich unerbittlich und bei meinen Klassenkameraden gefürchtet."

(Aus: Martin Broszat (Hrsg.), Kommandant in Auschwitz. Autobiographische Aufzeichnungen des Rudolf Höß, dtv dokumente 2908, München 1978)

Lernziele zur 4. und 5. Stunde
(Stundenblatt Nr. 5/5 R):

1. Die Schüler bestimmen die gegensätzlichen Lebenshaltungen der Eltern Heßlings und führen diese auf die beiden Grundprinzipien Autorität und Lust zurück.

2. Die Schüler bestimmen das Verhältnis Diederichs zu seinen Eltern als ambivalent, indem sie die Mechanismen des Umschlagens von Liebe in Haß und von Haß in Liebe erfassen.

3. Die Schüler beziehen das Freudsche psychoanalytische Persönlichkeitsmodell, vermittelt über einen Lehrervortrag, auf Diederich Heßling und interpretieren auf diese Weise diese Romanfigur psychoanalytisch, wobei sie sich eines psychoanalytischen Vokabulars bedienen.

4. Die Schüler benennen die spezifischen Mechanismen Heßlings, den Triebverzicht zu kompensieren.

5. Die Schüler reduzieren den Text Vogts auf einige Grundthesen und überprüfen diese am Text Heinrich Manns.

6. Die Schüler erkennen, wie Diederichs Charakter durch das Verhältnis zu den Eltern prädisponiert wird.

7. Die Schüler unterscheiden zwischen psychoanalytischer und sozialpsychologischer Methode und bestimmen die Leistungsfähigkeit dieser Methoden.

8. Ausgehend von den in dieser Doppelstunde gewonnenen Erkenntnissen präzisieren die Schüler die Fragestellung nach Diederichs Verhältnis zu den Frauen.

7.4.5. Die Sequenz 5:
Konstituierung und Planung
der Gruppenarbeit
(6.–9. Stunde,
Stundenblätter Nr. 6 – 8 R)

Diente die Sequenz 4 dazu, die Schüler in die
Grundprobleme des Romans einzuführen, so
die Sequenz 5 dazu, die Gruppenarbeit inten-
siver vorzubereiten. Dies geschieht auf zweifache Weise: Die Stunden 7 und 9 widmen
sich den technischen Problemen der Gruppenarbeit, d.h. der inneren Organisation der
Gruppenarbeit sowie dem Problem, wie die
Gruppenergebnisse der Klasse in optimaler
Weise vermittelt werden können; die Stunden 6 und 8 dagegen nehmen sich der inhaltlichen Aspekte an, indem sie, ausgehend von
einer Analyse der Romanexposition, die
Fragestellungen für die Gruppenarbeit präzisieren, wobei unmittelbar an die letzte Phase
der 5. Stunde angeknüpft werden kann. Um
den Schülern die Orientierung zu erleichtern,
wird in der 8. Stunde versucht, die Romanhandlung grob zu strukturieren; dies ist Voraussetzung für eine erfolgreiche Gruppenarbeit, denn nur so vermögen die Gruppen ihre
Arbeitsergebnisse in einen größeren Zusammenhang zu integrieren. In der Gesamt-
anlage der UE ist mit dieser Sequenz der
Punkt erreicht, an dem die Unterrichtsgestaltung weitgehend an die Schüler übergeht.
Sinnvollerweise werden die beiden Stunden,
die den technischen Problemen der Gruppenarbeit gewidmet sind, als eine Einheit
konzipiert (so auch auf den Stundenblättern), wenn auch beide nicht unmittelbar
aufeinander folgen sollten. Wo diese beiden
Stunden eingeschoben werden, hängt jeweils
von der konkreten Unterrichtssituation ab.
Jedenfalls sollte die erste Stunde auf alle
Fälle vor Beginn der Gruppenarbeit stehen,
die zweite vor der Auswertung der Gruppenarbeit. Die erste der beiden Stunden könnte
auch vorgezogen und in die Bibliotheksarbeit
integriert werden. Innerhalb unserer Kon-

zeption steht diese Stunde am Beginn der Sequenz 5, bevor in der Sequenz die Kaiserpro-
blematik angesprochen wird, die in einem geschlossenen Komplex behandelt werden sollte. Die zweite Stunde sollte von der ersten
zeitlich deutlich abgesetzt werden und erst
dann eingefügt werden, wenn sich die Schüler
mit dem Problem konfrontiert sehen, wie sie
ihre Ergebnisse der Klasse darbieten können,
d.h. frühestens in der 9. Stunde, da in der
10. Stunde erstmals von den Gruppen Teiler-
gebnisse abverlangt werden. Es wäre auch
denkbar, diese Stunde unmittelbar nach der
Präsentation der ersten Ergebnisse der
Gruppenarbeit einzufügen, d.h. von der Fragestellung: Auf welche Weise wurden die Ergebnisse vorgetragen? Konnte die Gruppe
die Klasse erreichen? Welche Alternativen
gibt es, derartige Ergebnisse vorzutragen?
Der Vorteil dieses Verfahrens liegt darin,
daß die Problematik an einem konkreten
Beispiel dargestellt werden kann; der Nachteil ist darin zu sehen, daß die Diskussion um
die eigentlichen Ergebnisse der Gruppenarbeit in den Hintergrund geraten kann.
Die Sequenz 5 erfüllt also innerhalb der Gesamtkonzeption der UE auf zweifache Weise
eine Gelenkfunktion: Sie artikuliert den weiteren Unterrichtsverlauf, indem der Unterricht von der gemeinsamen Erarbeitung des
ersten Kapitels her thematisch auf die Gruppenarbeit hin geplant wird; sie führt gleichzeitig in die Arbeitstechniken der Gruppenarbeit ein.

*Ausdifferenzierung der Fragestellungen der
Arbeitsgruppen (6. und 8. Stunde, Stundenblätter Nr. 6/6 R und Nr. 7/7 R)*
Wie schon eben ausgeführt, wird der zweite
Teil der Arbeitsblätter für die Gruppenarbeit
thematisch nur sehr vage ausgewiesen. Diese
Formulierungen sollen durch die Schüler
nach der Lektüre präzisiert werden, wobei
überall dort, wo eine Ausdifferenzierung der
Fragestellung schwierig sein dürfte, Hilfestellungen im Unterricht geleistet werden

sollen. Dies wird für die Gruppen I und II, eventuell auch für IV, nicht notwendig sein, da sowohl die Darstellung des historischen Kaisers im Roman als auch das Verhältnis Kaiser–Heßling von den Schülern selbständig geleistet werden kann. Dies gilt auch für die Darstellung der Parteien, wenn zuvor der erste Teil des Arbeitsblattes sorgfältig bearbeitet worden ist. Dagegen sind die Arbeitsaufträge für die Gruppen III und V von den Schülern kaum selbständig zu leisten. So erfolgt die Ausdifferenzierung des Arbeitsauftrages für die Gruppe III im Anschluß an die sozialpsychologische Analyse der Untertanenmentalität. Als schwierig wird sich dann noch das Herausarbeiten der Gesellschaftsdarstellung im Roman und des Gesellschaftsbildes von Heinrich Mann erweisen, da hier zunächst klar sein müßte, wo und auf welche Weise innerhalb des Romans „Gesellschaft" und das Gesellschaftsbild des Autors faßbar wird.

Um die Funktion dieser Stunde den Schülern zu verdeutlichen, aber auch, um die Gruppen auf eine gemeinsame Ausgangsbasis für die Textanalyse zu bringen (in beiden Fällen durch den Bezug auf das Thema „Präzisierung der Aufgabenstellung für die Gruppenarbeit"), erfolgt der Einstieg sehr offen: Aus dem ersten Kapitel sollen die Schüler die Textpassagen benennen, in denen die Themen der Gruppenarbeit exponiert werden (Auflisten im Sinne des Stundenblattes Nr. 6). Was die Themen I und II anbelangt, so wird auf die nächste Sequenz verwiesen; bei Thema III kann auf die vorangegangene Stunde verwiesen werden; das Thema V, eventuell in Verbindung mit dem Thema IV, wird zum Inhalt dieser Stunde gemacht. Mithin wird der Einstieg, mit dessen Hilfe alle Themen nochmals ins Blickfeld gerückt werden, in der zweiten Phase auf das methodische Problem verengt, wie „Gesellschaft" im Roman faßbar wird und wie vom Roman auf das Gesellschaftsbild des Autors geschlossen werden kann.

Das Augenmerk wird der Schüler einmal auf die expliziten Äußerungen der Personen zu gesellschaftlichen Problemen richten – hier wäre v. a. auf Heßlings Darstellung der Gesellschaft am Ende des ersten Kapitels zu verweisen –, zum andern auf die spezifische Personendarstellung Heinrich Manns, der in seinen Personen jeweils gesellschaftliche Typen darstellt. Zweifellos ist es am einfachsten, von einer konkreten Textstelle auszugehen, nämlich von Heßlings Darstellung der Gesellschaft, um dann von dort auf die Darstellung der Personen zu kommen:

„Jeder einzelne ein Nichts, steigen wir in gegliederten Massen als Neuteutonen, als Militär, Beamtentum, Kirche und Wissenschaft, als Wirtschaftsorganisation und Machtverbände kegelförmig hinan, bis dort oben, wo sie selbst steht, steinern und blitzend! Leben in ihr, haben teil an ihr, unerbittlich gegen die, die ihr fern sind, und triumphierend, noch wenn sie uns zerschmettert: denn so rechtfertigt sie unsere Liebe!" (S. 47, Heßling bezieht sich hier auf die Macht)

Bei der ersten Begegnung mit dem Kaiser reflektiert er hier seinen bisherigen gesellschaftlichen Aufstieg und antizipiert gleichzeitig den zukünftigen, indem er die Stufen benennt, die zur absoluten Macht, dem Kaiser, hinführen. Heßling denkt sich die Gesellschaft dabei als eine Pyramide, die auf den Kaiser ausgerichtet ist. In sie werden auch die gesellschaftlichen Gruppierungen integriert, die Heßling wohl in seiner Laufbahn berührt, an denen er jedoch nicht teil hat wie das Beamtentum und der Klerus. In dieses Modell können noch leicht die Arbeiter, die aus diesem Bild der Gesellschaft ausgeschlossen sind, und der Adel einbezogen werden, der im Roman nicht als einheitliche Schicht vorkommt. Die Schüler können dann diesen gesellschaftlichen Gruppierungen noch die Vertreter zuordnen, die Heinrich Mann im ersten Kapitel auftreten läßt.

Es scheint uns nicht erforderlich, die hier benannten gesellschaftlichen Gruppierungen auf ein wissenschaftlich abgesichertes Klassen- oder Schichtmodell zu bringen, das die Schüler zum Ausgangspunkt für ihre Analyse der Gesellschaft im Roman machen könnten. Ziel ist es nicht, Heinrich Manns Darstellung der Gesellschaft an historischen und soziologischen Erkenntnissen zur Gesellschaft des Kaiserreichs zu messen, sondern die Frage zu beantworten, wie Heinrich Mann Gesellschaft darstellt. Es genügt uns, daß überhaupt einmal gesellschaftliche Gruppierungen benannt werden, auf deren Darstellung die Schüler bei ihrer Romanlektüre achten. Aufgabe der Gruppe V wäre dann noch, diese Gruppierungen in eine bestimmte Ordnung zu bringen, wobei es sich empfiehlt, bei der Darstellungsweise Heinrich Manns anzusetzen (positive/negative Darstellung). Demgemäß wird lediglich versucht, die Angaben Heßlings etwas konsequenter anzuordnen und klarer zu benennen sowie sie in einen Tafelanschrieb zu überführen, aus dem Heßlings hierarisches Gesellschaftsbild (darin mit Pfeilen gekennzeichnet, wie Heßling sich seinen persönlichen Aufstieg vorstellt) sowie einige repräsentative Gesellschaftsgruppen des Kaiserreichs, auf deren Darstellung im Roman die Schüler achten sollten, sichtbar werden. Die im Tafelbild festgehaltene Gesellschaftspyramide entspricht nicht objektiven Gegebenheiten, sondern gibt lediglich Heßlings subjektive Auffassung wieder.

Der Problembereich von „Heinrich Manns Gesellschaftsbild" kann zu diesem Zeitpunkt noch nicht angesprochen werden; den Schülern sollte in diesem Zusammenhang nur klar werden, daß dieses Gesellschaftsbild erst aus der Darstellung der Gesellschaft und ihrer Repräsentanten erschlossen werden kann.

In einer dritten Phase wird die allgemeine Fragestellung der Gruppe V, entsprechend der Stundenergebnisse, ausdifferenziert (siehe dazu die entsprechenden Angaben auf dem Stundenblatt 6 R und dem Arbeitsblatt V). Es wäre zu überlegen, ob dann an die Stelle der Phase 4 und 5 nicht eine Stillar-

beitsphase treten könnte, in welcher die Schüler in ihren Gruppen ihre Fragestellungen selbständig ausdifferenzieren. Die Phasen 4 und 5 sind deshalb fakultativ. Sie sollten nur dort realisiert werden, wo nicht davon ausgegangen werden kann, daß die Gruppen IV und V ihre Themenstellung selbständig bewältigen können.

Lernziele zur 6. Stunde
(Stundenblatt Nr. 6/6 R):
1. Die Schüler erkennen, daß im ersten Kapitel des Romans in der Darstellung von Heßlings Sozialisation die zentralen Themen des Romans exponiert werden.
2. Die Schüler benennen die Textpassagen des ersten Kapitels, in welchen die Fragestellungen für die Gruppenarbeit thematisiert werden.
3. Die Schüler benennen die Faktoren, aus denen die Darstellung der Gesellschaft und das Gesellschaftsbild Heinrich Manns erschlossen werden können: die Darstellung der Personen als gesellschaftliche Typen und die Äußerungen der Personen zu gesellschaftlichen Problemen.
4. Die Schüler entnehmen den Äußerungen Heßlings dessen Gesellschaftsbild und fixieren dieses in Form einer Pyramide, in welcher alle gesellschaftlichen Gruppen auf den Kaiser ausgerichtet sind, an der Tafel.
5. Aus dem erarbeiteten Tafelbild leiten die Schüler Fragestellungen für die Arbeitsgruppe V ab.

Die achte Stunde – als siebte Stunde wird eine Stunde zur Organisation der Gruppenarbeit eingeschoben – öffnet erstmals den Blick auf den ganzen Roman, wobei von diesem Zeitpunkt an die Kenntnis des ganzen Romans vorausgesetzt wird. Den Schülern soll in der achten Stunde ein grober Überblick über die gesamte Romanhandlung verschafft werden – ein Erfassen diffiziler Nebenhandlungen wird nicht verlangt. Es geht uns hier nicht um ein bloßes Nachvollziehen der Handlung in ihren einzelnen Teilen im Sinne einer Nacherzählung, sondern um Einsicht in die Grundstruktur des Romans, die neue Fragestellungen eröffnet und zu dem nächsten großen Themenkomplex „Heßling und der Kaiser' hinführt (Arbeitsgruppe I und II). Haben die Schüler einmal erkannt, daß das ganze erste Kapitel auf die erste Begegnung Heßlings mit dem Kaiser angelegt ist, so wird es ein leichtes sein, durch entsprechende Hinweise auf die Kapitelschlüsse, die Kaiserthematik als Strukturierungsmittel des Romans zu erkennen.

Am Ende jedes Kapitels wird Heßlings Verhältnis zum Kaiser thematisiert, wobei Heßlings Entwicklungsstufen hin zur Macht deutlich werden. So erweist sich die Kaiserthematik in ihrem Bezug zur „Entwicklung" Heßlings als das eigentliche Strukturprinzip des Romans. Dies versucht das Tafelbild (Stundenblatt 8 R), das im Unterricht zu entwickeln ist, zu verdeutlichen: Die Handlung wird jeweils auf Heßlings Bezug zum Kaiser ausgerichtet, wobei jedes Kapitel einen eigenen thematischen Schwerpunkt besitzt, welcher den jeweiligen Entwicklungsstand Heßlings innerhalb der Gesellschaft von Netzig bezeichnet. Auf ein derartiges Strukturbild kann der Schüler zur Orientierung immer wieder zurückgreifen. Die hier angesprochene Thematik fällt in das Aufgabenfeld der Arbeitsgruppe I.

Ein Mitglied der Gruppe stellt in einem Kurzreferat (verstanden als Gruppenbeitrag) die Textpassagen mit Kaiserthematik zusammen, aus denen dann der Tafelanschrieb entwickelt wird.

Dabei wird den Schülern auch schnell klar, daß die Kaiserthematik jeweils mit Heßling verbunden ist, der eigentliche Gehalt des Romans also in der Gestaltung dieses Verhältnisses liegen muß, dem alles andere zugeordnet wird.

Soweit es nötig erscheint, werden im Anschluß an die Entwicklung des Tafelbildes die Fragestellungen für die Gruppen I und II ausdifferenziert (Phase 4).

Lernziele zur 8. Stunde (Stundenblatt Nr. 7/7 R):

1. Die Schüler lernen, eine Romanhandlung so zu strukturieren, daß sich daraus gewisse Einsichten in mögliche Intentionen des Autors ergeben.
2. Die Schüler erkennen in der Kaiserthematik, die jeweils auf Heßlings Entwicklung bezogen erscheint, das Strukturierungsprinzip des Romans, sowohl was die Anlage der einzelnen Kapitel anbelangt als auch was die Gesamtkonzeption angeht.
3. Die Schüler strukturieren die gesamte Romanhandlung auf die zentrale Thematik hin, indem sie Thema und Zielrichtung bestimmen.
4. Aufgrund einer Analyse des von ihnen entwickelten Strukturbildes sehen die Schüler in der Darstellung des Verhältnisses Heßling–Kaiser das eigentliche Anliegen des Romans.
5. Ausgehend von den Einsichten in die Grundstruktur des Romans präzisieren die Schüler die Fragestellungen für die Arbeitsgruppen I und II (Darstellung des Kaisers und des Verhältnisses Heßling–Kaiser).

Die interne Organisation der Gruppenarbeit (7. und 9. Stunde, Stundenblätter Nr. 8 und Nr. 8 R)

Zwei Stunden werden den technischen Problemen der Gruppenarbeit vorbehalten, die mit zum zentralen Anliegen dieser UE gemacht werden: Die erste Stunde stellt die Frage, wie die interne Arbeit der Gruppen sinnvoll organisiert werden kann; die zweite Stunde entwickelt Verfahren, wie die Arbeitsergebnisse der Gruppen auf optimale Weise der Klasse vermittelt werden können. Beide Stunden weisen dasselbe Gliederungsschema auf: In einer ersten Phase wird das

Problem angesprochen und anschließend werden gemeinsam Lösungswege aufgezeigt, in einer zweiten Phase werden die gewonnenen Kenntnisse innerhalb der einzelnen Gruppen praktisch erprobt, und in einer fakultativen dritten Phase werden dann die ersten Erfahrungen mit den erprobten Verfahren kritisch ausgewertet.

Die 7. Stunde setzt bei der Frage an „Wie geht man sinnvollerweise bei der Bearbeitung von Fragestellungen für die Gruppenarbeit vor?" Ein allgemeines Arbeitsprogramm für die Arbeit innerhalb der Gruppe wird gemeinsam mit den Schülern aufgestellt, wobei die häusliche Individualarbeit mit der Arbeit innerhalb der Gruppe koordiniert werden muß. Daraus könnte sich etwa folgender Ablauf der Arbeit ergeben:

1. Gemeinsame Analyse der Fragestellungen für die Gruppenarbeit und Ausdifferenzierung der allgemeinen Fragestellung im zweiten Teil des Arbeitsblattes mit der Möglichkeit, bei Unklarheiten beim Lehrer nachzufragen.

2. Bereitstellen und Aufarbeiten des Materials, das zur Grundlage der Gruppenarbeit gemacht werden soll: Zum ersten Teil des Arbeitsblattes Bücher und Bildmaterial, zum zweiten Teil ausgewähltes Textmaterial aus dem Roman. Die Schüler sichten gemeinsam das Material zum ersten Teil des Arbeitsblattes und lesen den Roman mit dem Ziel, die für ihre Fragestellung relevanten Textpassagen zu benennen.

3. Arbeitsteiliges Verfahren: Die Schüler verteilen die Arbeit untereinander und vergeben die Arbeitsaufträge zur besseren Kontrolle zweifach. Die Arbeitsaufträge werden genau formuliert; weiterhin wird ein Terminplan aufgestellt, aus dem hervorgeht, bis wann die Arbeitsaufträge zu leisten sind.

4. Soweit notwendig, werden zusätzliche Spezialaufträge an einzelne Schüler vergeben: Besorgen von Büchern aus der Bibliothek, kurze Literaturberichte, Ordnen von Materialien u. a.

5. Koordinierung der Arbeitsergebnisse zu einem Gruppenergebnis und kritische Überprüfung der Ergebnisse (Kontrollverfahren).

6. Aufarbeitung der Gruppenergebnisse für die Präsentation vor der Klasse und Verteilung der Arbeit für die Präsentation auf einzelne Gruppenmitglieder.

7. Darbietung der Ergebnisse vor der Klasse und Auseinandersetzung mit kritischen Beiträgen aus der Klasse.

Um eine bessere Kontrolle über die Leistungsfähigkeit der Gruppe und über die Arbeitsteilung innerhalb der Gruppe zu haben, sollten die Gruppen jeweils ein genaueres Arbeitsprogramm schriftlich vorlegen, aus dem hervorgeht, mit welchen Materialien die Gruppe arbeitet, wie sie ihre Aufgabenstellung ausdifferenziert hat, wer welche Aufgaben zu welchem Termin übernommen hat und welche Präsentationsformen die Gruppe wählt. An die Stelle dieses schriftlichen Arbeitsprogrammes kann auch ein Protokoll treten, das jeweils über die in der Gruppe geleistete Arbeit berichtet, einschließlich der dabei aufgetretenen Probleme.

Lernziele zur 7. Stunde
(Stundenblatt Nr. 8):

1. Die Schüler vermögen, eine vorgegebene Fragestellung, die sich auf die Analyse eines Romans bezieht, auszudifferenzieren und im arbeitsteiligen Verfahren zu bearbeiten.

2. Die Schüler beschaffen sich für die Bearbeitung einer bestimmten Aufgabenstellung das erforderliche Material, wählen dies in der Gruppe aus und bearbeiten dieses im arbeitsteiligen und -ökonomischen Verfahren.

3. Die Schüler organisieren selbst die Gruppenarbeit, indem sie einen Organisations-, Arbeits- und Zeitplan aufstellen und durchführen.

4. Die Schüler koordinieren individuelle Arbeitsleistungen zu einem Gruppenergebnis.

5. Die Schüler vermögen organisatorische Probleme zu benennen und gemeinsam, unter Beratung des Lehrers, mit diesen fertig zu werden.

Nach der siebten Stunde soll den Gruppen eine angemessene Zeit von ein bis zwei Wochen zur Aufbereitung ihrer Fragestellungen zur Verfügung gestellt werden, wobei für die Gruppen I und II, die einfachere Aufgaben bearbeiten, auf diesen Zeitraum verzichtet werden kann, zumal ihre Aufgabenstellungen leichter in häuslicher Individualarbeit zu bewältigen sind. So erhält die Gruppe I den Auftrag, in der nächsten Stunde (8. Stunde) über die Textpassagen zu berichten, die sich auf den Kaiser beziehen, und in der 10. Stunde ein Papier zur Charakterisierung des historischen Kaisers vorzulegen, eventuell verbunden mit einer Tonbildschau zu diesem Komplex.

Die neunte Stunde problematisiert die Präsentation von Arbeitsergebnissen, wobei zwei Aspekte unterschieden werden sollten: einmal die Präsentationsformen allgemein (Welche Möglichkeiten habe ich, der Klasse die Ergebnisse der Gruppenarbeit mitzuteilen?), zum anderen die Frage nach der Angemessenheit der Wahl meiner Präsentationsform (Mit welcher Präsentationsform werde ich dem Gegenstand, aber auch den Erwartungen und der Leistungsfähigkeit meiner Adressaten gerecht?). Innerhalb der UE können folgende Präsentationsformen eingesetzt werden, die in der ersten Phase des Unterrichts benannt und charakterisiert werden:

1. Referat/Kurzreferat, das in Kurzfassung als Hektographie vor der Stunde allen Schülern augehändigt wird.
2. Thesenpapier als Tischvorlage: Der Referent legt der Klasse eine Hektographie vor, die die Ergebnisse thesenhaft zusammenfaßt und Probleme benennt, welche die Gruppe nicht lösen konnte. Der Unterricht wird dann getragen von der Auseinandersetzung mit diesen Thesen.
3. Stichwortkatalog, der ausführlich vom Referenten vor der Klasse kommentiert wird.
4. Strukturbilder oder Modelle auf Overhead-Folie, auf denen die Sachverhalte auf ihre wesentlichen Strukturen reduziert erscheinen und so gut verdeutlicht werden können. Auch sie erfordern eine ausführliche Kommentierung.
5. Materialiensammlungen: Die Gruppe würde in diesem Fall der Klasse ausgewählte Materialien zu ihrem Problemkreis vorlegen und diese gemeinsam mit der Klasse erarbeiten, wobei einzelne Gruppenmitglieder Funktionen des Lehrers übernehmen.

In einer zweiten Phase werden die Präsentationsformen auf ihre Leistungsfähigkeit in bezug auf den Adressaten und in bezug auf die Thematik (Sachgemäßheit) betrachtet. Hierbei könnte das Modell unten zur Veranschaulichung entwickelt werden.

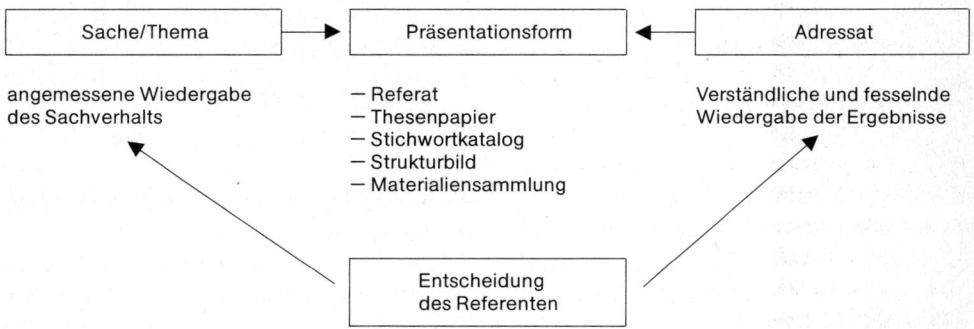

113

Nachdem die Schüler die Problematik der Präsentation von Gruppenergebnissen reflektiert haben, entscheiden sie sich innerhalb ihrer Gruppe im zweiten Teil des Unterrichts, welche Präsentationsform sie jeweils wählen wollen. Hierbei sollte der Lehrer an der gruppeninternen Diskussion teilnehmen, um nötigenfalls lenkend eingreifen zu können. Für die einzelnen Gruppen bieten sich die folgenden Präsentationsformen an:

Gruppe I:

Die Charakterisierung Wilhelms II. als historische Persönlichkeit und als Romanfigur kann am angemessensten mit einem Thesenpapier, das die Charakteristika auflistet, und mit Materialien, welche Ausschnitte aus Beurteilungen von Wilhelm II. zusammenstellen, erfaßt werden. Ergänzt werden kann diese Präsentation durch eine Diaschau.

Gruppe II:

Die abstraktere Fragestellung nach dem Verhältnis Heßling–Kaiser kann eher über ein Referat, das durch Strukturskizzen ergänzt wird, vorgetragen werden.

Gruppe III:

Heßlings Verhältnis zu den Frauen kann in ähnlicher Weise dargestellt werden wie bei Gruppe II. In einem Strukturbild können die Frauentypen, mit denen Heßling in Beziehung tritt, einander gegenübergestellt und charakterisiert werden. In Anlehnung an das in der 4. Stunde entwickelte psychoanalytische Modell könnte weiterhin versucht werden, Diederichs Verhältnis zu Frauen modellhaft darzustellen. Wo sich dies als zu schwierig erweist, kann auf ein Thesenpapier zurückgegriffen werden.

Gruppe IV:

Die Darstellung der Parteien im Roman kann in einer stichwortartigen Gegenüberstellung erfaßt werden, die Parteienintrigen in einem Strukturbild, aus dem die Absprachen zwischen den Parteien deutlich werden.

Gruppe V:

Die Darstellung der gesellschaftlichen Gruppen im Roman kann durch ein Strukturbild verdeutlicht werden, aus dem hervorgeht, wie die Gruppen dargestellt (positive/negative) und einander zugeordnet werden. Aus der Zuordnung der Gruppen und aus ihrer jeweiligen Darstellungsweise kann dann der parteiische Standpunkt Heinrich Manns deutlich werden.

Lernziele zur 9. Stunde
(Stundenblatt Nr. 8 R):

1. Die Schüler lernen unterschiedliche Formen der Präsentation von Arbeitsergebnissen kennen.
2. Die Schüler beurteilen diese Präsentationsformen in bezug auf die Adressatengruppe und bezüglich ihrer Sachangemessenheit.
3. Die Schüler wählen für ihre Arbeitsergebnisse die angemessene Präsentationsform.
4. Die Schüler erproben bestimmte Präsentationsformen und beurteilen diese kritisch in bezug auf ihre Wirkung bei den Mitschülern.

7.5. Die Sequenz 6: Die poetischen Techniken Heinrich Manns I / Montagetechnik (10.–12. Stunde, Stundenblatt Nr. 9/9 R)

In dieser Sequenz geht es erstmals um die Frage nach dem Verhältnis von historischer Realität und Romanhandlung, konkret um das Problem, wie im Roman historische Realität poetisch umgesetzt erscheint. Für den Schüler ist dabei der geeignetste Ausgangspunkt die historische Person Kaiser Wilhelms II., da dieser ja im Roman selbst auftritt und sich damit ein Vergleich historischer Kaiser – Romankaiser unmittelbar anbietet. Durch den Vergleich wird den Schülern sehr schnell

114

**Übersicht über die Sequenz 6
und die Stellung der Sequenz innerhalb der Gesamtkonzeption**

1. Vorgeschlagener Unterrichtsverlauf   II. Mögliche Exkurse

10. Stunde:
Historischer Kaiser und Romankaiser
1. Historische Materialien zum Charakter
   Wilhelms II.
2. Tonbildschau zu Wilhelm II.
3. Vergleich historischer Kaiser – Romankaiser

Exkurs I:
Die Darstellung Wilhelms II. in der zeitgenössichen
Literatur
Beispiele:
Karl Kraus: Die letzten Tage der Menschheit, 1. Akt,
23. Szene
Frank Wedekind: Im Heiligen Land
Evtl. ergänzt durch Ausschnitte aus Th. Manns
„Königliche Hoheit"

Sequenz 7/8: Das Verhältnis Heßling – Kaiser als
Ausdruck einer gesellschaftlichen Problematik

11. Stunde:
Die Rhetorik des Kaisers im Munde Heßlings:
Analyse der Heßling-Rede vor seinen Arbeitern
im Vergleich zu einer Rede Wilhelms II.

Exkurs II:
Die Sprache Wilhelms II.: Untersuchungen zur
Rhetorik des Kaisers
1. Analyse von Kaiserreden
2. Die Untersuchungen der Kaiserreden durch
   Thoma und Arntzen

Sequenz 9: Montagetechnik als eine Voraussetzung
zum Verständnis der satirischen Sprachhaltung

Exkurs III:
Übungen zur Textanalyse: Rhetorik. Vergleich der
Rede zur Denkmalseinweihung mit der Rede
Wilhelms II. „An den Prinzen Rupprecht zu Bayern
vom 3. Juli 1900"

Exkurs IV:
Einführung in die Rhetorik: Analyse politischer
Reden

12. Stunde:
Gruppenarbeit: Koordinierung der Individualleistungen zu einem Gruppenergebnis

Alternativen:
zur 11. Stunde: Konfrontation der Heßlingrede mit einer Liste von Kaiserzitaten (Vorschlag Hanne Henze in
Praxis Deutsch 22, 1977)

klar, daß viele Charaktermerkmale Wilhelms II. von Heinrich Mann auf Heßling übertragen wurden; mithin verweist die Analyse des Kaisers auf die Analyse des Verhältnisses Heßling – Kaiser, über die dann die gesellschaftlichen Aspekte der Untertanenmentalität ins Blickfeld geraten. Damit bereitet die Sequenz 6 die Sequenzen 7 (Heßlings Verhältnis zum Kaiser) und 8 (Darstellung der Gesellschaft) vor.
Die Montagetechnik Heinrich Manns beschränkt sich nicht auf die bloße Übernahme realer historischer Fakten in den Roman, um auf diese Weise der Fiktionalität Realitätscharakter zu geben – ein Faktum, das den Schülern relativ einfach zu vermitteln ist –, die Montagetechnik erfolgt auch noch auf eine wesentlich diffizilere Weise. So wenn etwa Heinrich Mann historische Kaiserzitate in die Reden Heßlings montiert und diese Reden als ein Mixtum von Kaiserzitaten, dem Kaiser nachempfundenen Formulierungen und eigenen Sprachfloskeln Diederichs erscheinen. Die Art und Weise, wie hier

montiert wird und in welche Zusammenhängen montiert wird, verweist auf Heinrich Manns satirische Haltung und schafft die Voraussetzungen für das Verständnis der für Heinrich Mann spezifischen satirischen Sprachhaltung, die Gegenstand der Sequenz 9 sein wird.

Innerhalb dieser Sequenz bieten sich viele Möglichkeiten zu Exkursen, die sich einmal mit der Darstellung Wilhelms II. in anderen literarischen Werken beschäftigen können, zum andern mit der Rhetorik im allgemeinen.

7.5.1. *Zur Unterrichtsgestaltung* *(Die Stunden 10 bis 12)*

Die 10. Stunde, in deren Mittelpunkt der Vergleich historischer Kaiser – Romankaiser steht, geht von den Ergebnissen der Arbeitsgruppe I und II aus, wobei zunächst das Material aus der Bibliothek ausgewertet wird. Die Gruppe I entwirft ein Charakterbild Wilhelms II., das auf einer Auflistung äußerer Kennzeichen und charakterlicher Eigenschaften Wilhelms II. beruht; ergänzt wird dieses Charakterbild durch einen Dia-Vortrag mit offiziellen Hofphotographien Wilhelms II., die v. a. das Posenhaft-Theatralische Wilhelms II. verdeutlichen (eingebracht durch die Gruppe I) und mit Karikaturen, die Charaktereigenschaften Wilhelms II. bloßstellen (eingebracht durch Gruppe II). In einem Tafelanschrieb werden einige wesentliche Charaktereigenschaften festgehalten, die auf den Roman bezogen werden können. Im folgenden werden einige Charakteristika Wilhelms II. aufgeführt:

– der hochgezwirbelte, drohende Schnurrbart, der zu einer Modeerscheinung des Wilhelminischen Zeitalters wurde (Hinweis auf den Hoffriseur Harby)
– die drohenden, blitzenden, immer unruhigen Augen
– die Vorliebe für seinen Dackel, der bevorzugt bedient wird

– die bevorzugte Pose auf dem Pferd (selbst sein Schreibtischstuhl bestand aus einem Sattel)
– die rhetorische, aufs Repräsentative ausgerichtete Haltung
– der Hang zum Repräsentativen, Opernhaften, zur Show, greifbar in seiner Vorliebe für Paraden, Schiffstaufen, Grundsteinlegungen, Denkmalsenthüllungen u. ä.
– sein Talent, sich immer in den Mittelpunkt zu spielen
– unangemessenes Verhalten: Vorliebe für Schulterklopfen, schlechte Witze u. ä.
– auffallende verbale Aggressivität, markige Reden, rhetorische Begabung
– göttliches Sendungsbewußtsein und Hang zu autokratischem Anspruch; Ablehnung des Reichstages
– sieht sich als Volksbeglücker und Volkskaiser
– vielseitige Interessen und Bildung, oft verbunden mit dem Anspruch, überall mitreden zu können
– offen für technische Entwicklungen
– Vorliebe fürs Militär, insbesondere für die Flotte (Neigung zum Militarismus und Imperialismus)
– Sorge um das Wohl der Arbeiter bei totaler Ablehnung der Sozialdemokratie
– zerrissene Natur: Diskrepanz zwischen großartigem, kraftstrotzendem Auftreten und innerer Weichheit und Unentschlossenheit
– auf Eindruck bedacht, ständig im Kampf mit sich selbst
– forderte wie selten eine politische Persönlichkeit Spott und Kritik heraus.

Ist ein derartiges Charakterbild Wilhelms II. erstellt, versucht die Klasse, unter der Leitung der Arbeitsgruppen I und II, dieses Charakterbild auf den Roman zu beziehen, wobei schnell deutlich werden wird, daß die Darstellung des Kaisers sehr blaß bleibt und daß die wesentlichen Merkmale Kaiser Wilhelms

II. auf Heßling übertragen werden. Der Tafelanschrieb, der dieses Faktum verdeutlichen soll, wird nur so weit durchgeführt, bis das Prinzip erkannt ist.

Abgesehen von den äußerlichen Merkmalen wird der Kaiser fast nur in seiner charismatischen Wirkung gezeigt, wird er, trotz vieler Angriffsflächen für die Kritik, welche die Zeitgenossen zu einer Unzahl von Karikaturen und Satiren reizten, bei Heinrich Mann zumindest neutral dargestellt, was so weit geht, daß der Romankaiser über das Verhalten seines Untertans Heßling, das dem Kaiser so sehr entspricht, nur lächelt. Damit wird die Kritik vom Kaiser selbst abgelenkt hin auf den Untertan und auf sein Verhältnis zum Kaiser, worin Hinweise auf die eigentliche Intention des Romans zu sehen sind.

An dieser Stelle schon in eine Diskussion über die Romanintention einzusteigen, wäre verfrüht; dennoch könnten am Ende dieser Stunde erste Überlegungen zu diesem Komplex unter der Fragestellung stehen „Was könnte Heinrich Mann veranlaßt haben, Eigenschaften Wilhelms II. in seinem Roman weniger in Verbindung mit dem Romankaiser als mit Heßling zu bringen?". Schon hier könnte den Schülern deutlich werden, daß Heinrich Mann in seiner Kritik weniger den Kaiser treffen will als vielmehr die Untertanenmentalität und jene Faktoren, welche die Entfaltung dieser Mentalität bedingen bzw. begünstigen.

Lernziele zur 10. Stunde
(Stundenblatt Nr. 9):
1. Die Schüler erstellen aus unterschiedlichem Material ein Charakterbild Wilhelms II. und bringen dieses in einen Bezug zum Roman.
2. Die Schüler erkennen am Beispiel der Darstellung Wilhelms II., wie Heinrich Mann Realitätspartikel in den Roman einfügt, und bestimmen die Funktion dieser Montagetechnik.
3. Die Schüler erkennen, daß das Charakterbild Wilhelms II. weniger im Romankaiser als in Heßling wiederkehrt, und schließen daraus auf die Funktion dieser Art der Montagetechnik.
4. Die Schüler erkennen das Zusammenspiel von Fiktionalität und Realität im Roman und bestimmen die Funktion dieses Zusammenspiels.

Soll die 10. Stunde nicht von der Gruppenarbeit her getragen werden und mehr im lehrerzentrierten Verfahren durchgeführt werden, so müßte im Unterricht mit Textmaterial zum Charakter Wilhelms II. gearbeitet werden. Ausgangspunkt könnten hier zwei Texte von Golo Mann und Rathenau sein, die dann eventuell durch zwei kritischere Texte von Ludwig Thoma und Friedrich Hartau ergänzt werden könnten.

Golo Mann: Wilhelm II., Archiv der Weltgeschichte, München 1964, S. 5 f. stellt eine sehr ausgewogene Interpretation Wilhelms II. dar, die Wilhelm II. als Repräsentanten seines Zeitalters sieht.

Walter Rathenau über Wilhelm II., zitiert bei: Hans Joachim Schoeps: Das Wilhelminische Zeitalter in geistesgeschichtlicher Sicht, Stuttgart 1967, S. 27. Aus eigener Anschauung gibt hier Rathenau ein sehr einprägsames und ausgewogenes Bild Wilhelms II.

Ludwig Thoma: Der Kaiser 1908, zitiert bei: Axel Matthes (Hrsg.): Reden Kaiser Wilhelms II., München 1976, S. 131 f. Thoma betont das Theatralische im Auftreten Wilhelms II.

Friedrich Hartau: Wilhelm II., rowohlts bildmonographien 264, Reinbek bei Hamburg 1978, S. 7 ff. Hartau charakterisiert Wilhelm II. auf wenigen Seiten unter Benutzung vieler treffender Zitate von Zeitgenossen und Historikern und bezieht den politischen Hintergrund seiner Zeit mit ein.

Golo Mann über Wilhelm II.:

Wir sprechen nicht von einem „Bismarckischen Zeitalter"; Bismarck beherrschte die deutsche Politik, aber sein stilgebender Einfluß auf das öffentliche Leben war gering. Vor ihm hört keine deutsche Epoche auf einen einzelnen Namen; schon darum nicht, weil Deutschland vielfach war und keine Hauptstadt hatte. Daß gerade die letzte monarchische Regierung dem Zeitalter seinen Namen gab, hat einen guten Sinn. Nicht, daß Wilhelm II. ein bedeutender, ein so hart arbeitender, so wirksam in den Gang der Dinge eingreifender Mensch gewesen wäre. Aber das Talent, im Mittelpunkt zu stehen, zu glänzen, Stil und Stimmung zu prägen, besaß er und übte es auch noch aus, als er den Großteil seiner früheren Reputation längst verloren hatte und durch eine schwere Verfassungs- und Herrschaftskrise geglitten war, ohne auch nur zu verstehen, was ihm da geschah ...

Wilhelm repräsentierte wohl etwas, was da war und auch ohne ihn dagewesen wäre. Es gab eine intime Verwandtschaft zwischen ihm und gewissen Tendenzen der Zeit ...

Der Kaiser besaß nicht nur Talent, die so oft beschriebene rasche Aufnahmefähigkeit, das verblüffende Gedächtnis, die Urteilskraft, die auf eine intuitive Art mitunter Beträchtliches leistete, die rhetorisch-repräsentative Begabung; auch Tugenden. Er war von schlichter, fester Religiosität, die es ihm unmöglich gemacht hätte, eigentliche Schandtaten zu befehlen, um genauer zu sein, sie im Ernst zu befehlen und durchführend zu lassen; blutrünstige Worte hat er, der in seinem Geschmack so sehr unsicher war, gelegentlich nicht vermieden. Er konnte warmherzig und generös sein ... Auch war der Kaiser einer gutmütigen Selbstironisierung fähig ...

Der Oberste Kriegsherr, trotz Schlachtflottenbau, Paraden und Uniformgepränge, trotz der Reden von gepanzerter Faust und schimmernder Wehr, war ferner auch friedliebend. Aus Menschenfreundlichkeit und Frömmigkeit oder weil der Friede ihm selber ungleich mehr Vergnügen brachte als der Krieg im besten Fall bringen konnte, aus Furcht vor dem Unbekannten, Gefährlichen, gleichviel, er war es; und ließ die Gelegenheiten, bei denen Deutschland den Krieg mit vergleichsweise geringem Risiko hätte haben können, zumal die Situation des russisch-japanischen Krieges, tatenlos vorübergehen. Kritische Zeitgenossen, von denen man es kaum erwarten würde, haben ihm seine Vorsicht und Passivität vorgeworfen und gerade nicht seine Aggressivität; zum Beispiel Maximilian Harden. Die kluge Württembergerin, Frau von Spitzemberg, schrieb in ihrem Tagebuch: „Ja, der Kaiser! Den halten eben alle für foncierement feige, das heißt, des Mutes des Starken entbehrend, der Friede hält bis zum Äußersten, aber nicht um jeden Preis. Er fürchtet die Verantwortung, die Störung seines Daseins, die Arbeit, die Opfer jeder Art." Aber wie die allerverschiedensten Motive zum gleichen Resultat führen mögen, so kann man auch aus Schwäche in den Krieg treiben; und daß dies Wilhelm II. einmal tun würde, hat sein kluger Onkel, Eduard von England, früh vorausgesagt. „Durch seine unglaubliche Eitelkeit", so äußerte sich der König, „fällt mein Neffe auf alle Speichelleckereien der Nationalisten seiner Umgebung herein, die ihm immer wieder versichern, er sei der größte Souverän der Welt und müßte die Suprematie Deutschlands über sie errichten ... Da aber seine Feigheit noch größer ist als seine Eitelkeit, so wird er vor diesen Schmeichlern zittern, wenn sie ihn, unter dem Druck des Generalstabs, auffordern werden, den Degen zu ziehen. Er wird nicht den Mut haben, sie zur Räson zu bringen. Er wird sich ihnen jämmerlich unterwerfen. Er wird den Krieg entfesseln, nicht aus eigener Initiative, nicht in kriegerischem Elan, sondern – aus Schwäche."

(Aus: Golo Mann, Wilhelm II., Archiv der Weltgeschichte, München 1964, S. 5 f.)

Walther Rathenau über Wilhelm II.:

Im ganzen habe ich den Kaiser etwa 20mal gesehen, von 1901 bis Anfang 1914, durchschnittlich ein- bis zweimal im Jahr, manchmal freilich einige Stunden lang.

Das erste Mal sollte ich vor ihm einen wissenschaftlichen Vortrag wiederholen, den ich zuvor in einem größeren Kreise gehalten hatte, und der mir daher geläufig war. Der Kaiser saß dicht vor mir, und ich konnte ihn genau betrachten.

Wie anders, als ich ihn erwartet hatte. Ich kannte die schneidigen Jugendbilder mit breiten Backen, gesträubtem Schnurrbart, drohenden Augen; die gefährlichen Telegramme, die kraftstrotzenden Reden und Denksprüche.

Da saß ein jugendlicher Mann in bunter Uniform, mit seltsamen Würdenzeichen, die weißen Hände voll farbiger Ringe, Armbänder an den Handgelenken; zarte Haut, weiches Haar, kleine weiße Zähne. Ein rechter Prinz; auf den Eindruck bedacht, dauernd mit sich selbst kämpfend, seine Natur zu bezwingen, um ihr Haltung, Kraft, Beherrschung abzugewinnen. Kaum ein unbewußter Moment; unbewußt nur – und hier beginnt das menschlich Rührende – der Kampf mit sich selbst; eine ahnungslos gegen sich selbst gerichtete Natur.

Viele haben es mir seither gestanden: Hilfsbedürftige Weichheit, Menschensehnsucht, vergewaltigte Kindlichkeit, die hinter physischer Kraftleistung, Hochspannung, schaltender Aktivität fühlbar wurde, hat sie ergriffen und empfinden lassen: diesen Menschen muß man schützen und mit starkem Arm behüten vor dem, was er fühlt, und was ihn zum Abgrund zieht.

Ein Freund fragte nach dem Eindruck der Erscheinung und des Gesprächs. Ich sagte: ein Bezauberer und ein Gezeichneter. Eine zerrissene Natur, die den Riß nicht spürt; er geht dem Verhängnis entgegen.

Der Mann, dem ich dies in der höchsten Blüte wilhelminischer Ära sagte, ein Kenner der Menschen, erstaunte nicht und hat mir in der langen Glanzzeit bis zum Kriege das Wort nicht vorgehalten.

Als der Krieg begann, begegneten wir uns, beide vom schlimmen Ausgang überzeugt. Abermals widersprach er mir nicht, als ich sagte: Nie wird der Augenblick kommen, wo der Kaiser, als Sieger der Welt, mit seinen Paladinen auf weißen Rossen durchs Brandenburger Tor zieht. An diesem Tage hätte die Weltgeschichte ihren Sinn verloren. Nein! Nicht einer der Großen, die in diesen Krieg ziehen, wird diesen Krieg überdauern.

Moltke stürzte und starb, Falkenhayn, Bethmann, Jagow, Tirpitz stürzten; im letzten Jahr war nur der Kaiser übrig, und zum Schluß stürzte auch er.

(Walther Rathenau, zitiert nach Hans Joachim Schoeps, Das Wilhelminische Zeitalter in geistesgeschichtlicher Sicht, Stuttgart 1967, S. 27)

Ludwig Thoma über Wilhelm II.:

Gerade der merkwürdige Hang zum Opernhaften hat unser loyales Bürgertum dazu gebracht, in Wilhelm II. die Verkörperung eines Ideales zu sehen. Welche epischen Gefühle hat jede Vergnügungsreise des Herrschers ausgelöst! Welche Lyrismen sind gesagt und geschrieben worden, wenn nichts geschah als die Abnahme einer Parade. Kein Ding konnte mehr nüchtern und in der Stille geschehen; auch das Einfachste vollzog sich bei bengalischer Beleuchtung.

Die bourgeoise Phantasie war täglich angeregt und aufgeregt durch die Persönlichkeit des Kaisers, durch die Reden, durch die Taten des Kaisers.

In allem letzte und höchste Instanz, fand Wilhelm II. nirgends Widerspruch, auch da nicht, wo er ihn suchte.

Einsicht und Wissen beugten sich vor ihm; und wollte er nicht an der Ehrlichkeit der Einzelnen und der Korporationen zweifeln, dann mußte er an die eigene Unfehlbarkeit glauben.

Auch ein Herrscher von ungewöhnlichen Gaben wäre zu diesem letzten Ende gekommen.

Am Kaiser ist nichts ungewöhnlich. In seinen Reden findet sich nirgends ein überraschender Gedanke, nirgends ein originelles Wort.

Und wüßten wir es sonst nicht, dann zeigte uns der Jubel der Mittelmäßigkeit, deren Instinkten er so oft entgegenkam, daß der Kaiser seine Bewunderer nicht überragt. Er hat nicht jene Größe, die gegen den Beifall der Menge unempfindlich macht. Er läßt sich durch ihn tragen und läßt sich durch ihn leiten.

(Ludwig Thoma, Der Kaiser, 1908, zitiert nach Axel Matthes (Hrsg.), Reden Kaiser Wilhelms II., München 1976, S. 131 f.)

Wurde die 10. Stunde weitgehend von der Gruppenarbeit getragen, so wird die 11. Stunde wieder stärker vom Lehrer organisiert, was aufgrund der Schwierigkeit und Komplexität der Thematik dieser Stunde notwendig wird. Nachdem den Schülern deutlich geworden ist, wie sich in der Gestaltung Heßlings Fiktionales und Reales aufgrund bestimmter poetischer Absichten vermengen, sollen sie jetzt auf einer höheren und komplexeren Ebene die Montagetechnik Heinrich Manns, wie sie in den Reden Heßlings greifbar wird, zu erfassen versuchen – eine weitere Ebene der Montage wird dann sichtbar, wenn es um die Einsicht in die satirischen Elemente des Romans geht.

Gewiß wäre es zunächst das Einfachste, die Rede Heßlings vor seinen Arbeitern direkt mit einer Zusammenstellung relevanter Kaiserzitate zu konfrontieren, wie dies Hanne Henze vorschlägt (siehe Texte S. 121). Damit wären aber wesentliche Einsichten schon vorweggenommen. Auch könnte kaum noch ein eigenständiger Lern- und Leseprozeß der Schüler in Gang gesetzt werden, bei dem die Schüler selbst Fragen an den Text stellen und dann versuchen, diese selbständig zu beantworten. Daher wählen wir hier ein Verfahren, das wieder unmittelbar vom Text ausgeht und die Schüler bei der Primärrezeption für bestimmte Fragestellungen sensibilisiert. Im Anschluß an die Erkenntnisse der letzten Stunde dürften die Schüler schnell bemerken, daß dieser Sprachduktus wohl Heßling treffend charakterisiert, daß dieser aber aus einem anderen Zusammenhang entnommen ist, mithin könnte der Verdacht aufkommen, daß auch hier Wilhelm II. „zitiert" wird. Dies wird einmal dadurch nahegelegt, weil die Rede in keiner Weise der Situation angemessen ist – so spricht eher ein Staatsmann – und weil sowohl die Hinweise auf die Sozialdemokratie als auch die Mischung von plumper Anbiederung und übertriebener Drohung unmittelbar auf Wilhelm II. verweisen. Diese Vermutung wird dann bestätigt, indem die Rede Wilhelms II. beim Empfang der streikenden Arbeiter vom 14. Mai 1889 eingebracht wird (Materialien Wolff). Ein Vergleich kann dann zeigen, daß die Rede Heßlings gegenüber der des Kaisers ein „Mehr" enthält; neben den direkten Zitaten aus dieser Rede, die aufgrund der Adressaten, teilweise auch aufgrund des Anlasses als vergleichbar erscheint mit der Kaiserrede, auch

repräsentative Zitate aus anderen Kaiserreden stehen, die sich die Schüler aufgrund von Vermutungen eventuell selbst erschließen können. Werden dann die entsprechenden Kaiserzitate noch vorgelegt, kann schließlich deutlich werden, daß neben den echten Zitaten auch noch nachempfundene „Zitate" stehen; hier schon zeigt sich die totale Identifikation mit dem Kaiser deutlich, noch bevor sich Heßling dessen bewußt wird (vergleiche S. 80 mit S. 131). Durch dieses Verfahren kann die poetische Struktur, das Montageverfahren Heinrich Manns, deutlicher werden als bei einer direkten Konfrontation der Heßling-Rede mit Kaiserzitaten. Auf diese Weise können dann auch leichter die Prinzipien bestimmt werden, nach denen Heinrich Mann seinen poetischen Text anordnet (siehe Stundenblatt Nr. 9 R).

Kaiserzitate

1. Zitate in der Reihenfolge der Heßlingrede
24. Febr. 1892 (S. 51): „... erwidere Ich ruhig und bestimmt: Mein Kurs ist der richtige, und er wird weiter gesteuert."
5. März 1890 (S. 22): „Diejenigen, welche Mir dabei behilflich sein wollen, sind Mir von Herzen willkommen, wer sie auch seien; diejenigen jedoch, welche sich Mir bei dieser Arbeit entgegenstellen, zerschmettere Ich." (80, 125, 217, 218, 245, 269, 289)
Ende 1899: „Von Gottes Gnaden ist der König, daher ist er auch nur dem Herrn allein verantwortlich."
26. Nov. 1902 (S. 119): „Wer nicht das Tischtuch zwischen sich und diesen Leuten zerschneidet, legt moralisch gewissermaßen die Mitschuld auf sein Haupt." (351)
14. Mai 1889 (S. 13): „Denn für Mich ist jeder Socialdemokrat gleichbedeutend mit Reichs- und Vaterlandsfeind. ... Fahrt nun nach Hause, überlegt, was Ich gesagt, ..."
2. Kaiserzitate als Beleg für Veränderungen und für bildhafte Ausdrucksweise
16. Aug. 1888 (S. 9f.): „..., daß darüber nur eine Stimme sein kann, daß wir lieber unsre gesamten 18 Armeecorps und 42 Millionen Einwohner auf der Walstatt liegen lassen, ..." (244)
4. Dez. 1890 (S. 36): „Da ist das Wort, das vom Fürsten Bismarck herrührt, richtig, das Wort von dem Abiturientenproletariat, welches wir haben. Die sämtlichen sogen. Hungerkandidaten, namentlich die Herren Journalisten, das sind vielfach verkommene Gymnasiasten, das ist eine Gefahr für uns." (116)
24. Febr. 1892 (S. 48): „Doch wäre es dann nicht besser, daß die mißvergnügten Nörgler lieber den deutschen Staub von ihren Pantoffeln schütteln und sich unsern elenden

und jammervollen Zuständen auf das schleunigste entzögen?" (42, 140, 217, 242, 245, 267)

6. Sept. 1894 (S. 54): „Wie der Epheu sich um den knorrigen Eichenstamm legt, ihn schmückt mit seinem Laub und ihn schützt, wenn Stürme seine Krone durchbrausen, so schließt sich der preußische Adel um Mein Haus." (356)

17. Okt. 1903: „Denn darüber kann wohl kein Zweifel sein, daß wir von der Person des Herrn getrost sagen können: Er ist die ‚persönlichste Persönlichkeit' gewesen, die je auf der Erde unter den Menschenkindern gewandelt ist." (118, 217, 223)

(Seitenangaben vor den Zitaten beziehen sich auf die Ausgabe von Axel Matthes, Seitenangaben nach den Zitaten auf einige Textbelege aus dem Roman.)

Hanne Henze, Die Entlarvung der wilhelminischen Komödianten. Heinrich Mann: Der Untertan. In: Praxis Deutsch 22 (1977), S. 59.

Die Interpretation kann dann weitergeführt werden, indem das Augenmerk auch auf die Abweichungen in den beiden Reden gelenkt wird, v. a. auf den unterschiedlichen Anlaß der Reden. Geht es in der Rede Wilhelms II. darum, streikende Arbeiter unter Einsatz der Autorität und der rhetorischen Begabung des Monarchen wieder an die Arbeit zu bringen, so handelt es sich bei Heßling lediglich um eine Antrittsrede vor den Arbeitern im eigenen Betrieb, die ihm keineswegs feindlich gesinnt sind. Heßling vergreift sich im Sprachduktus, indem er aus seiner Rede einen Staatsakt macht und dabei seinen Betrieb mit dem Staat und sich mit dem Monarchen gleichsetzt, womit angedeutet wird, daß im Wilhelminischen Zeitalter beides in eins geht. Mit einer derartigen Betrachtungsweise, die dann das Lächerliche, Komische, ja Satirische der hier dargestellten Situation deutlich macht, wird eine neue Dimension in der Interpretation des ‚Untertan' gewonnen, die im weiteren Verlauf der UE konsequent verfolgt wird, nämlich die spezifische Form der Satire, wie sie Heinrich Mann im ‚Untertan' zum tragenden Stilelement seiner Dichtung macht.

Am Ende dieser Stunde werden die Prinzipien der Montage systematisiert und festgehalten, woran sich eine erste Diskussion über die Funktion dieser Technik anschließen kann. Die satirische Sprachhaltung, die in dieser Stunde erstmals ins Blickfeld rückt, wird später in einem anderen Zusammenhang wieder aufgenommen.

Lernziele zur 11. Stunde
(Stundenblatt Nr. 9 R):

1. Die Schüler erkennen und benennen den spezifischen Sprachduktus Heßlings (Rede vor seinen Arbeitern) in seiner Unangemessenheit und schließen daraus auf den Zitatencharakter der Rede.

2. Im Vergleich der Heßlingrede mit einer entsprechenden Rede Wilhelms II. bestimmen die Schüler die direkten Zitate und schließen auf weitere Zitate.

3. In der Konfrontation mit weiteren Kaiserzitaten erkennen die Schüler die Rede als ein Konglomorat und Konzentrat von Zitaten aus unterschiedlichen Kaiserreden und dem Kaiser nachempfundenen Redewendungen.

4. Die Schüler erkennen die Prinzipien dieser Montagetechnik: Zitat, Konzentrat, Übertreibung und Überführung in einen unangemessenen Zusammenhang.

5. Die Schüler erkennen, daß Heßling die Kaiserzitate in einen anderen, ihnen unangemessenen Zusammenhang bringt, wodurch Heßlings Verhalten ins Komische und Lächerliche gerät.

6. Die Schüler versuchen, die Funktion dieser Montagetechnik zu bestimmen und erkennen darin ein poetisches Mittel der kritischen Distanzierung.

7.5.2. *Mögliche Exkurse zur Sequenz 6*

Die Sequenz 6 bietet etliche lohnende Ansätze für Exkurse; einmal können weitere literarische Darstellungen Wilhelms II. vergleichend herangezogen werden, zum andern kann weiter in das Gebiet der Rhetorik eingedrungen werden.

Literarische Darstellungen Wilhelms II.
Anschließend an den Dia-Vortrag mit Karikaturen Wilhelms II. kann die Palästinanummer des Simplicissimus und die politische Auseinandersetzung um diese Nummer zum Unterrichtsgegenstand gemacht werden, wobei der Analyse von Wedekinds Gedicht ‚Im Heiligen Land‘ ein besonderes Gewicht zukommen müßte. Ganz ähnlicher poetischer Mittel wie Heinrich Mann bedient sich Karl Kraus in der 23. Szene des 1. Aktes seines Schauspieles ‚Die letzten Tage der Menschheit‘, in der eine Begegnung Wilhelms II. mit seinem Lieblingsdichter Ganghofer literarisch aufs Korn genommen wird. Im Vergleich des ‚Untertan‘ mit diesen beiden Werken kann nochmals deutlich werden, wie hier Wilhelm II. direkt angegriffen wird, während die Zielsetzung Heinrich Manns ganz anders ist.

Exkurse zur Rhetorik
Einmal können sich diese Exkurse auf die Reden Wilhelms II. beziehen, was innerhalb unserer UE vermieden wurde, um den Akzent eindeutig auf die Analyse des Romans zu legen. Hierbei könnte die mehr feuilletonistische und ironische Analyse der Kaiserreden von Ludwig Thoma sowie die wissenschaftliche Untersuchung von Arntzen herangezogen werden. Weiterhin kann die Analyse von Reden auf weitere Politiker ausgedehnt werden und mit einer Einführung in die rhetorischen Mittel verbunden werden. Lohnend erweist sich auch der Vergleich der Rede Heßlings zur Denkmalseinweihung mit Wilhelms II. Rede „An den Prinzen Rupprecht von Bayern vom 3. Juli 1900“ (siehe Materialien Wolff). Diese Aufgabe eignet sich in besonderer Weise auch für eine Klausur.

7.5.3. *Der Abschluß der Sequenz 6*

Die Sequenz 6 stellt innerhalb unserer Unterrichtskonzeption auch insofern einen Einschnitt dar, als im weiteren Verlauf stärker die Ergebnisse der Gruppenarbeit herangezogen werden sollen. Insofern ist gerade dieser Zeitpunkt günstig, eine oder zwei Stunden für die Gruppenarbeit einzuschieben, in welchen die Gruppen ihre Ergebnisse intern austauschen und auf einen Nenner bringen können.
Wer auf die Gruppenarbeit verzichten und rascher vorgehen will, kann schon hier das Problem der satirischen Darstellung einbringen und dann von dort zu der Darstellung der Gesellschaft und zur Analyse von Heinrich Manns Gesellschaftsbild gelangen.

7.6. Die Sequenz 7:
Heßlings Verhältnis zum Kaiser und zu den Frauen (13.–16. Stunde, Stundenblätter Nr. 10–12 R)

7.6.1. *Übersicht über die Sequenz 7*

Mit der Sequenz 7 rückt die Gruppenarbeit ganz ins Zentrum der Unterrichtsgestaltung, indem nun der Unterricht weitgehend von den Gruppenberichten bestimmt wird. Wir gehen davon aus, daß zunächst die einzelnen Gruppen über ihre Arbeitsergebnisse berichten; daran anschließend setzt sich die Klasse mit diesen Ergebnissen, aber auch mit der

Übersicht über die Sequenz 7 und die Stellung der Sequenz innerhalb der Gesamtkonzeption

13. – 15. Stunde

Gruppenbericht   Ergänzungs- und Alternativ-Stunden

Gruppenbericht II (13. Stunde):
Das Verhältnis Heßling – Kaiser
1. Charakterisierung des Verhältnisses
2. Entwicklung des Verhältnisses
3. Intention der Darstellungsweise

Reflexion über die Ergebnisse und die Präsentation der Gruppenarbeit

---

Alternative oder Ergänzung (14. Stunde):
Vergleichende Textanalyse der beiden Kaiserbegegnungen (S. 44–47 und S. 278–285):
Innen- und außenpolitische Aspekte
Auch als Übung zur Textanalyse im Hinblick auf die Klausur denkbar

Ergänzung (15. Stunde):
Die Verhaltenssteuerung bei Heßling:
Grundstruktur und ihre Entwicklung/Reaktivierung von Prädispositionen

16. Stunde

Gruppenbericht III (16. Stunde):
Heßlings Verhältnis zur Frau
1. Die Stellung der Frau im Wilhelminischen Zeitalter
2. Heßling und die Frauen: Familienleben und außerehelicher Verkehr
3. Psychoanalytischer Deutungsversuch

Reflexion über die Ergebnisse und die Präsentation der Gruppenarbeit

---

Alternative oder Ergänzung (Z):
Textanalyse: Das Familienleben der Heßlings
(S. 337–341) als Ausgangspunkt, Übertragung der Ergebnisse auf Heßlings Verhältnis zu den anderen Frauen
Auch als Übung zur Textanalyse im Hinblick auf die Klausur denkbar

Ergänzung:
Weiterentwicklung des psychoanalytischen Modells zur Erfassung des autoritären Charakters:
Triebverzicht und seine Bewältigung / Heßlings Verhältnis zur Frau und zur Politik

---

Form, in der sie vermittelt wurden, kritisch auseinander. Für den Fall, daß der Gruppenbericht, aus welchen Gründen auch immer, verunglückt, sollte der Lehrer jeweils Alternativen bereit halten. Derartige Alternativen sind auf den Stundenblättern festgehalten. Wird der Unterricht nicht von der Gruppenarbeit her konzipiert, so kann sich die Unterrichtsplanung an den angebotenen Alternativ- bzw. Zusatzstunden orientieren. Die Alternativstunden (14. und 16. Stunde) gehen jeweils von bestimmten Textpassagen aus, über welche die Thematik der jeweiligen Gruppenarbeit im Unterricht erarbeitet werden kann. Derartige Textanalysen eignen sich in besonderer Weise dazu, die Klausur, die am Ende der UE steht, vorzubereiten (Üben der Textanalyse). An die Stelle des Gruppenberichts II kann eine vergleichende Textanalyse treten, welche die beiden Kaiserbegegnungen Heßlings einander gegenüberstellt; anstelle des Gruppenberichts III kann die Analyse des Heßlingschen Familienlebens treten – wird hier Heßlings Verhältnis zu seiner Frau herausgearbeitet, so müßte dies dann ergänzt werden durch eine Analyse von Heßlings Verhältnis zu Agnes Göppel und Käthchen Zillich. Die Zusatzstunden geben weiterhin Anregungen, wie Gruppenberichte jeweils ergänzt werden können. So kann etwa im Zusammenhang mit dem Gruppenbericht II die Frage aufgeworfen werden, wie Heßlings Verhalten gesteuert wird; im Zusammenhang mit dem Gruppenbericht III könnte nochmals an das psychoanalytische Modell angeknüpft werden, das in der 4. und 5. Stunde entwickelt wurde.

124

Daß Heßlings Verhältnis zum Kaiser in dieser Sequenz thematisch mit seinem Verhältnis zu den Frauen gekoppelt wird, mag zunächst verwundern; diese thematische Koppelung läßt sich einmal vom Romaninhalt, zum andern von der Unterrichtsmethode her begründen: Heßlings Verhältnis zu den Frauen tritt im Roman jeweils in Konkurrenz zu seinem Verhältnis zum Kaiser; seine politische Karriere wird durch Triebverzicht erkauft (in Rom vor die Alternative gestellt, Flitterwochen mit Guste zu machen oder Herold des Kaisers zu sein, fällt die Entscheidung klar für den Kaiser aus). Die individuellen Aspekte der Untertanenmentalität, die sich an den beiden Polen Kaiser – Frau besonders gut erarbeiten lassen (auch psychoanalytisch), müssen geklärt sein, bevor die gesellschaftlichen Aspekte, die das Individuelle bedingen und die wesentlich komplexer strukturiert erscheinen, abgeklärt werden. Von beiden Themen – Kaiser und Frau – führt der Weg direkt hin zur Analyse der Gesellschaft: Der Kaiser steht für jenes Gesellschaftssystem, das die Untertanenmentalität ermöglicht (Wilhelminisches Zeitalter) und Heßlings Verhältnis zur Frau erscheint als ein Produkt eines ganz bestimmten Sozialisationsprozesses, der seinerseits bedingt erscheint durch eine ganz bestimmte Gesellschaftsordnung. Beide Aspekte werden im Roman schrittweise und zudem parallel zueinander entfaltet, was schon bei der Analyse der Romanhandlung (8. Stunde) deutlich wurde.

7.6.2. Modellablauf einer Stunde mit Gruppenbericht (13./16./17./19. Stunde, Stundenblatt Nr. 10)

Die Stundenblätter stellen dieser Sequenz eine Modellstunde voran, an der sich all jene Stunden orientieren können, die auf Gruppenberichten beruhen.

In einer ersten Phase berichten hier jeweils die Gruppen über ihre Arbeitsergebnisse, wobei die Art und Weise, wie diese Ergebnisse präsentiert werden, entsprechend unserer Grundkonzeption auch zum Gegenstand des Unterrichts gemacht wird. Es ist darauf zu achten, daß die Gruppen nicht einfach Frage um Frage, wie dies durch das Arbeitsblatt vorgegeben ist, beantworten, sondern daß sie die Präsentationsform für ihre Ergebnisse genau reflektieren. Dieser Aspekt sollte dann auch zentral in die Diskussion einbezogen werden (eventuell als letzte Phase der Stunde). Darüber hinaus sollten die Schüler auch jene Probleme, mit denen sie nicht fertig wurden bzw. bei denen innerhalb der Gruppe kontrovers diskutiert wurde, in das Plenum einbringen, damit sie dort gemeinsam angegangen werden können. Während der Diskussion um die Gruppenergebnisse (Phase 2) sollte der Lehrer versuchen, durch gezielte Impulse die Gruppen untereinander ins Gespräch zu bringen. Dies wird dadurch möglich, daß entsprechend unserer Konzeption die Themen der Gruppenarbeit sich überschneiden, zum andern dadurch, daß es gruppenübergreifende Themen gibt, die von allen Seiten her beleuchtet werden können. Gelegentlich kann in derartigen Stunden auch eine detaillierte Textanalyse einbezogen werden, um gewisse Sachverhalte gemeinsam abzuklären, wobei die Vorschläge für die Textanalyse jeweils von den betroffenen Gruppen kommen sollten. Es könnte zur Bedingung gemacht werden, daß die Gruppen ihre Ergebnisse an den jeweils relevanten Textpassagen verdeutlichen (Phase 3), womit ein Teil der Aufsatzerziehung abgedeckt werden kann. Von Zeit zu Zeit kann eine detailliertere Textanalyse gerade im Hinblick auf die in der Klausur zu leistenden Anforderungen zum Gegenstand einer Stunde gemacht werden (siehe hierzu die Alternativvorschläge der Stundenblätter). Die Stunde schließt jeweils damit, daß die Schüler offengebliebene oder weiterführende Fragestellungen formulieren, die dann in einer Zusatzstunde (siehe hierzu die Vorschläge der Stundenblätter) bearbeitet werden können. So gesehen würden die Gruppen jeweils mit ihrem Bericht die Grundlagen für die Bearbeitung eines bestimmten Komplexes legen, worauf dann in einer mehr lehrerzentrierten Stunde der angesprochene Komplex vertieft werden kann: Im Anschluß an die Gruppenberichte II und III wird die Frage nach der Steuerung von Heßlings Verhalten gestellt, womit dann der Komplex ‚autoritärer Charakter‘ zu einem Abschluß geführt wird und eine Überleitung zur Gesellschaftsproblematik geleistet wird (Frage nach dem gesellschaftlichen Milieu, in welchem sich dieser Charakter entfalten kann); im Anschluß an den Gruppenbericht IV stellt sich die Frage nach Heinrich Manns parteiischem Standpunkt und nach seinem Gesellschaftsbegriff, womit dann der Übergang zum Gruppenbericht V geschafft ist; in Fortsetzung zu den Gruppenberichten IV und V rückt der Problemkreis satirische Darstellungsweise ins Blickfeld. In all diesen Fällen wird es sich zeigen, daß die Gruppenberichte jeweils weiter reichende Fragen aufwerfen, die aufgrund ihrer Komplexität kaum von den Gruppen selbständig zu leisten sind, weswegen jeweils Zusatzstunden eingeplant werden, die eben die schon erwähnten gruppenübergreifenden Themenstellungen zu ihrem Gegenstand haben.

Um bei den Stunden, die durch die Gruppenberichte bestimmt sind, eine gewisse methodische Abwechslung zu erreichen, ist einmal darauf zu achten, daß die Gruppen unterschiedliche Präsentationsformen anbieten; darüber hinaus empfiehlt es sich, in diesen Stunden unterschiedliche Schwerpunkte zu setzen: So könnte einmal der Schwerpunkt bei zusätzlichen Übungen zur Textanalyse liegen, ein andermal bei der Diskussion kontroverser Positionen oder bei der Präsentationsform; der Schwerpunkt könnte auch auf einer Transferleistung hin zu anderen Gruppenergebnissen liegen.

Lernziele zum Gruppenbericht
(Stundenblatt Nr. 10):

1. Die Schüler können Arbeitsergebnisse so aufbereiten, daß sie von der Klasse mit Interesse aufgenommen und nachvollzogen werden können.
2. Die Schüler verfügen über unterschiedliche Präsentationsformen für die Arbeitsergebnisse und vermögen diese adressaten- und sachbezogen einzusetzen.
3. Die Schüler können die Leistungsfähigkeit bestimmter Präsentationsformen einschätzen.
4. Die Schüler können ihre Arbeitsergebnisse an ausgewählten Textpassagen belegen und ihre Ergebnisse sachlich mit ihren Mitschülern diskutieren.
5. Die Schüler benennen offengebliebene und weiterführende Fragestellungen und schlagen Lösungswege vor.

7.6.3. Das Verhältnis Heßling–Kaiser (14. Stunde, Stundenblatt Nr. 10 R)

Diese Stunde kann an die Stelle des Gruppenberichts II treten, sie kann aber auch in Ergänzung zu diesem Gruppenbericht dem Üben der Textanalyse dienen. Das Verhältnis Heßling – Kaiser kann einmal durch eine Gegenüberstellung der beiden Kaiserbegegnungen Heßlings erschlossen werden, zum andern über die in der 8. Stunde erarbeitete Handlungsskizze. Die beiden Kaiserbegegnungen sind bis in die einzelnen Details hinein streng aufeinander bezogen und bezeichnen jeweils zwei entscheidende Stationen in der Entwicklung Heßlings, aber auch in der Entwicklung des öffentlichen Bewußtseins. Hier der innenpolitische Sieg über die streikenden Arbeiter, entsprechend tritt dann auch Heßling vor seinen Arbeitern auf, dort der Triumph der imperialistischen Idee, des deutschen Weltanspruchs, zu dessen Anwalt sich Heßling macht, was dann besonders deutlich wird bei seiner Rede zur Denkmalseinweihung. In beiden Fällen geht es darum, die beiden Kaiserbegegnungen in ihrer strukturellen Zuordnung und in ihrer Funktion für die Romanhandlung zu bestimmen. Darüber hinaus kann das Verhältnis Heßling – Kaiser besonders gut mit Hilfe unserer Handlungsskizze erschlossen werden, da hier die einzelnen Stationen, die dieses Verhältnis durchläuft, besonders gut sichtbar werden:

1. Heßlings erste Begegnung mit dem Kaiser, die ihn in einen rauschhaften Taumel versetzt.
2. Mit zunehmendem Selbstbewußtsein bekennt sich Heßling dann auch äußerlich zum Kaiser, indem er sich das „Gesicht der Macht", den Kaiser-Wilhelm-Bart, zulegt.
3. In der Reaktion auf den Tod des Arbeiters nimmt Heßling schließlich die Entscheidung des Kaisers vorweg; Nothgroschen stellt in diesem Zusammenhang die Ähnlichkeit mit dem Kaiser fest.
4. Nach dem Erfolg im Lauerprozeß vermag Heßling nicht mehr zu unterscheiden, welche Äußerung von ihm, welche vom Kaiser stammt; die Identifikation scheint hier vollkommen.
5. Alles, auch das Privatleben, wird dem „kaiserlichen Auftrag" untergeordnet, selbst das Kinderzeugen geschieht noch im Namen des Kaisers.
6. Schließlich zeigt sich Heßling als Künder des Deutschtums und des imperialistischen Anspruchs, alles scheint, wie auch die Rede zur Denkmalseinweihung bezeugt, auf den Krieg ausgerichtet zu sein; jetzt übertrifft der Untertan in jeder Beziehung seinen Herrn. Bei all dem bleibt der Kaiser blaß, er scheint von allem unberührt und hat für seinen Untertan, der ihn in seinem Eifer zu überholen scheint, nur ein müdes Lächeln; damit werden alle Bemühungen Heßlings dem Lächerlichen preisgegeben.

Wird dieser Themenkomplex nicht über die Gruppenarbeit eingebracht, so empfiehlt es sich, zunächst von einer vergleichenden Textanalyse beider Kaiserbegegnungen auszugehen, wobei die Schüler lernen sollen, selbst Fragen an einen Text zu stellen, die einen sinnvollen Vergleich ermöglichen. Wird diese Stunde dagegen durch einen Gruppenbericht bestimmt, müßte der Lehrer darauf achten, daß die oben angesprochenen Phasen in der Entwicklung des Verhältnisses Heßling – Kaiser genau herausgearbeitet werden. Ist dies geleistet, so kann die Untersuchung des Verhältnisses Heßlings zu seiner Umwelt (hier untersucht in bezug auf den Kaiser und die Frauen) auf eine höhere Abstraktionsebene gebracht werden, indem die Frage gestellt wird, wie Heßlings Verhalten gesteuert wird, eine Fragestellung, die von den Schülern kaum selbständig bearbeitet werden kann.

Lernziele zur 14. Stunde
(Stundenblatt Nr. 14/14 R):
1. Die Schüler bestimmen das Verhältnis Heßling - Kaiser, indem sie die einzelnen Stationen, an denen dieses Verhältnis greifbar wird, benennen und ihre Funktion für Heßling bestimmen.
2. Die Schüler beurteilen dieses Verhältnis aus der Perspektive des Kaisers und aus der Perspektive Heßlings und stellen dabei fest, daß die Kritik Heinrich Manns in erster Linie den Untertanen trifft.
3. Die Schüler erkennen, daß Heßling zunehmend die Funktionen des Kaisers übernimmt, allerdings in dem sehr beschränkten Rahmen von Netzig.
4. Die Schüler vergleichen die beiden Kaiserbegegnungen Heßlings und erkennen ihre strukturelle Zuordnung auf unterschiedlichen Ebenen, sowohl was die Übereinstimmungen als auch die Abweichungen anbelangt.
5. Die Schüler lernen, die für eine Textanalyse relevanten Fragen selbst zu bestimmen und diese zu bewältigen.

7.6.4. Die Verhaltenssteuerung bei Heßling (15. Stunde, Stundenblatt Nr. 11/11 R)

Diese Stunde ist die Gelenkstelle zwischen der Analyse des „Individuums" Heßling, der als Typus des autoritären Charakters bestimmt wurde, und der Analyse der Gesellschaft, die diesen Typus ermöglicht. Heßlings Verhalten wird jetzt konsequenter, als dies bisher geschah, unter der Fragestellung „Wie wird Heßlings Verhalten gesteuert (Individualcharakter oder Sozialcharakter)?" in seinem sozialen Umfeld gesehen und analysiert.

Hier bieten sich zwei Verfahren an: Entweder wird Heßlings Verhalten an einem repräsentativen Beispiel nachgewiesen, etwa während des Lauer-Prozesses, oder man versucht, in Gruppenarbeit dieses Verhalten an unterschiedlichem Textmaterial nachzuweisen, wodurch dann die Ergebnisse eine größere Beweiskraft erhalten. Als Handlungseinheiten, die Heßlings Verhalten besonders deutlich machen, bieten sich die einzelnen Antrittsbesuche Heßlings in Netzig an (später könnte ein Vergleich mit der zweiten Besuchsrunde nach dem Lauer-Prozeß äußerst reizvoll sein), die Auseinandersetzung um den Tod des Arbeiters und der Lauer-Prozeß. Diese Handlungseinheiten werden dann in Gruppenarbeit nach vorgegebenem Schema so in Teileinheiten zerlegt, daß in unterschiedlichen Situationen Heßlings verändertes Verhalten deutlich wird, woraus dann gefolgert werden kann, wie Heßlings Verhalten konkret gesteuert wird. Haben die Schüler in Gruppen nach dem in den Stundenblättern vorgegebenen Verfahren (Situation – Verhalten – Folgerungen) die verschiedenen Handlungseinheiten strukturiert, so kann daraus bei der Auswertung der Gruppenarbeit ein abstraktes Modell an der Tafel entwickelt werden, aus dem hervorgeht, wie Heßlings Verhaltensmechanismen funktionieren: Durch die Sozialisation ist Heßling absolut an der Macht orientiert und dafür prädisponiert, selbst Macht auszuüben (worauf zu Beginn der besagten Handlungseinheiten gelegentlich auch nochmals verwiesen wird). Heßling wartet jedoch erst die Reaktionen seiner Umwelt ab, ehe er in eine bestimmte Situation eingreift, er muß sich zuerst in der Masse aufgehoben wissen, ehe seine Prädisposition aktiviert werden kann; seine Aktivität wird nicht als ein individuelles Einschreiten ausgewiesen, sondern als ein Einschreiten im Namen des Kaisers und der „guten Sache", womit die Verantwortung auf eine höhere Instanz abgeschoben wird. Unter diesem Schutz kann Heßling dann ohne schlechtes Gewissen sich seiner Gegner entledigen und sich dabei noch persönlich bereichern. Ein Rückblick auf unser psychoanalytisches Modell kann dieses Verhalten nochmals als typisches Verhalten des autoritären Charakters nachweisen.

Am Ende der Stunde steht ein Ausblick auf Heßlings weiteres Verhalten, wobei deutlich werden kann, daß mit der Zunahme der „nationalen Bewegung" in Netzig Heßlings Verhalten sich verfestigt, automatisiert und verselbständigt, bis es sich bei der Denkmalsenthüllung selbst ad absurdum führt. Am Ende dieser Stunde wird die Notwendigkeit sichtbar, sich genauer mit Heinrich Manns Darstellung der Gesellschaft zu befassen.

Lernziele zur 15. Stunde
(Stundenblatt Nr. 11/11 R):
1. Die Schüler bestimmen Handlungsteile, an denen Heßlings Verhalten exemplarisch analysiert werden kann.
2. Die Schüler strukturieren in Gruppenarbeit die ausgewählten Handlungsteile so, daß die Mechanismen, nach denen sich das Verhalten Heßlings vollzieht, deutlich werden.
3. Die Schüler abstrahieren die Ergebnisse der Gruppenarbeit zu einem Modell, aus dem die Verhaltensmechanismen Heßlings deutlich werden.
4. Die Schüler erkennen, daß Heßlings Ver-

halten bestimmt wird aus dem Zusammenspiel von individueller Prädisposition und von bestimmten Faktoren seines sozialen Umfeldes, und erkennen dieses Verhalten als typisch für den autoritären Charakter.

5. Die Schüler erkennen, wie beim autoritären Charakter individuelle Interessen als gesellschaftlich notwendige ausgegeben werden, womit das Ich die Verantwortung an ein kollektives Wir abschiebt.

6. Die Schüler erkennen, daß der autoritäre Charakter sich in dem Augenblick, in welchem das soziale Umfeld günstig erscheint, jedes Maß verlieren kann – dies jeweils bezogen auf die Darstellung Heßlings im Roman.

7.6.5. *Heßlings Verhältnis zu den Frauen (16. Stunde / Z, Stundenblatt Nr. 12/12 R)*

Mit dieser Stunde wird der Komplex ‚autoritärer Charakter' abgeschlossen, indem dieser Charakter nochmals von einer anderen Seite her, von seinem Verhältnis zur Frau, betrachtet wird. Insofern bringt diese Stunde keine neuen Erkenntnisse, weswegen dieser Aspekt auch unberücksichtigt bleiben könnte (die Ergebnisse der Gruppenarbeit könnten in diesem Fall als Hektographie vorgelegt werden). Dieser Komplex kann auch lediglich, als Ergänzung zur Hektographie, zur Übung der Textanalyse benutzt werden, da Heßlings Eheauffassung gerade an einer leicht überschaubaren Textpassage (S. 340 f.) verdeutlicht werden kann (hierzu der Vorschlag auf Stundenblatt Nr. 12).
Will man Heßlings Verhältnis zur Frau in der UE mehr Raum zugestehen, so müßte diese Analyse v. a. drei Aspekte umfassen:

1. Heßlings Familienleben mit der strengen Eheauffassung, faßbar in den Äußerungen Heßlings und in der autoritären Familienstruktur; so findet etwa die Ehefrau Guste

erst nach den Stammhaltern und dem Hund Beachtung (Anspielung auf Wilhelm II.?), wichtig ist sie ausschließlich in ihrer Funktion als Kindergebärerin. Hier wäre auch der Ort, an dem zur Interpretation der autoritären Familienstruktur des Wilhelminischen Zeitalters Familienphotos oder Grosz' Karikatur ‚Die Familie ist die Grundlage des Staates' (siehe Materialien Wolff) herangezogen werden können.

2. Die Trennung von Heßlings „Liebesleben" in eine offizielle und in eine inoffizielle Seite, repräsentiert durch seine Ehefrau Guste und seine Geliebte Käthchen Zillich, die geheime Königin von Netzig, – ein Konflikt, der offen bei der Denkmalseinweihung zum Ausdruck kommt, als Käthchen den ihr bei den Feierlichkeiten gebührenden Platz beansprucht. Ist das eine Verhältnis wesentlich bestimmt durch materielle Interessen und durch den Wunsch nach einem Stammhalter und wird dieses dadurch idealisiert, daß es frei gehalten wird von jeder sexuellen Begierde (wo diese bei Guste zum Durchbruch kommt, verzieht sich Heßling hinter die Kaiserbüste und schließlich an den Stammtisch), so ist das inoffizielle Verhältnis ganz auf sexuellen Lustgewinn ausgerichtet. Diese Trennung ist nach Horkheimer wiederum charakteristisch für den autoritären Charakter.

3. Rückwärts gewandt das Verhältnis zu Agnes Göppel, das zu den oben dargestellten Verhältnissen eine echte Alternative darstellt. Hier eröffnet sich Heßling für kurze Zeit ein Verhältnis, das nach anfänglichen Unsicherheiten Heßlings ganz auf Natürlichkeit und Menschlichkeit beruht, letztlich aber durch Heßlings Besinnung auf seine Karriere zerstört wird.

Heßlings ambivalentes Verhältnis zur Frau hat Vogt unter Berufung auf die Psychoanalyse anschaulich dargestellt:

„Fast härter noch unterdrückt als der Sohn, dem immerhin die Nachfolge des Vaters winkt, ist in der bürgerlichen Familie die Frau. In einer von Männern beherrschten Gesellschaft bleibt sie ‚häusliche Leibeigene des Mannes', bis daß der Tod sie scheide (Horkheimer) …

‚Sie (hat) auf reine Gefühle, unbefleckte Verehrung und Wertschätzung Anspruch. Die erzwungene, vom Weibe selbst und erst recht vom Vater nachdrücklich vertretene Scheidung von idealistischer Hingabe und sexueller Begierde, von zärtlichem Gedenken und bloßem Interesse, von himmlischer Innerlichkeit und irdischer Leidenschaft bildet eine psychische Wurzel des in Widersprüchen aufgespaltenen Daseins' (Horkheimer) …

Das erotische Verhalten ist bei Diederich, wie häufig beim autoritären Charakter, geprägt durch eine ‚mangelnde Integration von Sexualität und Affekt' (Adorno). Trieb und Gefühl, Begehren und Verehrung laufen auseinander oder gar gegeneinander: auf die Anbetung der Geliebten als einer ‚Heiligen' (S. 75) folgt bald die Verachtung für ‚so eine' (S. 104), die doch nur mit ihm sich einließ. So belegt Diederich Heßling schließlich auch die These, daß autoritätsfixierte Männer ‚meistens (die Frauen) verachten …, mit denen sie voreheliche sexuelle Beziehungen hatten' (Adorno). Dem Vater des von ihm verführten Mädchens etwa hält er einen Satz entgegen, der wie der Inbegriff doppelbödig-bürgerlicher Sexualmoral klingt: ‚mein moralisches Empfinden verbietet mir, ein Mädchen zu heiraten, das mir ihre Reinheit nicht mit in die Ehe bringt' (S. 104). Daß Diederichs spätere Heirat nicht erotischen Impulsen, sondern den ‚Berechnungen' bürgerlicher Erwerbspolitik folgen wird, rundet das Bild ab. Die moralischen Anforderungen an die Zukünftige sind, in Würdigung ihres beträchtlichen Vermögens, auch nicht so streng. Nach vollzogener Transaktion freilich wendet sich das Blatt: ‚Seine Auffassung vom Eheleben war die strengste … Die Frauen waren der Kinder wegen da, Frivolitäten und Ungehörigkeiten versagte Diederich …' (S. 474). Nur selten kann Frau Guste ihre Rolle als häusliche Untergebene durchbrechen und ihren Herrn und Gatten ‚in einer unerhörten und wahnwitzigen Umkehrung aller Gesetze zum erotischen Untertan' machen (S. 478 f.). Für seine erotische ‚Schizophrenie' steht dennoch das Verhältnis zur Kleinstadtkokotte Käthchen Zillich, das Direktor Heßling renommierend aufrecht erhält. Mehrfach wird die Ähnlichkeit dieser Dame mit Frau Direktor Heßling selbst betont –

was die Vermutung bestätigt, daß auch diese ‚Parallelaktion' noch ein spätes Produkt der Scheidung von Affekt und Sexualität sei, die in der frühkindlichen Familienerfahrung angelegt war." (Vogt, S. 62 f.)

Scheibe, der sehr anschaulich Heßlings Rollenverhalten in seiner Widersprüchlichkeit analysiert, sieht Heßlings Verhältnis zu Agnes Göppel wie folgt:

„Im Familienleben der Göppels öffnete sich ihm erstmals ein Lebenskreis, dessen Kern nicht aus Macht und Gehorsam besteht. Er erlebt eine Atmosphäre anspruchsloser Freundlichkeit (S. 14 ff.). Aber damit entsteht das ungewohnte Problem, sich als Persönlichkeit durchzusetzen zu müssen, ohne einen bereitstehenden Teil der Machthierarchie benutzen zu können. Gerade diese Reduktion der menschlichen Beziehungen auf Sympathetisches, das Ungeklärte der Abhängigkeiten, die im Bereich der Machthierarchie so leicht überschaubar waren, schafft ihm Unbehagen, Schwierigkeiten, Beunruhigung …

Das Liebesverhältnis mit Agnes verwandelt ihn völlig: ‚Agnes! Agnes, ich liebe dich, sagte er aus tiefer Not' (S. 64). Unmittelbar danach erscheint schon wieder ein anderer Diederich: ‚Diederich, die Hände in den Taschen, bedachte, daß dies das Schicksal der leichtsinnigen Mädchen sei. Andererseits empfand er das Bedürfnis, sich ihre Versicherungen wiederholen zu lassen' (S. 64). Die Spannung zwischen Menschlichkeit und Unmenschlichkeit, zwischen Wahrheit und Rolle in Diederich wird zu Satz und Gegensatz. In einem bisher unbekannten Grad des Bewußtseins wird ihm sein vergangenes Leben fragwürdig: ‚Er hatte die Gewißheit, daß er bis jetzt, bis zu dieser Minute, alle Dinge falsch angesehen, falsch bewertet hatte. Dort hinten kneipten sie nun und machten sich wichtig. Juden und Arbeitslose, was gingen einen die an, warum sollte man sie hassen? Diederich fühlte sich bereit, sie zu lieben! Hatte er denn wirklich, er selbst, den Tag in einem Gewühl von Menschen verbracht, die er für Feinde gehalten hatte? Sie waren Menschen: Agnes hatte recht! War er selbst es, der jemand um eigener Worte willen geschlagen hatte, geprahlt, gelogen, sich töricht abgearbeitet und endlich, zerrissen und sinnlos, sich in den Schmutz geworfen hatte vor einem Herrn zu

Pferd, dem Kaiser, der ihn auslachte? Er erkannte, daß er, bis Agnes kam, ein hilfloses, bedeutungsloses und armes Leben geführt habe. Bestrebungen wie die eines Fremden, Gefühle, die ihn beschämten, und niemand, den er liebte – bis Agnes kam.' (S. 66 f.) …

Agnes spricht mit der Stimme der Menschlichkeit, die auch er in sich immer wieder vernimmt. Insofern stimmt er ihr zu. Aber wir wissen, wie ärgerlich unbequem er diese Stimme empfindet. Deshalb nimmt er es Agnes übel. Der Kampf gegen die Stimme der Menschlichkeit ist jetzt Kampf gegen Agnes …" (Scheibe, S. 213 und 217 ff.)

Lernziele zur 16. Stunde
(Stundenblatt Nr. 12):

1. Die Schüler interpretieren Heßlings Verhältnis zu den Frauen als Folge seiner Sozialisation und als Ausdruck seiner autoritären Mentalität.

2. Die Schüler bestimmen Heßlings Eheauffassung, indem sie sein Verhalten gegenüber Guste und gegenüber seinen Kindern analysieren und Heßlings Familienleben zu charakterisieren versuchen.

3. Die Schüler suchen Gründe für Heßlings Furcht vor den Frauen und für seinen Triebverzicht einschließlich seiner Folgen, indem sie beides auf Heßlings Sozialisation beziehen.

4. Die Schüler bestimmen Heßlings Verhältnis zu den Frauen im Spannungsfeld zwischen Ideellem und Triebhaftem, zwischen Offiziellem und Inoffiziellem, zwischen Schein und Sein, personifiziert in Guste und Käthchen.

5. Die Schüler bestimmen Heßlings Verhältnis zu Agnes Göppel als Alternative zum Verhältnis Heßlings zu Guste/Käthchen, da jenes Verhältnis durch Unmittelbarkeit, Echtheit, Natürlichkeit und Menschlichkeit bestimmt ist, und benen-

nen die Gründe, warum dieses Verhältnis sich nicht durchsetzen konnte.

Wird diese Stunde mehr an der Textanalyse im Hinblick auf die am Ende der UE zu leistende Klausur ausgerichtet, so sollte man von einer kurzen, überschaubaren Textpassage ausgehen, wofür sich die Darstellung von Heßlings Familienleben besonders eignet (S. 340 f.). Die Schüler formulieren zunächst Fragen, die an den Text gestellt werden können. Das kann in einer vorbereitenden Hausaufgabe geleistet werden. Anschließend werden aus diesen Vorschlägen zwei bis drei zentrale Fragestellungen ausgewählt, die dem Fragenkatalog von Abituraufgaben entsprechen müßten; diese Fragestellungen werden gemeinsam mit den Schülern präzisiert. In einer zweiten Phase legen die Schüler sich auf ein Arbeitsprogramm fest, nach dem sie bei der Beantwortung der Fragestellungen vorgehen könnten. In einer dritten Phase bereiten die Schüler in individueller Stillarbeit oder in Gruppenarbeit die schriftliche Arbeit vor, indem sie versuchen, erste Untersuchungsergebnisse in Stichworten festzuhalten. Die schriftliche Ausformulierung der Stichworte erfolgt als Hausaufgabe. Aus der Hausaufgabe wählt dann der Lehrer einige Arbeiten oder Ausschnitte aus Arbeiten aus, die er den Schülern zur Beurteilung vorlegt; dabei sollten weder besonders gute noch besonders schlechte Arbeiten ausgewählt werden, sondern Arbeiten, in denen Gelungenes und Mißlungenes unmittelbar nebeneinander steht, da hier leichter mit Verbesserungen angesetzt werden kann. Wir geben einen Schüleraufsatz bei (S. 132), der zur Beurteilung durch die Schüler herangezogen werden kann. Aus der Beurteilung dieses Aufsatzes könnten dann Kriterien für eine gute Textanalyse abgeleitet werden.

Schüleraufsatz

Aufgabenstellung: Diederich Heßlings Verhältnis zu den Frauen
1. Wie wird Diederich Heßlings Verhältnis zu Guste in der vorliegenden Textpassage dargestellt?
2. Analysieren Sie bitte Heßlings Verhalten gegenüber Frauen im allgemeinen, und führen Sie dieses Verhalten auf Heßlings Sozialisation zurück!

Textgrundlage:
S. 337 letzter Abschnitt unten: „Diederich durfte wieder sagen: ...“ bis S. 341 unten letztes Drittel des Abschnittes: „Was allerseits geschah ...“

Arbeitszeit: 3 Unterrichtsstunden

Schüleraufsatz:
Schon in seiner Jugend mußte Diederich Heßling feststellen, daß die Frau an sich ein Hindernis auf seinem Lebensweg darstellt. Zuerst war es die Mutter, für die er weder Liebe empfand noch Achtung zeigte, da sie in ihrer Weichheit und Schwärmerei viel zu sehr ihm selbst ähnelt. Er will sein wie sein Vater, mächtig und streng. Diese Macht fürchtet Diederich zwar, er betet sie aber auch an, weil sie ihm Sicherheit und Halt bietet und weil sie alles Nichtswürdige von sich weist, so auch die Mutter. Die zweite Beziehung zu einer Frau nimmt Heßling mit Agnes Göppel, seiner ersten Liebe, auf. Zum ersten Mal bringt er hier, nachdem er seine Scheu überwunden hat, echte Gefühle zu einer Frau auf. Als er aber merkt, daß er von Agnes abhängig wird und wie sehr er sich in die Familiensphäre der Göppels verstrickt, löst er dieses Verhältnis auf. Inzwischen ist diese Frau wohl auch zu einer Last für seine Karriere geworden, zumal er den Doktor gemacht hat. Kurz entschlossen reist er in seine Heimatstadt Netzig zurück und läßt Agnes allein.
Diese frühen Beziehungen zu Frauen, die voller Widersprüche sind, prägt Diederichs Verhalten auch in seiner Ehe mit Guste. Die ihm anerzogene Meinung, die Frau habe dem Mann gegenüber Untertan zu sein, bekommt auch seine Guste zu spüren.
Guste ist für Diederich praktisch nur eine Gebärmaschine, die ihm in regelmäßigen Abständen (1894, 1895, 1896) Söhne für den Kaiser schenkt. Die Beziehungslosigkeit, die zwischen Mann und Frau in der Ehe herrscht, zeigt sich z. B. darin, daß Diederich bei der schwierigen Geburt einer seiner Söhne meint, die Hauptsache ist, daß das Kind lebt, da spielt das Leben der Mutter keine so große Rolle. Neben dem Kinderbekommen besteht die Aufgabe Gustes darin, ganz für den Mann und die Kinder dazusein und für sie zu sorgen. Im Klartext gesprochen bedeutet dies die totale Unterwerfung der Frau zur Magd. Sexuelle Beziehungen dienen nur zum Zeugen der Kinder, die Lust ist dem heimlichen Verhältnis zur Dorfnutte Zillich vorbehalten.
Das Verhältnis der Ehepartner erweist sich für Diederich auch als gefährlich, nämlich dann, wenn Guste ihre Machtgelüste und ihre Reize spielen läßt, wie in jener abendlichen Szene S. 340, wenn Guste die Rolle tauscht und ihr Bein auf den Bauch Diederichs stellt und sagt: „Du sollst meine Gestalt anbeten ... Ich bin die Herrin, du bist der Untertan.“ Da bleibt Diederich nichts anderes übrig, als sich schützend hinter die Kaiserbüste zurückzuziehen und zu kompensieren: Am Stammtisch klopft er große Sprüche

über die schlimmen Weiber, daheim unterzieht er die Wirtschaftsbücher Gustes einer strengen Kontrolle.

Meiner Meinung nach symbolisiert das Verhältnis Diederichs zu Frauen die Meinung überhaupt den Frauen gegenüber in dieser Zeit. Die Frau war damals mehr oder weniger der Spielball der Männer. Sie hatte sich schön zu machen, Kinder zu bekommen und vor allem still zu sein. Aus diesem Grund kann ich Heßlings Verhalten nicht verurteilen. In diesem Fall liegt die Schuld nicht bei ihm, sondern bei seiner Umwelt und seiner Sozialisation, die ein solches Verhalten hervorbrachte.

7.7. Die Sequenz 8: Die Darstellung der Wilhelminischen Gesellschaft im Roman (17.–20. Stunde Stundenblätter Nr. 13–15 R)

7.7.1. Übersicht über die Sequenz 8

Die Sequenz 8 ist nur noch schwer im vornherein planbar, da kaum abzusehen ist, welche Qualität und welche Schwerpunkte die beiden Gruppenberichte zur Darstellung der Parteien und der Gesellschaft im Roman aufweisen werden. Die Planung kann jeweils erst unmittelbar nach den Gruppenberichten erfolgen. Im Anschluß an die Berichte wird also der Lehrer zu entscheiden haben, welche weiteren Akzente bei der Behandlung des angeschnittenen Themas noch zu setzen sind, wobei auf Vorschläge der Klasse eingegangen werden kann. Die in den Stundenblättern dargestellten Stunden greifen solche Aspekte auf, die kaum unmittelbar von den Gruppen behandelt werden und die dann im Anschluß an die Gruppenberichte einzubringen wären. So muß wahrscheinlich nach dem Gruppenbericht IV noch das undurchsichtige und intrigante Zusammenspiel zwischen den Parteien, die Wahltaktiken der Nationalen, herausgearbeitet werden. Im Anschluß an den Gruppenbericht V, der wahrscheinlich die im Roman dargestellten gesellschaftlichen Gruppierungen herauszuarbeiten vermag, muß wahrscheinlich noch abgeklärt werden, wie Heinrich Mann diese Gruppierungen darstellt und wie aus der Darstellungsweise auf den Standpunkt Heinrich Manns geschlossen werden kann; in diesem Zusammenhang könnte dann das Referat über Heinrich Manns Leben und Werk wertvolle Zusatzinformationen liefern.

Wird der Unterricht also auf Gruppenberichte aufgebaut, muß am Beginn der Teileinheiten jeweils ein Gruppenbericht stehen, woran sich, je nach Qualität des Berichts, unterschiedliche Stunden anschließen müssen. Dabei könnte in etwa der folgende Ablauf angestrebt werden. Anschließend an den Gruppenbericht IV (Darstellung der Parteien) könnte die undurchsichtige Handlung etwas genauer strukturiert werden im Hinblick auf die verschiedenen Absprachen zwischen den Parteien. Dabei sollte das intrigante Zusammenspiel zwischen Heßling und von Wulckow unter Nutzung des Sozialdemokraten Fischer mit dem Ziel, die Liberalen auszuschalten, deutlich werden (siehe Strukturskizze des Stundenblattes Nr. 13 R). Daran anschließend kann die Gruppe der Liberalen als die Gegenspieler Heßlings etwas genauer analysiert werden und die Frage gestellt werden, wie diese Gruppe im Roman dargestellt wird. In einer dritten Stunde kann dann die Fragestellung auf die beiden Gegenspieler Heßling und Wolfgang Buck und deren Gesellschaftsbild verengt werden unter dem Blickwinkel, wer nun das Zeitalter repräsentiert, der Kaiser (Position Heßling)

Übersicht über die Sequenz 8

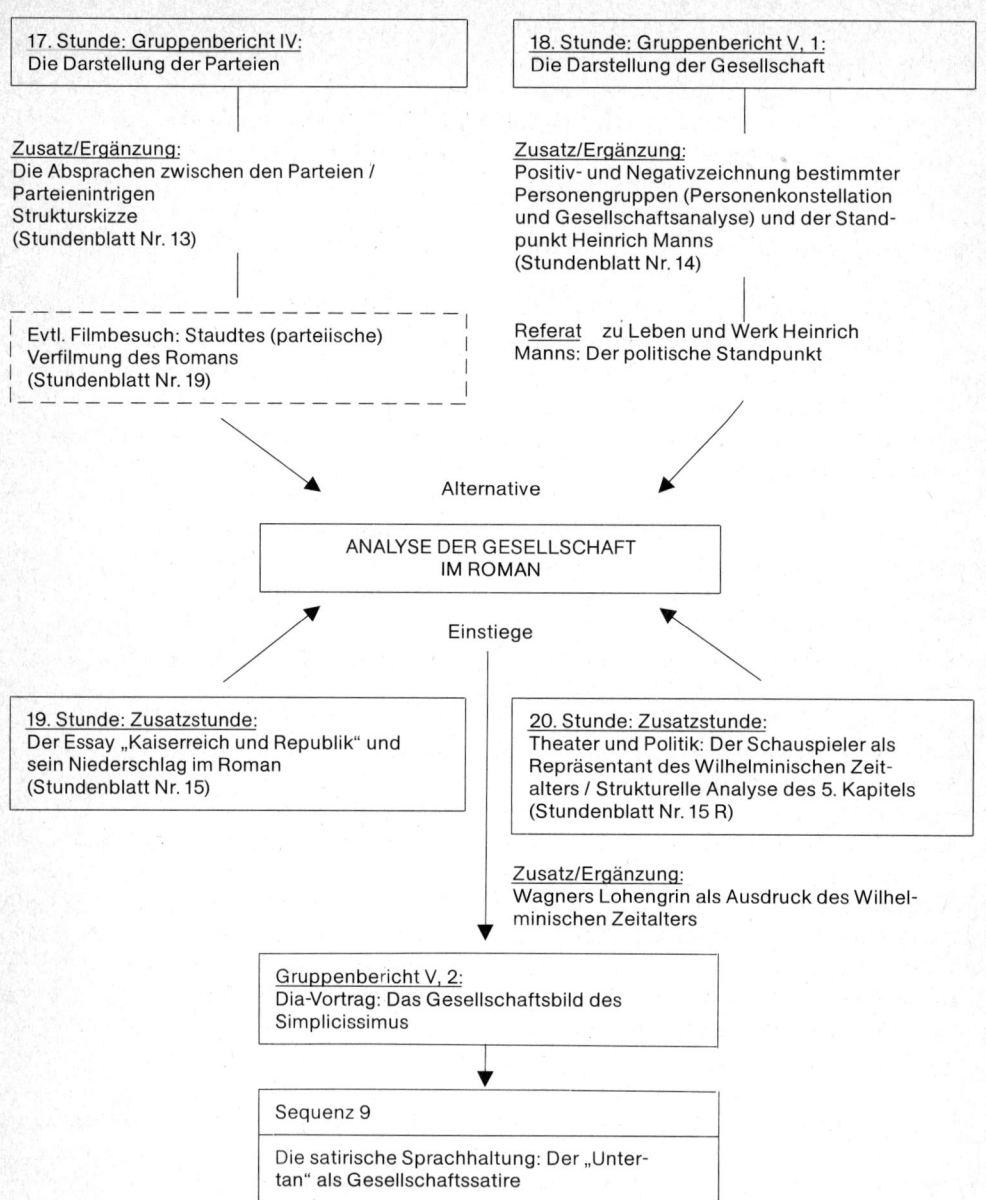

17. Stunde: Gruppenbericht IV:
Die Darstellung der Parteien

18. Stunde: Gruppenbericht V, 1:
Die Darstellung der Gesellschaft

Zusatz/Ergänzung:
Die Absprachen zwischen den Parteien /
Parteienintrigen
Strukturskizze
(Stundenblatt Nr. 13)

Zusatz/Ergänzung:
Positiv- und Negativzeichnung bestimmter
Personengruppen (Personenkonstellation
und Gesellschaftsanalyse) und der Stand-
punkt Heinrich Manns
(Stundenblatt Nr. 14)

Evtl. Filmbesuch: Staudtes (parteiische)
Verfilmung des Romans
(Stundenblatt Nr. 19)

Referat zu Leben und Werk Heinrich
Manns: Der politische Standpunkt

Alternative

ANALYSE DER GESELLSCHAFT
IM ROMAN

Einstiege

19. Stunde: Zusatzstunde:
Der Essay „Kaiserreich und Republik" und
sein Niederschlag im Roman
(Stundenblatt Nr. 15)

20. Stunde: Zusatzstunde:
Theater und Politik: Der Schauspieler als
Repräsentant des Wilhelminischen Zeit-
alters / Strukturelle Analyse des 5. Kapitels
(Stundenblatt Nr. 15 R)

Zusatz/Ergänzung:
Wagners Lohengrin als Ausdruck des Wilhelminischen Zeitalters

Gruppenbericht V, 2:
Dia-Vortrag: Das Gesellschaftsbild des
Simplicissimus

Sequenz 9

Die satirische Sprachhaltung: Der „Untertan" als Gesellschaftssatire

oder der Schauspieler (Position Buck) – eine Fragestellung, die einmal auf das Kapitel 5 des Romans, zum andern auf Heinrich Manns Essay ‚Kaiserreich und Republik‘ verweist, wo diese Problemstellung thematisiert wird. So wie diese Sequenz angelegt ist, weisen alle Ansätze hin auf die Sequenz 9, in welcher es um Heinrich Manns spezifische Darstellungsweise, die Satire, geht. Ein Übergang könnte hier die Darstellung Mahrenholz' sein, der im ‚Untertan‘ die gesellschaftlichen Karikaturen des Simplicissimus wiederzufinden glaubt, was zunächst durch einen Dia-Vortrag der Gruppe V über das Gesellschaftsbild des Simplicissimus belegt und später relativiert werden könnte.

Im Zusammenhang mit der Darstellung der Parteien bietet sich eine erste Gelegenheit an, die Verfilmung des Romans durch Wolfgang Staudte einzubringen, da dieser Film, gerade was die Darstellung der Parteien anbelangt, sehr stark von der Romanhandlung abweicht. Will man den Film nicht ganz unter dem Gesichtspunkt der Rezeptionsproblematik besprechen, empfiehlt es sich, ihn an diesem Punkt einzusetzen.

Wo man nicht mit Gruppenarbeit arbeiten will, können unterschiedliche Einstiege in diesen Komplex gewählt werden. Am konkretesten wird wohl der Einstieg über die Darstellung der Parteienintrigen sein. Aus der in diesem Zusammenhang erarbeiteten Strukturskizze kann dann Heinrich Manns Standpunkt erschlossen werden. Denkbar wäre aber auch ein Einstieg über eine Analyse der Gegner Heßlings und deren Darstellung im Roman, wobei sich auch hier die Frage stellen wird, mit welchen Personen sich der Autor identifiziert (Positiv-/Negativ-Darstellung), dabei könnte man sich, um Zeit zu sparen, auf die beiden Antipoden Heßling und Wolfgang Buck beschränken. Ein mehr problemorientierter Einstieg, der sich für einen Leistungskurs eignen würde, wäre über die Frage zu leisten „Wo und auf welche Weise wird im Roman überhaupt ‚Gesellschaft‘ faßbar?"; von hier aus könnten die Schüler dann selbst eine Unterrichtsplanung entwickeln. Zwei weitere mögliche Einstiege bieten die Stunden 19 und 20 an: Einmal erfolgt der Einstieg über einen Ausschnitt aus dem Essay ‚Kaiserreich und Republik‘ (siehe Materialien Wolff), dem Pendant zum ‚Untertan‘, wobei es darauf ankäme, die Aussagen des Essays in seiner poetischen Umsetzung wiederzufinden – ein Verfahren allerdings, das sich dem Werk zu stark von außen nähert. Ein weiterer Zugang wären die kontroversen Gespräche Heßlings und Bucks über die Gesellschaft, deren Analyse hin zu einer Strukturanalyse des 5. Kapitels führen könnte, in welchem Theater, Politik und Privates eng miteinander verzahnt werden – auch dieser Einstieg leitet unmittelbar hin zum Gesellschaftsbild Heinrich Manns.

7.7.2. Die Darstellung der Parteien im Roman (17. und 18. Stunde, Stundenblätter Nr. 13 – 14 R)

Auch in dieser Stunde ist darauf zu achten, daß sich die Frage nach dem Realienbezug nicht verselbständigt; es ist weniger nach dem Realiengehalt des Romans in bezug auf die Darstellung der Parteien zu fragen als vielmehr nach der Art und Weise, wie Realität im Roman poetisch umgesetzt erscheint. Dieser Zielsetzung sollte man sich v. a. dann bewußt sein, wenn diese Stunde von dem Gruppenbericht IV bestimmt wird, da sich eventuell die Notwendigkeit ergeben könnte, die Ergebnisse der Gruppenarbeit weiterzuführen, hin zu den eigentlichen Lernzielen dieser Stunde. Dabei wird sich das methodische Problem ergeben, wie man geschickt an den Gruppenbericht anknüpft und wie man dabei den Unterricht für eine weiterreichende Fragestellung öffnet.

Durch das Arbeitsblatt festgelegt, wird die Arbeitsgruppe IV vom Realienbezug ausgehen (v. a. von der Reichstagswahl 1893) und die Parteien des Kaiserreichs einschließlich ihrer Programme mit ihrer Darstellung im Roman vergleichen, wobei es notwendigerweise zu einer Zuordnung und Abgrenzung der einzelnen Parteien kommen muß. Anknüpfungspunkte für ein derartiges Vorgehen sind einmal die programmatischen Äußerungen einzelner Parteienvertreter, dann aber in erster Linie die Darstellung der beiden Wahlkämpfe. Aus einer solchen Analyse, die von der Gruppe IV zu leisten wäre, ergibt sich die folgende Parteienkonstellation: Auf der einen Seite stehen die Nationalen, die sich an der Person des Kaisers orientieren und die sich gegen die Liberalen und gegen die Sozialdemokraten durchsetzen müssen. Auf der anderen Seite stehen die Liberalen als die eigentlichen Gegner der Nationalen. Sie setzen sich für eine allgemeine Demokratisierung ein, für die Lauers Programm der Gewinnbeteiligung für Arbeiter steht – ihre eigentliche Symbolfigur ist der alte Buck, der sich rückwärtsgewandt an der 48er Revolution orientiert und das „wahre" Bürgertum zu repräsentieren glaubt. Die Sozialdemokraten werden, entsprechend der realen historischen Situation, als Machtfaktor schon anerkannt, an einem Machtzuwachs wird kaum gezweifelt. Verbal wenden sich die Nationalen wohl nachhaltig gegen die Sozialdemokraten, in denen sie den eigentlichen Feind des Kaisers sehen (Furcht vor dem „Umsturz"); das hält sie aber nicht davon ab, mit den Sozialdemokraten Wahlabsprachen zu treffen, mit deren Hilfe die Liberalen zu beiderseitigem Nutzen ausgeschaltet werden. Dieser Wahlkampf erscheint bei Heinrich Mann jedoch nicht nur als ein Kampf zwischen parteipolitischen Prinzipien (vordergründige Realienebene), sondern als ein Kampf um sehr persönliche Interessen der Beteiligten, wodurch die Darstellung der Parteien erst in ein kritisches Licht gerückt wird. Die Liberalen müssen sowohl aus politischen als auch aus privaten Gründen vernichtet werden: Der Einfluß Bucks, der in Netzig nach wie vor die eigentliche Macht re-

präsentiert (natürliche Autorität), muß gebrochen werden, will Heßling zum Zug kommen; Heßling tritt bei der Brautwahl als Kontrahent Wolfgang Bucks auf, zumal er das Geld Gustes benötigt; Lauer und Klüsing stellen die natürliche Geschäftskonkurrenz von Heßling in Netzig dar; Kühlemanns Erbe, für den Bau eines Säuglingsheims bestimmt, benötigt man für den Bau des Kaiserdenkmals als Beweis der nationalen Gesinnung Netzigs; für dieses Denkmal kann Netzig sich den Bahnanschluß (was im Roman offen bleibt) und Heßling einen Orden einhandeln. Politisches und Persönliches verquicken sich im Roman auf vielfache Weise, v.a. dort, wo Heßling im Hintergrund agiert; persönlich unangemessene, ja geradezu unmoralische Ansprüche werden durch einen Bezug auf das politisch Notwendige („die gute Sache") moralisch gerechtfertigt. Politik erscheint als schlechte, egoistische Geschäftemacherei persönlich disqualifizierter Personen; die an diesen Geschäften beteiligten Parteien erscheinen diskreditiert – eine Einsicht, die Heinrich Manns Haltung gegenüber Parteien besonders deutlich macht: Ihm kommt es weniger auf Programme an als auf die humane Grundhaltung der Parteien (Ethisierung der Politik).

Ausgehend von derartigen Einsichten, die durchaus von der Arbeitsgruppe IV erarbeitet werden können, kann im Anschluß an den Gruppenbericht oder aber als Alternative zu dem Gruppenbericht versucht werden, die Handlung um die beiden Wahlkämpfe mit Hilfe einer Strukturskizze (siehe Stundenblatt Nr. 13 R) so durchsichtig zu machen, daß bestimmte Darstellungsweisen Heinrich Manns deutlich werden. Teilaspekte können dabei schon vom Gruppenbericht hergeleitet werden (im Idealfall könnte in einer Stunde sowohl der Gruppenbericht als auch die Strukturskizze geleistet werden). Ein derartiges Verfahren rechtfertigt sich auch, weil die Handlung bezüglich der vielen Wahlabsprachen kaum bei einem ersten Lesen klar wird. Aus der Strukturskizze wird nochmals die Parteienkonstellation deutlich, wobei dann auch einsichtig werden soll, daß das eigentliche Machtzentrum in der Achse Heßling – von Wulckow liegt; der Regierungspräsident von Wulckow benutzt den agilen Heßling, um seine Position gegenüber dem Kaiser auszubauen, er ködert Heßling mit einem Orden und mit der Papierfabrik Gausenfeld; von Wulckow benötigt einen Beweis für die nationale Gesinnung Netzigs, wenn für Netzig ein sozialdemokratischer Abgeordneter in den Reichstag einzieht, und diesen Beweis kann ihm Heßling mit seinem Kaiserdenkmal liefern. Aus der Strukturskizze kann dann ersichtlich werden, wie alle Beteiligten politisch und persönlich ihre Gewinne auf Kosten der Liberalen machen, die zudem noch persönlich vernichtet werden. Darüber hinaus wird klar, wo Heinrich Manns Sympathien liegen, nämlich auf seiten der Liberalen, womit sich für eine nächste Stunde die Frage stellt, wie Heinrich Mann die Liberalen darstellt, ob sie tatsächlich so positiv dargestellt werden, wie dies in dieser ersten Stunde zum Komplex ‚Darstellung der Gesellschaft im Roman' erscheinen mag.

Aus dem Gruppenbericht und der Strukturskizze können dann die folgenden Darstellungsprinzipien Heinrich Manns herausgearbeitet werden:

1. Exemplarische Darstellung durch Konzentrierung und Abstrahierung: Heinrich Mann reduziert die Parteienlandschaft des Kaiserreichs auf die drei wesentlichen Parteirichtungen und deutet Absplitterungen nur an (etwa die Kontroverse Fischer – Rille innerhalb der Sozialdemokraten).

2. Überführung realer Daten in eine fiktionale Handlung und Reduktion des Politischen auf menschliche Unzulänglichkeiten (personalisierte Darstellung von Politik): Heinrich Mann geht von konkreten historischen Daten aus (z. B. Auflösung des Reichs-

tages und Wahlergebnisse der Reichstagswahl von 1893) und integriert diese in eine fiktionale Handlung, in welcher Politik weniger in parteipolitischer Programmatik faßbar wird als in der Typologie der Parteienvertreter und ihrer Machenschaften. Die Parteien geraten in Mißkredit, weil ihre Vertreter als menschlich diskreditiert erscheinen. Es geht ihnen nicht so sehr um die Durchsetzung politischer Programme als vielmehr um den bloßen Machtgewinn; hinter ihrem Vorgehen verbergen sich vordergründige persönliche Interessen; dadurch erscheint die Politik bestimmter Parteien als etwas Unmoralisches. Hinter dieser Darstellungsweise verbirgt sich Heinrich Manns Forderung nach einer Ethisierung der Politik, nach einer Politik, die sich am Menschen orientiert.

3. Negativ-Positiv-Zeichnungen als kontrastierendes Prinzip: Werden alle Parteien, die an den fragwürdigen Wahlabsprachen beteiligt sind, einmal durch die Handlungsweisen ihrer Vertreter (Intrigantentum, Vermengung politischer und persönlicher Interessen, Enthumanisierung der Politik), zum andern auch durch ihre Darstellung mit Hilfe einer satirischen Technik moralisch diskreditiert, so erscheinen die Parteien, die aufgrund dieser Machenschaften zugrunde gehen, die Liberalen, sozusagen ex negativo zunächst einmal als positiv. Als positiv erscheinen die Liberalen auch dadurch, daß ihre Vertreter sich für das Humane einsetzen und daß sie frei von einer satirischen Darstellungsweise bleiben. Dieses kontrastierende Verfahren wird auch darin sichtbar, daß Heinrich Mann sowohl auf politischer als auch auf privater Ebene die Bucks als die Kontrahenten Heßlings darstellt, und dies bis in die Schlußbildung des Romans hinein. Immer wieder kommt es zu verbalen Auseinandersetzungen zwischen den beiden Parteien, in denen die unterschiedlichen weltanschaulichen Positionen sehr deutlich werden. Von dieser Konfrontation der beiden Standpunkte Heß-

137

lings und Wolfgang Bucks her ergibt sich dann im weiteren Verlauf der UE ein Zugang zu Heinrich Manns Gesellschaftsbild. Dieses kontrastierende Darstellungsprinzip wiederholt sich auf unterschiedlichen Ebenen des Romans bis hinein in die Personengestaltung (erinnert sei in diesem Zusammenhang nur daran, wie Heinrich Mann immer wieder das Verhalten einzelner Personen im Kontrast zu ihrem Tun zeigt: So bezeichnet sich etwa Heßling als „liberal" in einem Augenblick, in dem er darangeht, die Liberalen zu vernichten); dieses Verfahren erhält seinen umfassendsten Ausdruck darin, daß bestimmte Handlungsteile des Romans ganz von der satirischen Sprachhaltung geprägt sind (Negativ-Darstellung der Sphäre um Heßling und seine Parteifreunde, wobei gelegentlich noch die Sozialdemokraten einbezogen werden), während andere wiederum frei von ihr sind (Positiv-Darstellung der Liberalen um Buck), eine Beobachtung, die dann im Zusammenhang mit der Analyse der satirischen Sprachhaltung wieder aufgenommen wird.

Lernziele zur 17. Stunde, einschließlich Gruppenbericht IV (Stundenblatt Nr. 13/13 R):
1. Die Schüler erschließen sich den parteiischen Standpunkt Heinrich Manns von unterschiedlichen Zugängen her: von parteipolitischen Äußerungen einzelner Personen, von der Personendarstellung sowie von der Darstellung der Parteien und des Wahlkampfes, von der Art und Weise, wie historische Realität in den Roman eingeht, von den poetischen Techniken Heinrich Manns oder aber über theoretische Äußerungen Heinrich Manns und über Fakten aus dessen Biographie. (Dieses Lernziel bezieht sich auf die gesamte Sequenz.)
2. Die Schüler bestimmen den Realitätsgehalt des Romans bezüglich der Darstellung der Parteien, indem sie die Romanhandlung auf die Parteien des Kaiserreichs einschließlich ihrer Programme sowie auf die Auflösung des Reichstages und die Neuwahl von 1893 einschließlich der Wahlergebnisse beziehen.
3. Die Schüler bestimmen die Parteienkonstellation des Romans, indem sie die einzelnen Parteien gegeneinander abgrenzen und miteinander in Bezug setzen.
4. Die Schüler versuchen, unter Anleitung des Lehrers die Handlungen um die Wahlabsprachen in einer Strukturskizze festzuhalten, welche einmal die Absprachen zwischen den Parteien durchschaubar macht und welche darüber hinaus auch einen Einblick in Heinrich Manns Darstellungsweise vermittelt.
5. Die Schüler erkennen einige Techniken Heinrich Manns, mit deren Hilfe er dem Leser seinen parteiischen Standpunkt deutlich macht.
6. Im Vergleich von Romanhandlung und Realität bezüglich der Parteienproblematik erkennen die Schüler, daß die Realität auf verkürzte, jedoch exemplarische Weise dargestellt wird, um so das Typische herausstellen zu können.
7. Die Schüler erkennen, daß Heinrich Mann in seinem Roman Parteipolitik weniger als eine Auseinandersetzung um unterschiedliche Programme sieht, denn vielmehr als einen intriganten Machtkampf, hinter dem sich sehr persönliche Interessen verbergen.
8. Die Schüler erkennen, daß Heinrich Mann bei der Darstellung der Parteien mit einem kontrastierenden Verfahren arbeitet (Negativ-Positiv-Schema) und daß dieses kontrastierende Verfahren, das den Roman weitgehend bestimmt, in Zusammenhang mit der satirischen Technik Heinrich Manns steht.
9. Die Schüler erkennen, daß Heinrich Mann die Nationalen und die Sozialdemokraten auf vielfache Weise in ein schlechtes Licht rückt, wobei die Liberalen ex negativo in ein besseres Licht geraten.

Wo der Unterricht nicht durch die Gruppenarbeit bestimmt wird, empfiehlt es sich, mit der 18. Stunde unmittelbar an die hier dargestellte Stunde anzuschließen und an dieser Stelle die Frage aufzuwerfen, ob die Liberalen tatsächlich so positiv gezeichnet werden, wie dies auf den ersten Blick den Anschein haben mag. Es müßten folglich die Vertreter des liberalen Bürgertums etwas genauer betrachtet werden, was am besten in Gruppenarbeit zu leisten ist: Vier Gruppen untersuchen die Personen Göppel (er wird einbezogen, da er auch ohne Parteizugehörigkeit den Liberalen sehr nahe steht), Lauer, Buck senior und Buck junior auf negative und positive Eigenschaften hin. Alle diese Personen zeichnen sich durch eine gewisse Passivität aus, sie resignieren vor dem übermächtigen Aufschwung der „nationalen Bewegung" allzu schnell, obgleich sie, worauf Heinrich Mann immer wieder verweist, die einzigen sind, die das Zeitalter in seinen Verirrungen richtig zu analysieren vermögen. Doch sie sind zu schwach und zu willenlos, sich gegen die herrschenden Tendenzen aufzulehnen. Ihre Ideale sind, was v. a. bei Buck senior deutlich wird, zu sehr rückwärtsgewandt, um überhaupt in Zukunft noch wirksam zu werden, dazuhin sind die Liberalen durch fragwürdige Liebesaffären vom eigentlichen politischen Leben stark abgelenkt (man denke etwa auch an Wolfgang Bucks Ausflug aufs Theater). Wurde dies in der Gruppenarbeit in bezug auf einzelne Personen erkannt (Phase 2 und 3) und dann in der Auswertung auf einen Nenner gebracht (Phase 4), so stellt sich die Frage nach Heinrich Manns parteiischem Standpunkt neu. Dabei kann der appellative Charakter von Heinrich Manns Darstellung der Liberalen erkannt werden. Bei einer größeren Aktivität und einem konsequenteren und zielstrebigeren Vorgehen könnten die Liberalen sich durchaus gegenüber den Nationalen behaupten, zumal sie ja das richtige, auf das Menschliche bezogene Programm haben. Eine Analyse des liberalen Programms, das sich aus der Gruppenarbeit zu den Liberalen ergeben kann, wird deutlich machen, daß Heinrich Manns Sympathie für die Liberalen bei allen Vorbehalten bedingt ist durch die Entscheidung der Liberalen für das Humane und Soziale. Diese Einsicht kann durch eine Analyse des Gesprächs zwischen den Bucks vor dem Kaiserdenkmal nochmals vertieft werden: Diederich, der das Gespräch heimlich belauscht, schaudert davor zurück, daß einst dem Geist und der Güte, auf die sich die Bucks berufen, die Zukunft gehören könnte. Die Aussicht auf eine bessere Zukunft, in welcher die Welt bestimmt wird durch die Güte und den Geist, wird dann auch durch die Schlußbildung des Romans verdeutlicht.

Will man schon hier Heinrich Manns parteipolitischen Standpunkt endgültig herausarbeiten, so kann mit Hilfe eines Referats über Heinrich Manns parteipolitisches Engagement für die Linken abgeklärt werden, daß Heinrich Manns Engagement letztendlich nicht einer bestimmten Partei gehört, sondern einem allgemeinen Prinzip: Für ihn wird der Geist und das Humane zum absoluten Wertmaßstab, an dem sich auch die Parteipolitik zu orientieren hat. Aus diesem Blickwinkel wird deutlich, warum Heinrich Mann auch mit der Linken immer wieder Schwierigkeiten hatte – so mußte, um nur ein Beispiel zu nennen, die Zustimmung der Sozialdemokraten zu den Kriegskrediten seinen Widerwillen erregen. Für Einzelheiten zu Heinrich Manns parteipolitischem Engagement sei auf die Biographie von Schröter hingewiesen.

Lernziele zur 18. Stunde
(Stundenblatt Nr. 14/14 R):
1. Die Schüler stellen positive und negative Charaktermerkmale der liberalen Politiker gegenüber und schließen aus dieser Darstellungsweise auf Heinrich Manns Haltung gegenüber den Liberalen.

2. Die Schüler sehen die Schwächen der Liberalen darin, daß sie politisch kaum aktiv werden, daß sie schnell der Resignation verfallen, daß sie über kein dem Gegner angemessenes taktisches Konzept verfügen und daß sie sich dem politischen Auftrag entziehen und dem Gegner durch ihr Privatleben Angriffsflächen bieten.

3. Die Schüler erkennen, daß für Heinrich Mann die Zukunft den Liberalen gehört, da diese bei allem taktischen Ungeschick über das richtige und zukunftsweisende Programm verfügen.

4. Die Schüler erkennen, daß Heinrich Mann in seinem Roman kaum auf einen parteipolitischen Standpunkt festgelegt werden kann, wenn er auch gewisse Sympathien für die Liberalen zeigt, daß sein Standpunkt vielmehr jenseits der Parteipolitik in einem allgemein menschlichen Prinzip liegt, indem er den Geist und das Humane zum allgemeinen Wertmaßstab erhebt, an welchem die Parteien zu messen sind.

7.7.3. Die Darstellung der Wilhelminischen Gesellschaft im Roman (19. und 20. Stunde, Stundenblatt Nr. 15/15 R)

Wird der Unterricht von den Gruppenberichten her gestaltet, so folgt auf die 17. Stunde, die bestimmt ist durch den Gruppenbericht IV und die Strukturskizze zu den Parteienintrigen, unmittelbar der Gruppenbericht V, wobei dann die 18. Stunde für einen späteren Zeitpunkt zurückgestellt wird.

Grundlage für die 19. Stunde (ursprüngliche Zählung) ist zunächst der Gruppenbericht V, wobei sinnvollerweise die Gruppe zunächst erklärt, mit Hilfe welchen methodischen Vorgehens sie ihre Fragestellung bewältigt hat. Entsprechend den Anweisungen auf ihrem Arbeitsblatt kann die Gruppe V bei ihrem Arbeitsbericht sehr unterschiedlich vorgehen und auch unterschiedliche Schwer-

punkte setzen, wonach sich dann die weitere Unterrichtsplanung richten muß. Bei unterschiedlichem Ausgangspunkt und unterschiedlicher Schwerpunktbildung im Gruppenbericht kann die weitere Unterrichtsplanung entsprechend der hier beigegebenen Übersicht erfolgen. Die Variationsmöglichkeiten sind hier zahlreich, da zur Erfassung von Heinrich Manns Gesellschaftsbild sehr unterschiedliche Wege eingeschlagen werden können.

Will man die weitere Unterrichtsplanung nicht so offenhalten, empfiehlt es sich, von vornherein mit der Arbeitsgruppe V gemeinsam ein bestimmtes Vorgehen abzusprechen. Will man dann an den Gruppenbericht IV anschließen, muß man zunächst von der Personengestaltung ausgehen, die unmittelbar in Beziehung gesetzt wird zur Darstellung der Liberalen, dem Thema der 18. Stunde. So kann die Gruppe zunächst einmal auf die Ergebnisse der Gruppe IV eingehen und diese dann weiterführen.

Im folgenden gehen wir davon aus, daß die Unterrichtsplanung für die Stunden 18 bis 20 mit der Gruppe V abgesprochen wurde.

Der Gruppenbericht V und der Anschluß an die vorangegangenen Stunden (19. Stunde, darin integriert 18. Stunde, Stundenblatt Nr. 14/14 R, Teile Nr. 15)

Die Gruppe stellt zunächst die mit dem Lehrer gemeinsam geplante Unterrichtskonzeption für die 18. bis 20. Stunde vor und zeigt dabei die verschiedenen Möglichkeiten auf, Heinrich Manns Gesellschaftsbild zu erfassen (Phase 1). Grundlage des Gruppenberichts ist eine Folie, aus der hervorgeht, wie Heinrich Mann die Personen des Romans zu gesellschaftlichen Gruppierungen zusammenfügt und wie diese auf unterschiedliche Weise dargestellt werden, was durch ein einfaches Positiv-Negativ-Schema geleistet werden kann. Wir fügen eine derartige Originaldarstellung von Schülern bei; diese Darstellung wurde absichtlich in ihrer ursprüng-

Varianten der Unterrichtsplanung unter Berücksichtigung der von der Arbeitsgruppe V gesetzten Schwerpunkte

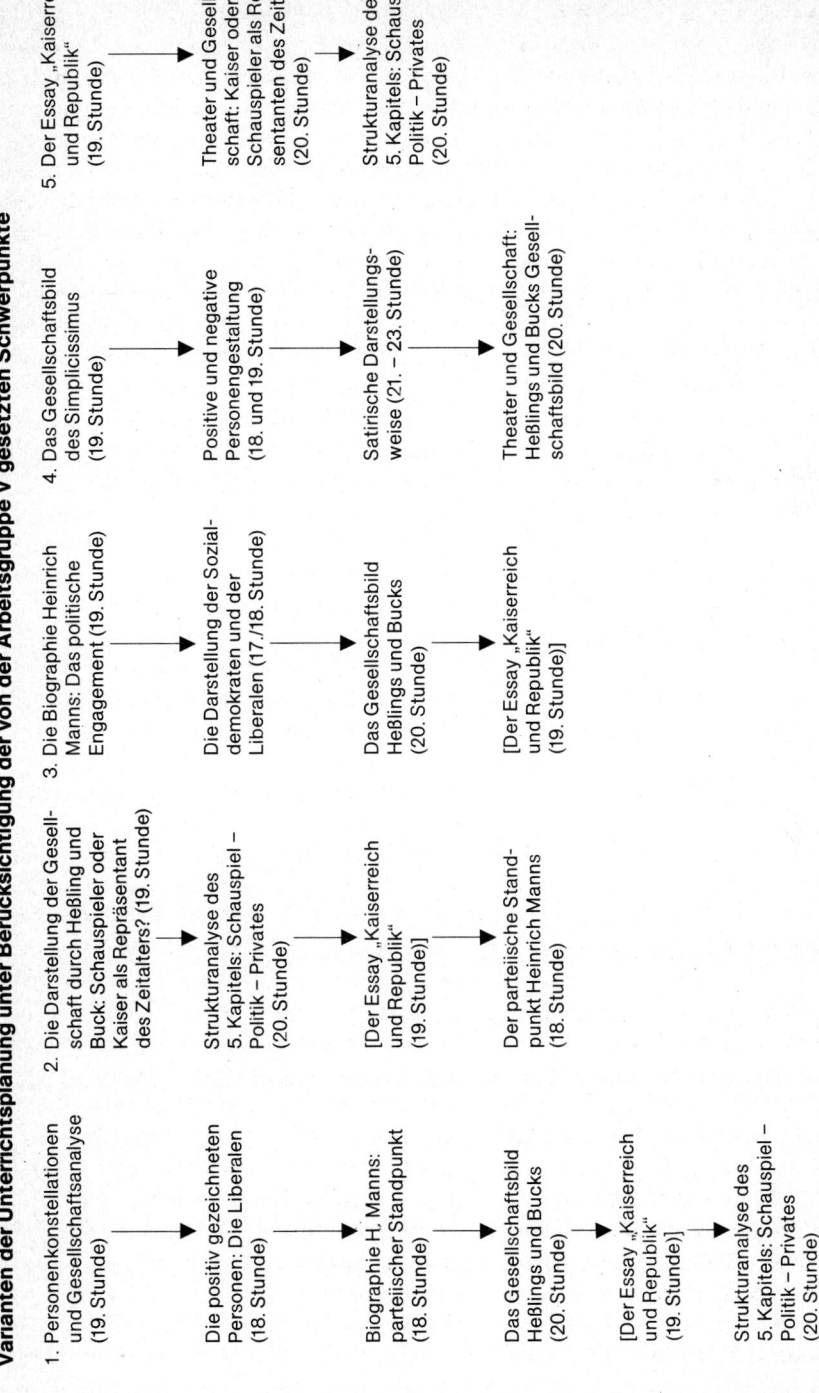

1. Personenkonstellationen und Gesellschaftsanalyse (19. Stunde)
→ Die positiv gezeichneten Personen: Die Liberalen (18. Stunde)
→ Biographie H. Manns: parteiischer Standpunkt (18. Stunde)
→ Das Gesellschaftsbild Heßlings und Bucks (20. Stunde)
→ [Der Essay „Kaiserreich und Republik" (19. Stunde)]
→ Strukturanalyse des 5. Kapitels: Schauspiel – Politik – Privates (20. Stunde)

2. Die Darstellung der Gesellschaft durch Heßling und Buck: Schauspieler oder Kaiser als Repräsentant des Zeitalters? (19. Stunde)
→ Strukturanalyse des 5. Kapitels: Schauspiel – Politik – Privates (20. Stunde)
→ [Der Essay „Kaiserreich und Republik" (19. Stunde)]
→ Der parteiische Standpunkt Heinrich Manns (18. Stunde)

3. Die Biographie Heinrich Manns: Das politische Engagement (19. Stunde)
→ Die Darstellung der Sozialdemokraten und der Liberalen (17./18. Stunde)
→ Das Gesellschaftsbild Heßlings und Bucks (20. Stunde)
→ [Der Essay „Kaiserreich und Republik" (19. Stunde)]

4. Das Gesellschaftsbild des Simplicissimus (19. Stunde)
→ Positive und negative Personengestaltung (18. und 19. Stunde)
→ Satirische Darstellungsweise (21. – 23. Stunde)
→ Theater und Gesellschaft: Heßlings und Bucks Gesellschaftsbild (20. Stunde)

5. Der Essay „Kaiserreich und Republik" (19. Stunde)
→ Theater und Gesellschaft: Kaiser oder Schauspieler als Repräsentanten des Zeitalters? (20. Stunde)
→ Strukturanalyse des 5. Kapitels: Schauspiel – Politik – Privates (20. Stunde)

lichen Form belassen, um zu zeigen, was Schüler im Negativen und im Positiven zu leisten vermögen; sie soll lediglich als Orientierungspunkt dienen, stellt also keine Zusammenfassung von Unterrichtsergebnissen dar. Die Folie macht deutlich, daß Heinrich Mann die Vertreter des liberalen Bürgertums positiver gestaltet, damit ist der Anschluß an die letzte Stunde hergestellt, deren Ergebnisse nun v. a. in Zusammenarbeit der Gruppen IV und V weitergeführt werden können. Die weitere Abfolge der Stunde kann nun nach dem Stundenblatt Nr. 18 erfolgen, wobei an die Stelle der dort vorgeschlagenen Gruppenarbeit (Phase 2 und 3) eine freie Diskussion treten kann.

Die allgemeine Beurteilung des Wilhelminischen Zeitalters durch Heinrich Mann: Politik – Theater – Privates
Die nächste (Doppel-)Stunde könnte wiederum von einem Gruppenbericht ausgehen, wobei sich der Gruppenbericht auf Heinrich Manns Essay ‚Kaiserreich und Republik‘ beziehen kann, dessen Darstellung der Wilhelminischen Gesellschaft dann gemeinsam auf die Darstellung der Gesellschaft im Roman bezogen wird – dieser Essay kann auch in gekürzter Fassung (siehe Materialien Wolff) der Klasse vorgelegt werden –; die Gruppe kann aber auch versuchen, das Gesellschaftsbild von Heßling und Buck einander gegenüberzustellen. Dabei sollte deutlich werden, daß aus Wolfgang Buck Heinrich Mann spricht, was besonders dann einsichtig wird, wenn man die Aussagen des Essays mit denen Bucks vergleicht. Es kann erwartet werden, daß die Schüler selbständig erkennen, daß für Heinrich Mann Parallelen zwischen der Wilhelminischen Gesellschaft und dem Theater bestehen und er das Wilhelminische Zeitalter in seiner Posenhaftigkeit, in seinem Fassadendasein, in seiner hohlen, geistlosen Maskerade zu decouvrieren versucht.
Damit wäre ein erster, vorläufiger Einblick in das Gesellschaftsbild Heinrich Manns gewonnen. Will man diesen Aspekt vertiefen und noch weiter in die Darstellungsweise Heinrich Manns eindringen, so müßte man die Funktion des Theaters für die Darstellung der Gesellschaft genauer untersuchen, wobei man bei wenig Zeit von der Analyse der Lohengrin-Interpretation Heßlings ausgehen kann, nach der die Lohengrin-Handlung einmal als Ausdruck des Kaiserreichs erscheint. Zum andern spiegelt sich im Lohengrin das Privatleben Heßlings, ja, Heßling benutzt sogar den Lohengrin, um unter Berufung auf diese nationale und vaterländische Oper seine Frau zu disziplinieren. Weiterreichende Einsichten in die Darstellungsweise Heinrich Manns kann eine genauere Strukturuntersuchung des 5. Kapitels erbringen (Stundenblatt Nr. 15 R). In Gruppenarbeit können die drei Handlungsstränge des Kapitels auf ihre Grundstruktur reduziert werden, wobei die gemeinsame Auswertung darin besteht, diese drei Handlungsstränge aufeinander zu beziehen. Handlungsstrang 1 stellt die Aufführung des Trivialstückes ‚Die heimliche Gräfin‘ von Frau von Wulckow dar und wird dann weitergeführt mit Heßlings Lohengrin-Besuch. Beide Theateraufführungen weisen vielfältige Beziehungen zur realen Romanhandlung auf. Das wird schon darin deutlich, daß Heßling laufend die Theaterrollen mit den Trägern dieser Rollen verwechselt. Es würde im Unterricht allerdings zu weit führen, wollte man all diesen Bezügen nachgehen; hier genügt ein Einblick in das Prinzip. Der zweite Handlungsstrang wird durch das Thema Politik bestimmt. Während und zwischen den Theateraufführungen bereiten die Honoratioren in verschiedenen Gesprächen den Wahlkampf vor; hier gipfelt die Handlung in den Wahlabsprachen zwischen Heßling – von Wulckow einerseits und Heßling – Fischer andererseits. Ein besonderer Akzent wird dadurch gesetzt, daß Wolfgang Buck kurz zuvor das Zeitalter als ein Zeitalter des Schauspielers bezeichnet

hat. Wiederum parallel hierzu verläuft der dritte Handlungsstrang, die Darstellung des Privatlebens Heßlings. Am Rande der Theateraufführung fällt im „Liebeskabinett" Heßlings Eheentscheidung: Im Kampf zwischen Guste und Käthchen gewinnt Guste mit ihrem Geld die Oberhand; Wolfgang Buck entscheidet sich für die Theaterlaufbahn und tritt großzügig seine Braut Heßling ab, der sie, nach dem Vorbild Lohengrins, in theatralischer Pose gnädig zu sich heraufzieht. Alle drei Handlungsstränge lassen sich leicht in eine vorbereitende Phase, eine Phase der Verwirrung und Aufregung, in der alles in der Schwebe gehalten wird, und in eine Phase des Durchbruchs, der Entscheidung und des Erfolgs gliedern. Durch die vielseitigen Bezüge zwischen den ineinanderlaufenden Handlungssträngen wird sowohl das Politische als auch das Private in die Sphäre des Trivialen und des Theatralisch-Posenhaften, des schlechten Theaters, gerückt, womit eine anschauliche Illustration zu Wolfgang Bucks Gesellschaftsanalyse geliefert wird. Auf diese Weise wird die poetische Struktur des Romans, die Vermengung der Teilhandlungen und die Vermengung fiktiver und realer Handlungselemente, zur zentralen Aussage des Romans. Dies kann durch eine einfache Zuordnung der Handlungsteile leicht sichtbar gemacht werden (siehe Stundenblatt Nr. 15 R).

Lernziele zu den Stunden 17/18 bis 20 (Stundenblätter Nr. 14 – 15 R):

1. Die Schüler benennen Methoden, mit deren Hilfe das Gesellschaftsbild Heinrich Manns bestimmt werden kann.
2. Die Schüler bringen die Personenkonstellation des Romans in ein Schema, indem sie die Personen bestimmten gesellschaftlichen Gruppen zuordnen.
3. Die Schüler erkennen, daß die gesellschaftlichen Gruppen auf unterschiedliche Weise dargestellt werden und führen diese Darstellungsweise auf ein einfaches Negativ-Positiv-Schema zurück.
4. Die Schüler erkennen, daß die Vertreter des liberalen Bürgertums wesentlich positiver dargestellt werden als andere Personen und schließen daraus auf den parteiischen Standpunkt Heinrich Manns.
5. Die Schüler bestimmen anhand des Essays ‚Kaiserreich und Republik' Heinrich Manns Bild von der Wilhelminischen Gesellschaft und überprüfen, inwiefern und in welcher Form diese Auffassung von Gesellschaft im Roman wiederkehrt.
6. Die Schüler erkennen, daß Wolfgang Buck im Roman die Thesen Heinrich Manns vertritt, wie diese in seinen Essays niedergelegt sind.
7. Die Schüler stellen die Gesellschaftsauffassungen von Heßling und Wolfgang Buck einander gegenüber und zeigen auf, wie sich diese Auffassungen in der Romanhandlung und ihrer Darbietung durch den Autor niederschlagen.
8. Ausgehend von einer strukturellen Analyse des 5. Kapitels erkennen die Schüler, wie Heinrich Mann unterschiedliche Handlungsstränge einander zuordnet, um auf diese Weise zu einer neuen Aussage zu gelangen.
9. Die Schüler erkennen den Zusammenhang zwischen den im Roman dargestellten theatralischen Darbietungen und der Darstellung der Wilhelminischen Gesellschaft und leiten daraus die Gesellschaftskritik Heinrich Manns ab.
10. Die Schüler erkennen, daß Heinrich Mann in der theatralischen Pose, im schlechten Theater, das eigentliche Kennzeichen des Wilhelminischen Zeitalters sieht.

Die Darstellung der gesellschaftlichen Gruppen im „Untertan" (Schülerarbeit)

	Bürgertum					Arbeiterschaft	Adel
	Militär	Verwaltung/ Bürokratie	Unternehmer	Intelligenz	Kirche		
A. Negativ-zeichnungen	Major Kunze – alt, verkalkt – Trinker – draufgängerisch im Reden, nicht im Tun – national – schwärmend – rückwärtsgewandt	Schweffelweis (Bürgermeister) Jadassohn (Staatsanwalt) – unsicher, legt sich nicht fest – opportunistisch – karriereorientiert	Heßling – national – machtorientiert – aggressiv – eigennützig – karriereorientiert – lärmend – militant	Kühnchen (Lehrer) Heuteufel (Arzt) – fanatisch – national – lärmend – militant	Pastor Zillich – opportunistisch – verängstigt – autoritätsfixiert	Fischer – Macht geht vor Menschlichkeit – intrigant – korrupt	von Wulckow (Regierungspräsident) Offiziere: Albrecht Graf Tauern-Bärenheim Leutnant von Brietzen – stolz – hinterhältig – unangefochten – Karikaturen
Widersprüche	Pensionäre, die sich kriegerisch gebärden		Sagen und Tun gehen auseinander. Persönliche Interessen ausgegeben als Staatsinteressen	Körperlich Gebrechliche geben sich stark	Tritt öffentlich für Moral ein. Tochter aber betätigt sich als Hure		
	← NATIONALE →					SOZIALDEMOKRATEN	NATIONALE

144

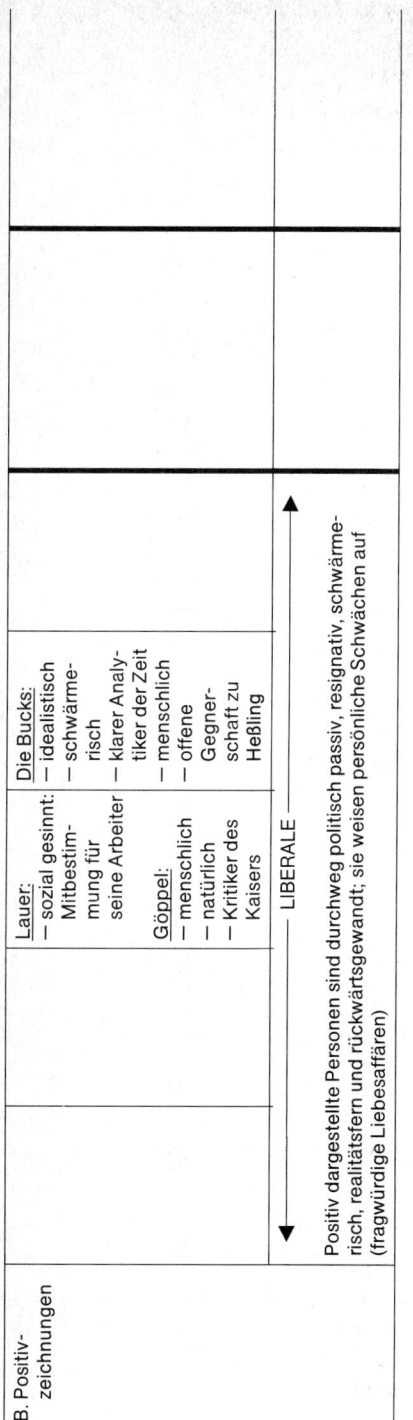

B. Positivzeichnungen

Lauer:
– sozial gesinnt: Mitbestimmung für seine Arbeiter

Göppel:
– menschlich
– natürlich
– Kritiker des Kaisers

Die Bucks:
– idealistisch
– schwärmerisch
– klarer Analytiker der Zeit
– menschlich
– offene Gegnerschaft zu Heßling

—— LIBERALE ——

Positiv dargestellte Personen sind durchweg politisch passiv, resignativ, schwärmerisch, realitätsfern und rückwärtsgewandt; sie weisen persönliche Schwächen auf (fragwürdige Liebesaffären)

7.8. Die Sequenz 9: Die poetischen Techniken Heinrich Manns II / Die satirische Sprachhaltung (21.–23. Stunde Stundenblätter Nr. 16 – 17 R)

7.8.1. Überblick über die Sequenz 9 und die Stellung der Sequenz innerhalb der UE

Wo immer man mit der Romananalyse einsetzt, stets wird man auf das Problem der satirischen Sprachhaltung Heinrich Manns stoßen. Dies macht eine exakte Unterrichtsplanung schwierig: Wo soll das Problem Satire in die UE eingeführt und abgeklärt werden? Im Grunde kann die Sequenz 9 fast an jedem beliebigen Punkt in die UE eingefügt werden, dennoch haben wir uns entschlossen, die Analyse der satirischen Sprachhaltung erst an das Ende der UE zu stellen. Will man nicht bei der Analyse einzelner satirischer Elemente stehenbleiben und will man die Satire in ihren ästhetischen und weltanschaulichen Implikationen erfassen, muß man die satirischen Elemente im ästhetischen System des Romanganzen sehen, und dies setzt voraus, daß die Romananalyse weit vorangeschritten ist. Dieser Gesichtspunkt wurde im Aufbau der gesamten UE, aber auch in der Anlage der Sequenz 9 berücksichtigt. Sequenz 9 geht von der Analyse einzelner satirischer Elemente aus und geht dann weiter zu den ästhetischen und weltanschaulichen Implikationen der Satire:

1. Punktuelle Analyse: Karikaturenhafte Personengestaltung am Beispiel Kühnchen und Kunze (21. Stunde)

2. Thesenbildung: Der Untertan – eine Darstellung blutleerer Typen, die dem ‚Simplicissimus‘ entnommen wurden?/These Mahrenholz (21. Stunde)

3. Analyse einzelner charakteristischer Szenen: Die satirischen Elemente des Romans (22. Stunde)

4. Satirische Sprachhaltung und Autorintention: Der Satiriker als Moralist – Versuch einer Gesamtinterpretation des Romans aus dem Blickwinkel der satirischen Grundhaltung (23. Stunde).

Diese Sequenz kann beliebig ausgedehnt werden; es liegt im Ermessen des Lehrers, wie ausführlich die einzelnen Elemente der Satire benannt und analysiert werden sollen. Die Sequenz ist so aufgebaut, daß sie den einzelnen Gruppen vielfache Möglichkeiten bietet, Einzelbeobachtungen zur Satire in den Unterricht einzubringen. Der Lehrer sollte darauf achten, daß die Gruppen das im Unterricht Erarbeitete immer wieder durch Beispiele aus der Thematik ihrer Gruppenarbeit belegen.

Zum Problem Satire siehe Kapitel 3.2.4.

7.8.2. Personengestaltung und Karikatur (21. Stunde, Stundenblatt Nr. 16/16 R)

Die erste Stunde zum Problemkreis ‚Satire‘ knüpft unmittelbar an die Ergebnisse der letzten Stunde an, indem gefragt wird, welcher poetischer Mittel sich Heinrich Mann bedient, bestimmte Personen negativ erscheinen zu lassen (Phase 1). Dabei käme es zunächst nur darauf an, mehr oder weniger zufällige Beobachtungen zu einem Katalog derartiger Techniken zusammenzutragen, die dann erst im Laufe dieser Sequenz genauer bestimmt und systematisiert werden.

Alternativ hierzu kann auch mit dem in den Stundenblättern angeführten Mahrenholz-Zitat eingesetzt werden, das den Roman, was seine Darstellungsweise anbelangt, mit dem ‚Simplicissimus‘ in Verbindung bringt. Ausgehend von diesem Zitat könnte die Arbeitsgruppe V in einem Dia-Vortrag zur Darstellung der Wilhelminischen Gesellschaft im ‚Simplicissimus‘ die These Mahrenholz’ belegen, der Roman entnehme seine Typen dem ‚Simplicissimus‘. Anschließend müßte die Klasse diese Position relativieren, indem sie auf jene Personen verweist, die frei von karikierender und satirischer Darstellung sind (Rückbezug auf die 18. Stunde: Darstellung der Liberalen).

In jedem Fall sollte im Mittelpunkt dieser Stunde eine Detailanalyse stehen, um den Schülern deutlich zu machen, daß in der Tat zwischen dem ‚Simplicissimus‘ und dem ‚Untertan‘, was die Darstellungsweise anbelangt, Parallelen bestehen – nicht zufällig wurden ja Teile des ‚Untertan‘ im ‚Simplicissimus‘ abgedruckt –, wenn der Roman sich auch nicht auf diese Darstellungsweise beschränkt. Zu einer derartigen Detailanalyse eignet sich insbesondere die Darstellung des Major Kunze und des Lehrers Kühnchen; dabei könnte man von Textausschnitten der Seiten 112 bis 116 und 166 f. ausgehen, die am günstigsten als Hektographie oder als Folie vorgegeben werden.

Sollte der Dia-Vortrag der Gruppe V nicht zustande kommen, so müßten auf alle Fälle einige ausgewählte Karikaturen aus dem ‚Simplicissimus‘ eingebracht werden, um den Schülern einen Eindruck von dieser Gestaltungsweise zu vermitteln. Dabei kann man von den beiden Darstellungen ‚Das hohe Roß‘ (J. B. Engel, Simplicissimus-Katalog S. 396) und ‚Der – Die – Das‘ (Katalog S. 136 und Materialien Wolff) ausgehen, da hier die Wilhelminische Gesellschaft als Ganzes ins Visier gerät. Die hier dargestellten gesellschaftlichen Typen können dann leicht im Roman aufgefunden werden. Ergänzt werden können diese Darstellungen durch Karikaturen einzelner gesellschaftlicher Typen (siehe hierzu die repräsentativen Auswahlbände sowie Materialien Wolff).

Am Ende der Stunde wird dann der Begriff ‚Karikatur‘ erarbeitet, vorbereitet durch die Interpretation des ausgewählten Bildmaterials und bestimmter Textpassagen (siehe Phase 6, Stundenblatt Nr. 16 R).

Lernziele zur 21. Stunde
(Stundenblatt Nr. 16/16 R):

1. Die Schüler benennen poetische Mittel, mit deren Hilfe eine Person und deren Verhalten als negativ ausgewiesen werden kann.
2. Die Schüler beziehen eine Wertung (Thesen Mahrenholz) interpretierend auf den Roman und beurteilen, inwiefern diese Wertung zutrifft.
3. Die Schüler bestimmen an ausgewählten Beispielen die Darstellungsweisen des ‚Simplicissimus‘ und versuchen, diese im Roman wiederzufinden.
4. Die Schüler vergleichen die Darstellungsweisen des ‚Simplicissimus‘ mit denen des ‚Untertan‘ und erkennen, daß der ‚Untertan‘ teilweise Darstellungsweisen des ‚Simplicissimus‘ übernimmt, daß er aber auch über diese hinausgeht.
5. Die Schüler bestimmen ausgehend von einer Textanalyse (Textpassagen zur Darstellung Kühnchens und Kunzes) die Elemente einer karikierenden Personengestaltung und definieren den Begriff ‚Karikatur‘.

7.8.3. Die satirischen Elemente des Romans (22. Stunde, Stundenblatt Nr. 17)

Zu Beginn dieser Stunde sollte man sich darüber im klaren sein, welches die Ziele einer Unterrichtsstunde sein sollen, die sich mit den satirischen Elementen des Romans befaßt: Soll der Schüler sich am Ende der Stunde einen möglichst umfassenden Katalog satirischer Elemente erarbeitet haben; soll er definieren können, was eine Satire ausmacht, oder soll er Textpassagen, die durch eine satirische Sprachhaltung gekennzeichnet sind, angemessen interpretieren können in bezug auf ihre ästhetische Funktion und in bezug auf die Autorintention? Sicherlich schließt das eine das andere nicht aus, dennoch sollte man vorher wissen, worauf man den Schwerpunkt legen will. Wir ha-

ben uns für ein Verfahren entschieden, das von der Textanalyse ausgeht: Es werden zunächst bestimmte satirische Elemente herausgearbeitet, die dann exemplarisch für eine Interpretation genutzt werden, ohne daß dabei das Erstellen eines vollständigen Katalogs satirischer Elemente oder eine Definition dessen, was eine Satire ausmacht, angestrebt würde. Um dem Lehrer, dem es mehr auf das Erarbeiten einzelner satirischer Elemente, v. a. auch im sprachlichen Bereich, ankommt, die Arbeit zu erleichtern, fügen wir ein Arbeitsblatt bei, das verschiedene Zitate aus dem Roman zu den einzelnen Techniken der satirischen Sprachgestaltung anbietet.

Für die exemplarische Textanalyse schlagen wir drei relativ übersichtliche und eindeutige Textpassagen vor, die entweder im fragendentwickelnden Verfahren oder aber in arbeitsteiliger Gruppenarbeit bearbeitet werden können. Als Ausgangspunkt bietet sich die Debatte um die Kanalisation an sowie die Auseinandersetzung zwischen Heßling und Wolfgang Buck über die Macht, die damit endet, daß beide völlig betrunken heimwärts torkeln. In beiden Fällen können typische Darstellungsweisen Heinrich Manns in sehr konzentrierter und anschaulicher Form erfaßt werden. Als etwas anspruchsvoller erweist sich die Textpassage um den Tod des Arbeiters (der sogenannte Fall Lück). Diese Textpassage sollte auf alle Fälle einer genaueren Analyse unterzogen werden, da hier nochmals exemplarisch gezeigt werden kann, wie historische Realität in eine fiktionale Romanhandlung integriert wird. Es können sowohl die satirischen Möglichkeiten, die sich aus der Handlungskonstruktion ergeben, erarbeitet werden als auch die verschiedenen Möglichkeiten der satirischen Sprachgestaltung. Der Lehrer kann sich hier an die vorzügliche Interpretation von Süßenbach halten (siehe S. 28). Wie immer man in dieser Stunde methodisch vorgeht, es kommt zunächst einmal darauf an, daß die Schüler erkennen, daß die angeführten Textpassagen eine andersartige, wesentlich aggressivere Darstellungsweise aufweisen, als dies bei den Passagen zu Kunze und Kühnchen der Fall war. In diesem Zusammenhang können dann satirische Elemente, wie sie auf dem Stundenblatt Nr. 17 oder aber auch in der Dissertation von Süßenbach aufgeführt werden, mit den Schülern in ihrer jeweiligen Funktion erarbeitet und bestimmt werden. Dabei sollten die Schüler immer wieder dazu angeregt werden, selbst entsprechende Textpassagen aus den Untersuchungsbereichen ihrer Gruppenarbeit anzuführen, wodurch eine gewisse Lernzielkontrolle ermöglicht wird.

Lernziele zur 22. Stunde
(Stundenblatt Nr. 17):
1. Die Schüler erkennen, daß weite Textpassagen des Romans über eine karikierende Darstellungsweise hinausgehen.

2. Ausgehend von der Analyse bestimmter Textpassagen benennen die Schüler unterschiedliche Mittel der Satire und bestimmen diese jeweils in ihrer Funktion.

3. Die Schüler unterscheiden satirische Mittel, die sich aus der sprachlichen Gestaltung ergeben, und solche, die sich aus der Anordnung des Handlungsverlaufes ergeben.

4. Die Schüler erkennen an einem ausgewählten Beispiel, welcher satirischen Mittel sich Heinrich Mann bei der Überführung historischer Fakten in die fiktionale Romanhandlung bedient (satirische Zitatentechnik).

5. Die Schüler finden selbständig zu den im Unterricht erarbeiteten satirischen Techniken Beispiele aus dem Roman und nutzen das im Unterricht Erarbeitete zur Interpretation dieser Textpassagen.

Arbeitsblatt zu einzelnen Formen der satirischen Sprachgestaltung (in Anlehnung an Petra Süßenbach)

Anmerkung:
Dem Arbeitsblatt werden jeweils die Begriffe und Erläuterungen zu den Begriffen beigegeben (als Zitate aus Süßenbach), die erst von den Schülern erarbeitet werden sollen; daher sind diese Passagen auf dem Arbeitsblatt für die Hand der Schüler wegzulassen. Dasselbe gilt für die Unterstreichungen, die von Süßenbach vorgenommen wurden, um das jeweilige Phänomen, um dessen Erfassung es geht, zu verdeutlichen.

1. Eigennamen
„‚Sie sind ein widersetzlicher Bursche ... Sie arbeiten für den Umsturz! Wie heißen Sie überhaupt?‘
‚Napoleon Fischer‘, sagte der Mann. Diederich stockte. ‚Nap – auch das noch!‘ “ (S. 85)
Anm.: Der Franzosenkaiser Napoleon III. wird von den Monarchisten als Erbfeind angesehen.

Die Wuchererstraße wird in Kaiser-Wilhelm-Straße umbenannt (S. 86)

2. Adjektive
Die Vorliebe Heßlings für pompöse, klischeehafte Adjektive wird im folgenden Textausschnitt deutlich; es geht um die selbstverfaßte Adresse Heßlings an den Kriegerverein:

„... von deren Überreichung er die Annahme ihres <u>ehrenvollen</u> Antrags (auf Mitgliedschaft) abhängig machte. Darin ließ er sich bestätigen, daß er, mit <u>glänzender</u> Unerschrockenheit allen Verleumdungen trotzend, seine <u>treudeutsche</u> und <u>kaisertreue</u> Gesinnung bewährt habe. Durch sein Eingreifen sei es gelungen, den <u>vaterlandslosen</u> Elementen Netzigs eine <u>empfindliche</u> Schlappe beizubringen. Aus seinem unter <u>größten persönlichen</u> Opfern geführten Kampf sei Diederich als lauterer echt deutscher Charakter hervorgegangen.
Bei der Feier seiner Aufnahme verlas Kunze die Adresse, und Diederich, Tränen in der Stimme, bekannte sich unwürdig, so viel Lob entgegenzunehmen. Wenn in Netzig die nationale Sache Fortschritte mache, so sei dies, nächst Gott, einem Höheren zu <u>danken</u>, dessen <u>erhabene</u> Weisungen er seinerseits in <u>freudigem</u> Gehorsam ausführe"
(S. 186 f.).

3. Sprachprimitivitäten

Magda schimpft über „<u>Popismus</u>" und wird von ihrem Bruder verbessert: „Nepotismus heißt es" (S. 82)

Die neureiche Frau Daimchen breitet ihre „Hände ..., rot wie die einer Waschfrau, vor sich hin auf ihren Bauch, so daß der Gast die neuen Ringe immer vor Augen hatte ... Sie wußte ... noch nicht, ob sie sich altdeutsch oder Louis <u>käs</u> einrichten sollte." (S. 132)

Kühnchen brüstet sich mit Kriegsabenteuern: „... das Feuer damals an dem Haus, wo die <u>Franktiröhrs</u> drin<u>ne</u> saßen, da gibt's <u>nischt</u>. Ich hab doch <u>eene</u> Kriegslist gebraucht und hab mich totgestellt, da <u>ham</u> die dummen <u>Luder nischt</u> gemerkt. Und wie's <u>erscht</u> gebrannt hat, nu, versteht sich, da <u>hamse</u> an der <u>Verteidchung</u> des Vaterlandes <u>keen</u> Geschmack mehr gefunden, und bloß noch raus, bloß noch <u>Soffgipöh</u>! Da hätten Se nu aber uns Deutsche sehen sollen. Von der Mauer <u>hammer</u> weggeschossen, wie sie runterkrabbeln wollten! Luftsprünge <u>hamse</u> gemacht wie die <u>Garniggel</u>" (S. 115)

4. Wortspiel

„Das Wortspiel, das aus Wiederaufnahme und Abwandlung eines Wortes lebt, kennt verschiedene Grade der Schärfe" (Süßenbach, S. 100)

Heßling verkauft seine väterliche Fabrik, worüber der alte Sötbier jammert:
„,Ich kann nicht zusehen, wie der Sohn und Erbe meines alten Herrn die soliden Grundlagen der Firma untergräbt und treibt <u>Großmannspolitik</u>.' Diederich maß ihn mitleidig. ,<u>Großzügigkeit</u> war zu Ihrer Zeit noch nicht erfunden, Sötbier. Heute wagt man es.'" (S. 274)

Wolfgang Buck sagt zu Heßling nach dem Prozeß:
„,Jetzt kann ich es Ihnen sagen: Ihre <u>Rolle</u> vor Gericht hat mich mehr interessiert als meine eigene. Später, zu Hause vor meinem Spiegel, habe ich sie Ihnen nachgespielt.' ,Meine <u>Rolle</u>? Sie wollen wohl sagen meine <u>Überzeugung</u>.'" (S. 240)

Nach dem Tode des Arbeiters fragt Dr. Heuteufel:
„,Was soll mit dem Mädchen werden?' Da trat Jadassohn vor. ,Das Mädchen ist <u>abzuführen</u> ...' Zwei Schutzleute, denen er winkte, faßten das Mädchen schon. Doktor Heuteufel erhob die Stimme: ,Herr Assessor, ich erkläre als Arzt, daß der Zustand des

Mädchens seine Verhaftung nicht zuläßt.' Jemand sagte: ‚Führen Sie doch auch den Toten ab!'" (S. 107)

5. Wortpointen

„Bei der Wortpointe bricht durch das überraschende Auftauchen eines oder mehrerer Wörter die satirische Optik durch" (Süßenbach, S. 109)

Diederich im Gespräch mit Frau von Wulckow über deren Stück:
„‚Wie kommen Sie nur auf all die Geschichten?' Die Dichterin lächelte leidenschaftlich. ‚Ja, nämlich das ist das Interessante: Nachher weiß man es nicht mehr. Es geht so geheimnisvoll zu im Gemüt! Manchmal denke ich mir, ich muß es geerbt haben.' ‚Haben Sie denn so viel Dichter in Ihrer werten Familie?' ‚Das nicht. Aber wenn nicht mein großer Vorfahr die Schlacht bei Kröchenwerda gewonnen hätte, wer weiß, ob ich die ‚Heimliche Gräfin' geschrieben haben würde. Es kommt schließlich immer auf das Blut an!'" (S. 211)

„Nicht immer zeigte das Verbindungsleben seine heitere Seite. Es forderte Opfer; es übte im männlichen Ertragen des Schmerzes ... mit allen anderen fühlte Diederich sich gehoben durch Delitzsches treue Pflichterfüllung, durch seinen Tod auf dem Felde der Ehre ... auf dem Friedhof, die umflorten Schläger gesenkt, hatten alle das in sich vertiefte Gesicht des Kriegers, den die nächste Schlacht hinwegraffen kann, wie die vorigen Kameraden ..." (S. 27)

6. Paradoxon

„Die Verkehrung des Bewußtseins bringt der Erzähler auch dadurch zur Geltung, daß er ihnen Worte in den Mund legt, die einander widersprechen und die Spannung ihrer Antithetik im Paradoxon lösen ... Die Paradoxie kann von den Wörtern selbst herrühren. Sie kann aber auch aus der Verwendung unangemessener Vokabeln auf einen bestimmten Vorfall herleiten" (Süßenbach, S. 114 f.)

„Diederichs geheime Angst sah in dem dünnen Bart des Maschinenmeisters immer das gewisse Grinsen, das an seine Mitwisserschaft in der Angelegenheit des Holländers erinnerte und die offene Verleugnung jeder Autorität war. Je heftiger Diederich sich gebärdete, desto ruhiger ward der andere. Diese Ruhe war Aufruhr!" (S. 190)

Heßling kommentiert die Erschießung des Arbeiters:
„Für mich ... hat der Vorgang etwas direkt Großartiges, sozusagen Majestätisches. Daß da einer, der frech wird, einfach abgeschossen werden kann, ohne Urteil, auf offener Straße! Bedenken Sie: mitten in unserm bürgerlichen Stumpfsinn kommt so was – Heroisches vor! Da sieht man doch, was Macht heißt!" (S. 109)

7. Wortkoppelung

„Die Wortreihung ordnet Einzelwörter mit Hilfe der Konjunktion ‚und' einander zu. Darüber hinaus können syntaktische Verbindungen auf überraschende Weise die unterschiedlichsten Wörter miteinander koppeln" (Süßenbach, S. 119)

„Wo Erfolg ist, ist Gott!" (S. 357)

Gegenüber den demonstrierenden Arbeitern empfindet Agnes Mitleid: „‚Es sind ja auch <u>Menschen</u>.' ‚<u>Menschen</u>?' Diederich rollte die Augen. ‚<u>Der innere Feind</u> sind sie!'" (S. 49)

8. Satirische Entsprechung

„Die satirische Entsprechung zieht genau dort Parallelen, wo der Leser einen Widerspruch konstatieren würde" (Süßenbach, S. 121)

Der vom Kaiser protegierte Bildhauer „kehrte ... bis jetzt nur die guten Seiten seines Berufes hervor, nämlich <u>Genie</u> und vornehme Gesinnung, während er sich <u>im übrigen</u> durchaus korrekt und <u>geschäftstüchtig</u> zeigte." (S. 349)

Heßling und Guste reisen in die Flitterwochen: „Sie bestiegen die erste Klasse, er spendete drei Mark und zog die Vorhänge zu. Sein von Glück beschwingter Tatendrang litt keinen Aufschub, Guste hätte so viel Temperament nie erwartet ... Als sie aber schon hinglitt und die Augen schloß, richtete Diederich sich nochmals auf. Eisern stand er vor ihr, ordenbehangen, eisern und blitzend. ‚Bevor wir zur <u>Sache</u> selbst schreiten', sagte er abgehackt, ‚gedenken wir Seiner <u>Majestät</u> unseres allergnädigsten Kaisers. Denn die <u>Sache</u> hat den höheren Zweck, daß wir Seiner <u>Majestät</u> Ehre machen und tüchtige <u>Soldaten</u> liefern.'" (S. 276)

Heßling war „im Grunde stolz ... auf <u>Emmi</u>, stolz, weil Emmi, seine eigene Schwester, fein genug, besonders genug, ja fragwürdig genug schien, um sich mit <u>Wolfgang Buck</u> zu verständigen. ‚Wer weiß', dachte er zögernd, und dann entschlossen: ‚Warum nicht! <u>Bismarck</u> hat es <u>auch so</u> gemacht mit <u>Österreich</u>. Zuerst niedergeworfen, dann ein Bündnis!'" (S. 345 f.)

9. Satirische Diskrepanz

„Mit Hilfe der satirischen Diskrepanz werden die Kluften zwischen dem subjektiven Anspruch der Figur und den objektiven Gegebenheiten aufgerissen" (Süßenbach, S. 125)

Als selbst ernannter Adjutant des Kaisers steht dem Quirinal gegenüber „Diederich, der <u>Majestät gewärtigt</u>, auf vorgestreckter Brust den Kronenorden vierter Klasse. Die Treppe herauf aus der Stadt trippelte eine <u>Ziegenherde</u> und verschwand hinter dem Brunnen." (S. 280)

10. Satirische Aufhebung

„Satirische Aufhebung liegt dort vor, wo Anspruch und Tatsachen in gar keiner Beziehung zueinander mehr stehen" (Süßenbach, S. 127)

Vor Kienast prahlt Heßling mit seinen Geschäftserfolgen: „Er gehe großzügig vor. Seit er selbst an der Spitze des Betriebes stehe, sei das Geschäft <u>mächtig im Aufschwung</u>. ‚Und es ist immer noch ausdehnungsfähig.' Er erfand. ‚Jetzt hab ich Verträge mit zwanzig Kreisblättern. Die Berliner Warenhäuser machen mich überhaupt wahnsinnig ...' Kienast unterbrach schneidend: ‚Dann haben Sie <u>wohl gerade alles abgeliefert</u>, denn ich sehe <u>nirgends fertige Ware</u>.'" (S. 146)

Heßling gibt auf dem Postamt die Huldigungsdepesche an den Kaiser auf: „Diederich ... fuhr ohne Zweck fort, zu blitzen und steinern dazustehen: in der Haltung des Kaisers, wenn nur ein Flügeladjutant ihm die Heldentat des Posten meldete und der Chef des Zivilkabinetts ihm die Huldigungsdepesche überbrachte. Diederich fühlte den Helm auf seinem Kopf, er schlug gegen den Säbel an seiner Seite und sagte: ‚Ich bin sehr stark!‘ Der Telegrafist hielt es für eine Reklamation und zählte ihm das kleine Geld nochmals vor." (S. 120)

11. Satirisches Wortbild

„Beim satirischen Wortbild enthüllt sich das durch die Sprache evozierte Bild als schief und verzerrt und erweist sich gerade dadurch als getreueste Darstellung der Wirklichkeit" (Süßenbach, S. 143)

In seiner Rede vor Gericht schildert Heßling Begleitumstände und Folgeerscheinungen der Erschießung des Arbeiters:
„Die Zuhörer ... verfolgten die Schlacht der Gesinnungen über die blutbetropfte Kaiser-Wilhelm-Straße bis in den Ratskeller, sahen die feindlichen Reihen sich bis zum Entscheidungskampf ordnen, Diederich wie mit geschwungenem Degen unter den gotischen Kronleuchtern vorrücken und den Angeklagten herausfordern auf Leben und Tod." (S. 175)

„Die Macht läßt sich nicht ewig auf Bajonetten tragen wie eine aufgespießte Wurst. Die einzige reale Macht ist heute der Frieden!" (S. 244)

7.8.4. Der Satiriker als Moralist: Die Wirklichkeit als Mangel am Ideal (23. Stunde, Stundenblatt Nr. 17 R)

Mit dieser letzten Stunde zur ‚Satire' soll ein Ausblick auf Heinrich Manns Kunsttheorie geleistet werden, wobei wir uns an den Untersuchungen Königs und Süßenbachs orientieren, die, ausgehend von der Kantrezeption Heinrich Manns sowie von seinem essayistischen Werk, in dem Satiriker Heinrich Mann den Moralisten sehen, der sich der Satire bedient, um sozusagen ex negativo eine Utopie zu schaffen. Eine Utopie, deren Wurzeln im Roman wohl angedeutet sind, die aber vom Leser erst aus der Einsicht in den Negativbestand des Gegenwärtigen erschlossen werden muß; insofern kommt dem ‚Untertan' eine appellative Funktion zu. Diese Dimension des Werkes den Schülern direkt aus der Werkanalyse zu erschließen, erweist sich als schwierig, wenn die Schüler auch mit der Gegenüberstellung unterschiedlicher Gestaltungsprinzipien bezüglich der Personengestaltung derartigen Einsichten sehr nahe kamen. Der direkteste Weg ist methodisch-didaktisch hier nicht unbedingt der sinnvollste. So könnte man von Zitaten aus den Essays von Heinrich Mann ausgehen und diesen Ausschnitte aus den Interpretationen von König und Süßenbach zuordnen (eine Textauswahl könnte aus den Zitaten des Kapitels 3.2.4. zusammengestellt werden), damit wären aber für die Schüler wesentliche Einsichten schon vorweggenommen. Wir wählen daher einen anderen Weg. Heinrich Manns Auffassung über die Satire und deren Funktion kommt den Auffassungen Schillers und Tucholskys sehr nahe, daher können diese theoretischen Äußerungen zum Ausgangspunkt einer weiterreichenden Reflexion über den Satirebegriff des ‚Untertan‘ gemacht werden. Mit diesen Äußerungen, die auf ein abstraktes und anschauliches Schema reduziert werden sollen (siehe Strukturskizze Stundenblatt Nr. 17 R), wird den Schülern ein Instrumentarium angeboten, mit dessen Hilfe sie dann den Roman von einer höheren Warte aus analysieren können, wobei sie grundsätzliche Einsichten in die poetische und weltanschauliche Funktion der Satire erhalten. Diese Stunde wird durch einen methodischen Dreischritt bestimmt:

1. Der Satire-Begriff Schillers und Tucholskys, veranschaulicht an einer Strukturskizze
2. Anwendung des Modells zur Satire auf den Roman
3. Rückschlüsse auf die Kunsttheorie und die Weltanschauung Heinrich Manns

Will man dann der Stunde noch eine gewisse Abrundung geben und will man den Schülern den Beweis nicht schuldig bleiben, daß dieser Satire-Begriff tatsächlich den Anschauungen Heinrich Manns entspricht, kann am Ende eine Zitatensammlung zu diesem Komplex aus Heinrich Manns Essays stehen. Abschließend sei noch kurz die Strukturskizze einschließlich ihrer Übertragung auf den Roman erläutert, wobei wir uns nicht strikt der Schillerschen Terminologie bedienen. Der Satiriker mißt die Wirklichkeit am Ideal und stellt in der Wirklichkeit einen Mangel an Idealität fest, den es aufzuheben gilt; es gilt, dem Ideal in der Wirklichkeit zum Durchbruch zu verhelfen. Dies wird nur möglich, wenn der Leser die Wirklichkeit als schlecht und damit veränderswert erkennt und wenn er einen idealen Standpunkt besitzt, auf den hin er die Wirklichkeit zum Guten verändern kann. So übertreibt die Satire die schlechte Wirklichkeit, damit diese in ihrer Schlechtigkeit um so deutlicher wird; weiterhin konfrontiert die Satire die schlechte Wirklichkeit mit dem Ideal und macht dadurch den Widerspruch sichtbar. Das Ideal wird entweder in der Satire selbst als Gegenpol zur schlechten Realität dargestellt, oder es muß erst aus der in übertriebener Weise in ihrer Negativität dargestellten Wirklichkeit erschlossen werden. In jedem Fall appelliert die Satire an den Leser: Er erkennt den Widerspruch zwischen Ideal und Wirklichkeit, woraus sich der Wunsch ergibt, das Ideal mit der Wirklichkeit zu versöhnen. In der Terminologie Heinrich Manns muß sich der Geist mit der Macht verbinden und der Wirklichkeit den Ungeist austreiben; letztlich geht es Heinrich Mann um eine Ethisierung der Politik und der Gesellschaft.

Bezieht man dieses Modell auf den ‚Untertan‘, wird man sich auf die Ergebnisse der 18. Stunde besinnen und hier wieder mit einer weiter reichenden Interpretation ansetzen. Die schlechte Wirklichkeit wird durch Heßling und seine Anhänger, allgemein ausgedrückt durch die „nationale Bewegung“, repräsentiert. Das Ideal erscheint im Roman selbst nicht in reiner Form, sondern scheint auch schon angekränkelt, zumal dieses Ideal als ein längst vergangenes Ideal, als Ideal der 48er Revolution erscheint. Insofern hat der Leser wohl einen Ansatzpunkt, sich das Ideal selbst zu erschließen, ohne daß ihm dieses in der Realität schon begegnet. Hier kann insofern von einer konkreten Utopie gesprochen werden, als diese Utopie als ein zu realisierendes Ideal wohl schon anwesend ist, wenn auch noch in einer höchst unangemessenen Form, es aber noch einer idealeren Realisierung bedarf. Ex negativo kann dieses Ideal als konkrete Utopie v. a. vom Ende her erschlossen werden, wenn Heßling bei seiner Rede zur Denkmalseinweihung schon als Untergehender gezeigt wird (Eingreifen der Naturgewalten) und wenn darauf hingewiesen wird, daß das von Buck personifizierte Ideal der Menschlichkeit, der Güte und des Geistes bei der Jugend an Achtung gewinnt. Auf den Zusammenhang dieser Deutung der Satire mit der Kunstauffassung Heinrich Manns geht das Kapitel 3.2.4. ein.

1. Die Schüler übertragen Schillers Ausführungen zur Satire in eine Strukturskizze, aus der die Struktur der Satire bezüglich ihrer poetischen Anordnung und ihrer Wirkungsabsicht deutlich wird.
2. Die Schüler nutzen die Strukturskizze zur Satire zu einer weiter reichenden Interpretation des Romans und seiner Wirkungsabsicht.
3. Die Schüler leiten aus der so gewonnenen Interpretation des Romans die Kunstanschauung Heinrich Manns ab und vergleichen ihre Ergebnisse mit Äußerungen Heinrich Manns aus den Essays.

7.9. Die Sequenz 10: Die Rezeptionsproblematik (24. und 25. Stunde, Stundenblätter Nr. 18–20)

7.9.1. Übersicht über die Sequenz 10

Die UE schließt mit einer Sequenz zur Rezeption des Werkes von Heinrich Mann, bei der unterschiedliche Akzente gesetzt werden können. Geht man von der zeitgenössischen Rezeption aus, so wird man die sehr unterschiedlichen Beurteilungen des Werkes in den Mittelpunkt stellen und wird weiterhin, rückschauend auf die Ergebnisse dieser UE, fragen, wie es zu einer solch kontroversen Beurteilung des ‚Untertan‘ kommen konnte. Will man den Blick auf die allgemeine Rezeptionsproblematik des Werkes von Heinrich Mann lenken, geht man günstigerweise von Äußerungen zum 100. Geburtstag Heinrich Manns aus; dabei wird man die unterschiedliche Haltung in der Bundesrepublik Deutschland und in der Deutschen Demokratischen Republik analysieren und hier die Ursachen für die unterschiedliche Rezeption in politischen Prämissen finden. Einen weiteren Zugang zur Rezeption des Romans bietet die Analyse von Staudtes Verfilmung des ‚Untertan‘, wobei neben den ideologischen Prämissen der Rezeption (faßbar in den Filmkritiken) auch Probleme von Literaturverfilmungen zur Sprache kommen werden. In all diesen Fällen kehren wir zur Ausgangsfrage der UE zurück (siehe Auswertungsstunde zur Bibliotheksarbeit): Wie konnte und kann der ‚Untertan‘ derartig unterschiedlich bewertet werden? Zur Beantwortung dieser Frage sollte der Schüler jetzt nach einer genaueren Romananalyse in der Lage sein. Bei der Beantwortung dieser Frage sollten grundsätzliche Fragen nach den politischen und ästhetischen Prämissen der literarischen Wertung aufgegriffen werden. Wo der Schwerpunkt dieser Sequenz liegen wird, hängt einmal von dem bisherigen Gang der UE ab, dann aber auch von dem jeweils spezifischen Interesse der Klasse.

7.9.2. Die Rezeption des Romans durch die Zeitgenossen (24. Stunde, Stundenblatt Nr. 18)

In dieser Stunde stehen unterschiedliche Rezensionen des ‚Untertan‘ durch Zeitgenossen Heinrich Manns zur Debatte. Es wurden drei Extreme ausgewählt, die jeweils von unterschiedlichen Prämissen ausgehen. Mahrenholz geht von einem gattungspoetischen Ansatz aus und versteht Dichtung als Träger von ‚positiven‘ Werten und damit von Weltanschauungen; Hermann-Neisse geht dagegen von Inhalten aus, betont den Realitätsgehalt von Dichtung und spricht sich für eine durchaus politische Dichtung aus; auch Tucholsky geht es um eine kritische und aufklärerische Dichtung mit Appellfunktion. Die Rezensenten haben unterschiedliche Auffassungen von der Funktion der Dichtung und schätzen aufgrund unterschiedlicher politischer Einstellungen den Realitätsgehalt des ‚Untertan‘ verschieden ein, weswegen sie dann auch zu einer sehr divergierenden Bewertung kommen.

Am Beginn der Stunde könnte ein Referat über die Entstehung des Romans stehen (nach dem Aufsatz von Kirsch/Schmidt: Zur Entstehung des Romans ‚Der Untertan‘), das v. a. die Schwierigkeiten bei der Veröffentlichung des Romans benennen sollte.

7.9.3. Die Rezeption Heinrich Manns heute: Verlautbarungen zum 100. Geburtstag (25. Stunde, Stundenblatt Nr. 18 R)

Dieser Stunde liegen zwei Äußerungen zum 100. Geburtstag Heinrich Manns aus der Bundesrepublik Deutschland und der Deutschen Demokratischen Republik zugrunde. Dieser Anlaß wird zu sehr unterschiedlichen Zwecken genutzt: bei Ulbricht der Versuch, Heinrich Mann als einen der großen Wegbereiter der DDR zu feiern und ihn für den Staat und die Politik der DDR zu reklamieren, bei Améry der Ausdruck eines gewissen Unbehagens angesichts der unzureichenden Rezeption Heinrich Manns, verbunden mit einer Laudatio auf das Werk („einer der wichtigsten deutschen Schriftsteller“) und das Leben („mustergültiges Leben für die Aufklärung und Freiheit“) Heinrich Manns. Anschließend an die Textanalyse, deren Ziel es ist, die unterschiedlichen Rezeptionshaltungen zu bestimmen und auf ihre Prämissen zurückzuführen, könnte über ein Schülerreferat oder über einen kurzen Lehrervortrag Heinrich Manns Verhältnis zur DDR abgeklärt werden (in Anlehnung an den Aufsatz von Bilke: Heinrich Mann in der DDR). Anhand einer zusammenfassenden Analyse der Rezeptionsgeschichte Heinrich Manns von Renate Werner (siehe Materialien Wolff) kann nochmals auf die Schwierigkeiten, die sich bei der Rezeption Heinrich Manns ergeben, eingegangen werden, wobei neben den politischen auch auf die ästhetischen (Problem der Littérature engagée in Deutschland) Determinanten der Rezeption verwiesen werden müßte.

Lernziele zur 24. und 25. Stunde (Stundenblatt Nr. 18/18 R):

1. Die Schüler lernen unterschiedliche Bewertungen des ‚Untertan‘ durch die Zeitgenossen kennen und bestimmen die unterschiedlichen Prämissen, die diesen Bewertungen zugrunde liegen.
2. Die Schüler erkennen, daß die Bewertung von Leben und Werk Heinrich Manns wesentlich von unterschiedlichen Auffassungen über die Funktion von Dichtung (ästhetisch-poetologische Prämissen) und von der Einschätzung der gesellschaftlichen Wirklichkeit (politische Prämissen) beeinflußt ist.
3. Die Schüler benennen Gründe für die unzureichende Rezeption in der Bundesrepublik.
4. Die Schüler bestimmen die Funktionen, die Heinrich Manns Leben und Werk in der DDR zukommen.

Max Hermann-Neisse: Ein Bürgerspiegel (1919)

Heinrich Mann: Der Untertan, im Verlag von Kurt Wolff in Leipzig. Ein Bürgerspiegel; deutscher Bürger, erblicke darin deine erbärmliche Figur! Es verrichten derlei Bücher eine ersprießliche Hilfsarbeit in der Reinigung der Atmosphäre. Um das Böse auszurotten, muß man es in seiner ganzen Verächtlichkeit erkennen. Sie stellen es eindeutig an den Pranger. Um den Schuldigen zu beseitigen, muß man ihn am rechten Ort finden und den Umfang seiner verwerflichen Gesinnung gerichtsnotorisch machen. Derlei Dokumente buchen historisch sein Sündenkonto.

Anfang 1914 lagen diese Akten eines spruchreifen Falles abgeschlossen vor. Der Befund ist unumstößlich exakt erhärtet. Der Dichter erkennt seinen Delinquenten durch die blendendsten Masken hindurch. Und nach soviel verlogenen Schmeichelbildern eines nirgends in der Wirklichkeit vorhandenen Deutschen, zeigt Heinrich Mann den Deutschen, wie er eigentlich ist. Die Wahrheit über den deutschen Bürger. Der deutsche Bürger ist die Ursache, die Ermöglichung des deutschen Gewaltherrschers. Der Herrscher setzt den Untertan voraus, der Untertan bedingt den Herrscher. In einem tapfer deutlichen, durch die Handgreiflichkeit seines Materials für den einfachsten Kopf überzeugenden Epos ist der Urquell des Übels aufgedeckt: Herrschen und Sich-beherrschenlassen sind die Äußerungen des gleichen einen Wahnes. Die Legende vom belogenen, aus Gutgläubigkeit fehltretenden Volk zerplatzt, und hervor quillt die häßliche Nacktheit jener Schicht, die willig einer Gemeinheit, von der sie sich selbst Nutzen und Erhebung verheißt, Aktionär blieb. Die Macht ist deren Stolz, auch wenn sie nur leidend an ihr Teil haben. Es sind die Sklaven, die bloß unter der Fuchtel glücklich zu sein vermögen. Die begeistert in den Reihen einer massiven Solidarität ihre Individualität untergehen lassen, wenn diese Solidarität nur dem einzelnen das verantwortungsvolle Geschäft des Denkens und Wollens erspart, wenn nur das nichtige Einzelwesen durch die Kompaktheit der Korporation sich selber eine Macht werden fühlt. Dieser Typ hat die Unterwerfung im Blut, seine Konfession ist das Bekenntnis einer unverbesserlichen Lakaienseele: „Jeder muß einen über sich haben, vor dem er Angst hat." – „Wer treten will, muß sich treten lassen." (…)

Vollzählig marschieren die Matadore dieser „Kultur" auf: das brutalitätsgeile Maulheldentum der Professorenschaft, der Journalistik feige Beflissenheit, die Umsturzpartei, eine andere Nuance desselben Machtkitzels, mehr Partei als Umsturz, immer zu einträglichem Paktieren bereit, für den politischen Handel die Menschlichkeit verratend. Erlogene Ideale, unlautere Sitten, – himmelschreiender Schwindel, zu Deutsch: „wir (groß) in der Welt voran!" („Absolutismus, gemildert durch Sklavensucht.")

Ätzend zeichnet Heinrich Mann diese Physiognomie in Linien, die den bleibenden Bann über das Wesentlichste seiner Opfer verhängen. Die kleinliche Gehässigkeit ihres Konkurrenzneides, die impotente Lüsternheit ihrer Liebeskabinette, die Orgie der Gesinnungsprotzerei, das anonyme Exzedieren und das sehr offizielle, wo der Trug schon über den eigenen Kopf wachsende Dimensionen annimmt. Imponderabilien der Gesamtheit sind so festgenagelt, daß kein Entschweben mehr möglich. Einprägsamst charakteristische Konfrontierung hat in den Veitstänzen einer Lohengrinpersiflage und eines Denkmalrummels das Format der unvergeßlichen Geißelungen …

(Aus: Max Hermann-Neisse, Ein Bürgerspiegel. In: Die Erde 1 (1919), S. 15–17; zitiert nach Renate Werner, Heinrich Mann. Texte zu seiner Wirkungsgeschichte in Deutschland, dtv WR 4093, München 1977, S. 113–115)

7.9.4. Die Staudte-Verfilmung des ‚Untertan‘*
(Z, Stundenblätter Nr. 19 – 20)

Bei der Analyse der Staudte-Verfilmung des Romans können im Unterricht zwei Schwerpunkte gesetzt werden. Einmal kann der Film mit einem wissenschaftlichen Instrumentarium der Filmanalyse angegangen werden, zum andern kann man sich ihm über Filmkritiken nähern. Im ersten Fall werden wir zurückverwiesen auf die Romananalyse, dabei wird sich dann aus einem neuen Blickwinkel die Frage nach der Rezeption des Romans stellen; im zweiten Fall wird es mehr darum gehen, den Schülern Kriterien für eine gute Filmkritik an die Hand zu geben.

Wählt man den Zugang über die Filmkritik, werden die Schüler aufgefordert, im Anschluß an den Filmbesuch spontan eine Filmkritik zu schreiben. Im Vergleich unterschiedlicher Schülerkritiken werden die Bereiche einer Filmkritik benannt und werden die Bereiche aufgelistet, welche die Schüler in ihrer Filmkritik angesprochen haben. In einer zweiten Phase werden die Schüler mit zwei gegensätzlichen Filmkritiken konfrontiert (Beispiele siehe Seite 38), wobei nach Inhalt, Akzenten und Prämissen dieser Kritiken gefragt wird. In der Auseinandersetzung mit diesen Kritiken wird der Katalog mit den Aspekten einer Filmkritik vervollständigt und daraus eine idealtypische Gliederung für eine Filmkritik erstellt. Daneben können in der Diskussion zwei weitere Schwerpunkte

---

* Der Untertan DDR 1951. 107/96 Min. R: Wolfgang Staudte; PG: DEFA; D: Wolfgang und Fritz Staudte nach dem Roman von Heinrich Mann; K: Robert Baberske; B: Erich Zander, Karl Schneider; M: Horst-Hanns Sieber; mit Werner Peters (Heßling), Paul Esser (von Wulckow), Blandine Richter (Lauer), Raimund Schelcher (Dr. Buck).
16-mm-Fassung zu beziehen über:
1. Krauskopf, 8901 Ottmarshausen bei Augsburg, Tel.: 08 21/48 82 46
2. Unidoc, Postfach 45, Dantestraße 29, 8000 München 19, Tel.: 089/15 60 61

gebildet werden: Analysiert man das Rezeptionsverhalten der Kritiker, so wird leicht einsichtig, daß sich hier das typische Rezeptionsverhalten aus der Erscheinungszeit des Romans wiederholt; weiterhin sollte das Verhältnis Buch – Film reflektiert werden, wobei deutlich werden könnte, aufgrund welcher Prämissen Staudte den Roman auf diese Weise gekürzt hat.

Lernziele zum Problemkreis Filmkritik (Stundenblatt Nr. 19 R):
1. Die Schüler erstellen spontan eine Filmkritik und bestimmen im Vergleich unterschiedlicher Filmkritiken die Bereiche, zu denen sich eine Filmkritik äußern sollte.
2. Die Schüler vergleichen zwei professionelle Filmkritiken und bestimmen dabei die jeweiligen Positionen, Akzente und Prämissen der Kritik.
3. Die Schüler erstellen aus einem Katalog von Bereichen, zu denen sich eine Filmkritik äußern sollte, eine idealtypische Gliederung für eine Filmkritik.
4. Die Schüler bestimmen die Unterschiede zwischen Film und Buch und versuchen, Gründe für die Abweichungen zu finden.

Der zweite Zugang zum Film (siehe Stundenblatt Nr. 19 und 20) stellt das Problem Literaturverfilmung stärker in den Mittelpunkt der Filmanalyse und richtet die Stunde aus auf das Erstellen eines Rezeptionsmodells für Literaturverfilmungen. In diesem Fall sollte der Filmbesuch stärker vorbereitet werden, um auf diese Weise die Analyseergebnisse zu optimieren (nur in den wenigsten Fällen wird es ja möglich sein, sich den Film mehrere Male anzusehen, um auf diese Weise mit Hilfe eines wissenschaftlichen Untersuchungsapparates zu brauchbaren Ergebnissen zu kommen).

In einer ersten Phase werden im gemeinsamen Gespräch Fragestellungen aufgelistet, unter denen Literaturverfilmungen betrachtet und analysiert werden können. Diese allgemeinen Fragestellungen werden dann in einer zweiten Phase gruppenspezifisch ausdifferenziert. Die Arbeitsgruppen, die für die Romananalyse gebildet wurden, legen sich für ihre Themenstellung Beobachtungsfragen zurecht, unter denen sie sich den Film ansehen wollen. Im Anschluß an den Filmbesuch listen die Arbeitsgruppen ihre Ergebnisse auf und kommen aus der Perspektive ihrer Fragestellung zu einer ersten Beurteilung des Films. Die Einzelergebnisse werden dann in der Klasse zu einer gemeinsamen Beurteilung des Films zusammengefaßt. Während oder im Anschluß an diese Diskussion um den Film soll dann ein einfaches Rezeptionsmodell für Literaturverfilmungen entwickelt werden (siehe Stundenblatt Nr. 20). Den Ausgangspunkt bildet hier ein inhaltlicher Vergleich von Buch und Film, wobei zunächst einmal die vom Film akzentuierten und vernachlässigten Aspekte des Romans festgehalten werden. Daraus kann auf die Intentionen des Filmregisseurs geschlossen werden und damit auch auf die Faktoren, die seine Rezeption beeinflußt haben (weltanschaulich-politische Filter). Auf diese Weise wird deutlich, wie der Regisseur das Buch interpretiert. Daran schließt sich die Frage an, welcher filmspezifischer Mittel der Regisseur sich bedient, um seine Intentionen zu realisieren, oder anders herum: Welche Intention wird in den von dem Regisseur eingesetzten filmischen Mittel deutlich? Sind die filmischen Mittel erarbeitet, so können diese mit den poetischen verglichen werden, zudem kann die Frage aufgeworfen werden, inwiefern diese Mittel in ihrer Aussage sich entsprechen, inwiefern sie sich widersprechen.

Abschließend können nochmals die allgemeinen Zugänge zur Analyse von Literaturverfilmungen benannt werden: die Frage nach den filmtechnischen und filmästhetischen Mitteln, die Frage nach dem Verhältnis von Buch und Film und damit die Frage nach den medienspezifischen Mitteln sowie die Frage nach dem jeweils spezifischen Rezeptionsverhalten des Regisseurs und nach den Prämissen, die der Literaturverfilmung zugrunde liegen.

Lernziele zum Vergleich Buch/Film und zum Rezeptionsmodell Literaturverfilmung (Stundenblatt Nr. 20):

1. Die Schüler formulieren allgemeine Beobachtungsfragen, mit deren Hilfe eine Literaturverfilmung analysiert werden kann.

2. Die Schüler formulieren aus der Sicht der Fragestellungen, unter denen sie den Roman analysiert haben, Fragestellungen, die an die Verfilmung des Romans herangetragen werden können.

3. Ausgehend von bestimmten Beobachtungen beim Filmbesuch bewerten die Schüler den Film aus ihrer Kenntnis des Romans.

4. Die Schüler benennen inhaltliche Übereinstimmungen und Abweichungen von Buch und Film und führen diese auf ein bestimmtes Rezeptionsverhalten des Regisseurs zurück.

5. Die Schüler bestimmen die weltanschaulichen Prämissen der Verfilmung.

6. Die Schüler bestimmen die spezifischen filmtechnischen und filmästhetischen Mittel der Literaturverfilmung und vergleichen diese mit den poetischen Mitteln des Romans.

7. Die Schüler bestimmen unterschiedliche Zugänge zu Literaturverfilmungen und ihre Verfahren.

8. Vorschläge für die Leistungskontrolle (Klausurarbeiten)

8.1. Analyse eines Romanausschnittes

1. Heßlings Antrittsbesuch bei Dr. Scheffelweis (S. 92–96, evtl. gekürzt)
   - Wie werden in dieser Szene Dr. Scheffelweis und Jadassohn dargestellt? Geben Sie bitte eine kurze Charakteristik beider.
   - Versuchen Sie, Diederichs Verhalten in dieser Szene zu beschreiben, und bestimmen Sie, auf welche Weise sein Verhalten gesteuert wird.
   - Welche Positionen werden in diesem Gespräch bezogen, und welche Auffassung von Gesellschaft wird dabei deutlich?

2. Wolfgang Bucks Beurteilung von Heßling (S. 179–184, evtl. gekürzt)
   - Wie sieht Buck in seiner Rede vor Gericht Heßling? Inwiefern kann er Heßling als einen „Neuen Typus" bezeichnen?
   - Versuchen Sie, für die Behauptung Bucks im Roman Belege zu finden.
   - Welche Auffassung vom Wilhelminischen Staat steht hinter den Äußerungen Bucks?
   - Inwiefern können die Bucks als Gegentypen zu Heßling gesehen werden?

3. Die Darstellung des Wilhelminischen Zeitalters durch Wolfgang Buck und durch Heßling (S. 239–245, evtl. gekürzt)
   - Wie sehen Wolfgang Buck und Heßling ihre Zeit, und wie beurteilen sie die Zukunft?
   - Welche Absichten verfolgt der Autor mit dieser Szene, und welcher poetischer Mittel bedient er sich, um seine Absicht zu verdeutlichen?

4. Heßling und der Kaiser (S. 277–285 oben)
   - Wie vollzieht sich die Begegnung Kaiser – Heßling in Rom?
   - Welcher poetischer Mittel bedient sich hier Heinrich Mann, um dem Leser seinen Standpunkt zu verdeutlichen?
   - Charakterisieren Sie ausgehend von dieser Szene das Verhältnis Heßlings zum Kaiser, und versuchen Sie, daraus auf mögliche Intentionen des Romans zu schließen.

5. Heßlings Familienleben (S. 337–341)
   - Welche Auffassung von der Familie vertritt Heßling in dieser Szene?
   - Charakterisieren Sie bitte Heßlings Verhältnis zu seiner Frau, und zeigen Sie auf, welcher poetischer Mittel sich Heinrich Mann bei der Darstellung dieses Verhältnisses bedient.
   - Analysieren Sie Heßlings Verhältnis zu den Frauen im allgemeinen, und versuchen Sie, sein Verhalten gegenüber Frauen auf seine Sozialisation zurückzuführen.

6. Die Haltung der Bucks (S. 346–349)
   – Wie schätzen die Bucks im Schatten des Kaiserdenkmals die Zukunft ihrer politischen Überzeugung ein?
   – Welche Bedeutung kommt für Wolfgang Buck dem Theater zum Bewältigen seiner persönlichen Probleme zu, und wie sieht er sein Engagement für das Theater?
   – Beurteilen Sie bitte das politische Engagement der Bucks.

7. Die Einweihung des Kaiserdenkmals (S. 355–362, gekürzt)
   – Arbeiten Sie bitte die Grundpositionen von Heßlings Rede heraus, und stellen Sie dabei Heßlings politische Auffassungen dar.
   – Welche Rückschlüsse lassen sich aus der Darstellungsweise Heinrich Manns auf die Intention des Romans ziehen?
   – Wie sieht Heinrich Mann hier das Wilhelminische Zeitalter?

   Alternative:
   – Bestimmen Sie die Argumentationsstruktur der Rede Heßlings, und setzen Sie diese in Bezug zu den äußeren Bedingungen, unter denen die Rede gehalten wird.
   – Beschreiben Sie bitte die poetischen Mittel, deren sich Heinrich Mann in dieser Szene bedient, und bestimmen Sie ihre Funktion.

8. Der Schluß des Romans
   – Setzen Sie bitte diese Schlußszene in Verbindung mit der vorausgegangenen, und bestimmen Sie den Zusammenhang dieser Szenen.
   – Inwiefern kann aus dieser Perspektive auf die Haltung Heinrich Manns zum Wilhelminischen Zeitalter geschlossen werden?

8.2. Vergleichende Textanalyse

1. Heßlings Begegnungen mit dem Kaiser (stark gekürzt)
   – In welchem Zusammenhang stehen die beiden Begegnungen Heßlings mit dem Kaiser?
   – Inwiefern ähneln und inwiefern unterscheiden sich die beiden Begegnungen Heßlings mit dem Kaiser?
   – Läßt sich im Vergleich beider Begegnungen eine Entwicklung im Verhältnis Heßlings zum Kaiser erkennen?

2. Amouröse Begegnungen im Lumpenraum (S. 84 ff. und S. 190 ff.)
   – In welchem Zusammenhang stehen die beiden Szenen im Lumpenraum, und welche Funktionen erfüllen sie?
   – Welche Absicht steht dahinter, wenn Heinrich Mann diese Szenen genau aufeinander bezieht?

3. Heßlings Begegnungen mit Dr. Scheffelweis (S. 92 ff. und S. 216 ff. gekürzt)
   – Wie tritt Diederich bei den beiden Besuchen bei Dr. Scheffelweis auf, und wodurch ist sein Auftreten bedingt?

- Versuchen Sie, ausgehend von einer Analyse der Verhaltensweisen Diederichs gegenüber Dr. Scheffelweis, ein Charakterbild Heßlings zu entwerfen.
- Inwiefern stimmen die Interessen Heßlings und Dr. Scheffelweis' überein, inwiefern unterscheiden sie sich?

4. Käthchen Zillich und Guste Daimchen (S. 197 ff., S. 343 f., S. 132 ff., S. 263 f. gekürzt)
   - Versuchen Sie, ausgehend von den angeführten Textpassagen, ein Charakterbild beider Frauen zu entwerfen.
   - Bestimmen Sie Heßlings Verhältnis zu Käthchen und Guste, und versuchen Sie, dieses aus der Sozialisation Heßlings zu erklären.
   - Bestimmen Sie bitte Heßlings Verhältnis zu den Frauen im allgemeinen.

5. Major Kunze und Buck senior (S. 112, S. 86 ff., S. 228 ff. gekürzt)
   - Welcher poetischer Mittel bedient sich Heinrich Mann bei der Beschreibung der beiden Personen?
   - Leite daraus die Haltung Heinrich Manns gegenüber diesen Personen ab.

8.3. Textanalysen, ausgehend von Materialien

1. Die Beurteilung des ‚Untertan' durch Heinrich Mann
   „Den Roman des bürgerlichen Deutschland unter der Regierung Wilhelms II. dokumentierte ich seit 1906. Beendet habe ich die Handschrift 1914, zwei Monate vor Ausbruch des Krieges – der in dem Buch nahe und unausweichlich erscheint. Auch die deutsche Niederlage. Der Faschismus gleichfalls schon: Wenn man die Gestalt des ‚Untertan' nachträglich betrachtet. Als ich sie aufstellte, fehlte mir von dem ungeborenen Faschismus der Begriff, und nur die Anschauung nicht." (Heinrich Mann: Ein Zeitalter wird besichtigt)

   Heinrich Mann deutet hier zwei Perspektiven an, aus denen sein Roman betrachtet werden kann. Stellen Sie bitte diese Deutungsmöglichkeiten dar, und suchen Sie hierfür Belege im Roman.

2. Heinrich Böll zum ‚Untertan'
   „Im ‚Untertan' ist die deutsche Klein- und Mittelstadtgesellschaft bis auf den heutigen Tag erkennbar. Es bedarf nur weniger Veränderungen, um aus diesem scheinbar historischen Roman einen aktuellen zu machen … Ich war erstaunt, als ich den ‚Untertan' jetzt wieder las, erstaunt und erschrocken: Fünzig Jahre nach seinem Erscheinen erkenne ich immer noch das Zwangsmodell einer untertänigen Gesellschaft." (Heinrich Böll: Kritiklos untertan)
   Setzen Sie sich bitte mit den Thesen Bölls auseinander.

3. Soergel/Hohoff zum ‚Untertan'
   „Die Romane ‚Der Untertan', ‚Die Armen' und ‚Der Kopf' bilden eine Trilogie von der Verlogenheit des Wilhelminischen Zeitalters. Aber nicht Kunst, sondern Haß führt Heinrich Mann die Feder … Heinrich Mann … blieb … beim ‚Herzeigen der Konflikte' und kam nicht zur Bewältigung. Gerade diese Bücher zeigen, daß er kein Idealist, sondern

Ideologe, kein Ethiker, sondern Parteiredner war." (Albert Soergel/Curt Hohoff: Dichtung und Dichter der Zeit)
Nehmen Sie bitte zu dieser Beurteilung des ‚Untertan' Stellung.

4. Jochen Vogt zur Rezeption des Romans
„So lassen sich in der Wirkungsgeschichte dieses Buches zwei gegenläufige Tendenzen sich erkennen. Das zeitgenössische Publikum sah im ‚Untertan' eine aktuelle, karikierende Satire ohne die Qualität ernsthafter Analyse … Erst das Altern dieses Werkes – sein ‚Veralten', was die geschilderten Zustände angeht – und die geschichtliche Entwicklung seit seinem Erscheinen haben den vollen historisch-analytischen Wahrheitsgehalt freigelegt … Den ‚Untertan' aber wird man heute nicht mehr als flächige, gar böswillige Karikatur einer absterbenden Epoche lesen, sondern als prognostische Auseinandersetzung mit einem Ungeist, der sich erst zu entfalten begann." (Jochen Vogt: Diederich Heßlings autoritärer Charakter)
Versuchen Sie, die beiden hier angesprochenen Rezeptionshaltungen genauer zu umschreiben und zu begründen.

5. Jochen Vogt: Der ‚Untertan' – eine Studie des „autoritären Charakters"
„Die Behauptung sei aufgestellt, daß Heinrich Manns Roman ‚Der Untertan' mehr und anderes ist als die effektvoll vergröbernde Satire auf das wilhelminische Deutschland, für die man ihn gemeinhin ansieht. Daß ihm vielmehr eine sozial-psychologische Darstellungsintention im exakten Wortsinn zu eigen ist, wie sie sich bündig in dem geplanten und später (aus politischen Rücksichten?) fallengelassenen Untertitel ausspricht: ‚Geschichte der öffentlichen Seele unter Wilhelm II.' Daß Heinrich Manns Roman eine erste Theorie und Analyse des Faschismus, genauer: der sozial-psychologischen Bedingungen für seine Entstehung und Ausbreitung, entwirft … (Es sei die These aufgestellt), daß im ‚Untertan' … ein Charakterbild der ‚autoritären Persönlichkeit' entworfen ist." (Jochen Vogt: Diederich Heßlings autoritärer Charakter)
Versuchen Sie, Belege aus dem Roman anzuführen, welche die These Vogts bestätigen können.

6. Sozialisationserfolge Heßlings
„Diederich empfand stolze Freude, wie gut er nun schon erzogen war. Die Korporation, der Waffendienst und die Luft des Imperialismus hatten ihn erzogen und tauglich gemacht. Er versprach sich, zu Haus in Netzig seine wohlerworbenen Grundsätze zur Geltung zu bringen und ein Bahnbrecher zu sein für den Geist der Zeit."
Am Ende des zweiten Kapitels reflektiert Heßling über die Erfolge seiner Sozialisation. Bestimmen Sie bitte ausgehend von diesem Zitat die Sozialisationserfolge bei Diederich Heßling.

8.4. Freie Texterörterung

1. Stellen Sie den Sozialisationsprozeß Heßlings dar, und zeigen Sie an einem Beispiel auf, welche Folgen dieser Sozialisationsprozeß im Verhalten Heßlings zeitigte.

2. Versuchen Sie, mit Hilfe einer Charakteristik Heßlings Grundzüge des autoritären Verhaltens zu bestimmen.

3. Heßling und die Bucks stellen in gewisser Weise Antipoden dar. Vergleichen Sie die unterschiedlichen Einstellungen dieser Personen zum Wilhelminischen Zeitalter.

4. In einem Gespräch zwischen Heßling und Wolfgang Buck bezeichnet Heßling den Kaiser, Buck den Schauspieler als „repräsentativen Typus der Zeit". Erläutern Sie bitte diese unterschiedlichen Sehweisen des Wilhelminischen Zeitalters.

5. Wie werden im ‚Untertan' die Arbeiter und die Sozialdemokraten dargestellt?

6. Welche Bedeutung kommt im Roman dem Theater zu? Versuchen Sie, dies an ausgewählten Beispielen zu erläutern.

7. Viele Zeitgenossen Heinrich Manns sahen im ‚Untertan' nichts als „Karikatur" und „Pamphlet". Welche Belege können für diese Auffassung gefunden werden, und was könnte dieser Auffassung entgegengehalten werden?

8. In Literaturgeschichten wird Heinrich Manns ‚Untertan' sowohl als „realistischer" als auch als „satirischer" Roman bezeichnet. Welche Argumente lassen sich für diese beiden Auffassungen anführen? Wie kann es zu solch unterschiedlichen Auffassungen kommen?

Stundenblätter für die Sekundarstufe I

Wolfgang Salzmann
Stundenblätter Kurzgeschichten für die Sekundarstufe I
55 Seiten + 18 Stundenblätter Beilage, gh., Klett-Nr. 92 738

Gesine Jaugey
Stundenblätter „Schimmelreiter" und „Judenbuche" im Vergleich
42 Seiten + 14 Stundenblätter Beilage, gh., Klett-Nr. 92 739

Gesine Jaugey
Stundenblätter „Kleider machen Leute"/„Taugenichts"
70 Seiten + 20 Seiten Beilage, gh., Klett-Nr. 92 4011

Günter Scholdt/Dirk Walter
Stundenblätter „Hauptmann von Köpenick"
49 Seiten + 14 Seiten Beilage, gh., Klett-Nr. 92 7131

Günther Busse
Stundenblätter Aufsatz 7./8. Schuljahr
87 Seiten + 17 Seiten Beilage, gh., Klett-Nr. 92 0561

Dieter Schiller
Stundenblätter Alfred Andersch „Sansibar"
Eine Einführung in den modernen Roman für Klasse 10
68 Seiten + 16 Seiten Beilage, gh., Klett-Nr. 92 7141

Ekkehart Mittelberg
Stundenblätter Boulevardpresse
Erscheinungsform und Wirkung
50 Seiten + 12 Seiten Beilage, gh., Klett-Nr. 92 7151